臺灣歷史與文化 研究輯刊

初 編

第 **12** 冊

新能源時代：
近代臺灣電力發展（1895～1945）（上）

吳政憲 著

花木蘭文化出版社

國家圖書館出版品預行編目資料

新能源時代：近代臺灣電力發展（1895～1945）（上）／吳政憲
著 — 初版 — 新北市：花木蘭文化出版社，2013〔民102〕
目 6+192 面；19×26 公分
（臺灣歷史與文化研究輯刊 初編；第 12 冊）
ISBN：978-986-322-265-1（精裝）
1. 電力　2. 臺灣
733.08　　　　　　　　　　　　　　　　　102002948

ISBN-978-986-322-265-1

9 789863 222651

臺灣歷史與文化研究輯刊
初　編　第十二冊　　　　　ISBN：978-986-322-265-1

新能源時代：
近代臺灣電力發展（1895～1945）（上）

作　　者　吳政憲
總 編 輯　杜潔祥
出　　版　花木蘭文化出版社
發 行 所　花木蘭文化出版社
發 行 人　高小娟
聯絡地址　235 新北市中和區中安街七二號十三樓
　　　　　電話：02-2923-1455／傳真：02-2923-1452
網　　址　http://www.huamulan.tw 信箱 sut81518@gmail.com
印　　刷　普羅文化出版廣告事業
初　　版　2013 年 3 月
定　　價　初編　30 冊（精裝）新臺幣 60,000 元

新能源時代：
近代臺灣電力發展（1895～1945）（上）

吳政憲　著

作者簡介

吳政憲,現任國立中興大學歷史系副教授,研究專長為日治時期臺灣電力與通訊,著有《通訊與社會:日治時期臺灣「警察專用電話」系統的建立(1895-1945)》(2011)、《臺灣來電——近代能源開發之路》(2005)、《繁星點點:近代臺灣電燈發展(1895-1945)》(1999)等書。

提　要

　　本書主要探討日治時期臺灣電力發展的四個面向,第一部份透過《營業報告書》闡明資本額與營業利益最佳化的比例關係,證明電力自然獨佔的特性是來自法律政策的強劃而非自然演進,藉以說明長期以來「電力國有化」的政策觀點,其實是一種缺乏實證基礎,進入市場最難的不是資金門檻,而是這種政策迷思構築的藩籬。

　　第二部份透過臺灣與日本電力發展的比較,勾勒出兩地發展的特徵,更能看出臺灣電力部門發展的不完整性,以及造成臺灣電力發展無法深化並始終停留在初級階段的原因。

　　第三部份透過營運數據比較,說明臺電的日月潭計劃失敗原因是基礎調查的不確實,反映自後藤新平以後科學調查與政策形成彼此關係的變化。其次,探討臺電享有最大資產總額,但營運數據卻敬陪末座的原因。

　　最末,說明日月潭水力發電計劃的形成背景,為何當時全臺灣總人口的 0.3-0.5% 都參與了認購臺電股票的全民運動。其次,1931 年日月潭外債時間點與日本民政黨實施「金解禁」政策有聯動關係,利用日月潭外債數千萬圓資金移動的時間差,做為補充日本外匯存底的貨幣工具,並非單純回應臺灣工業化的需求。

目次

表　次

圖　次

第一章　緒　論

　　「電力」做為一項新能源，十八世紀孕育於實驗室，十九世紀接受市場檢驗，二十世紀帶動生產結構改變，二十一世紀遍佈每個生活單元，電力資源之多寡更成為全球衡量物質文明的指標。日本統治臺灣五十年間（1895～1945）是電力成為世界主要能源的「轉換期」，這個轉換是全球在不同速率下同時進行的，速率快慢牽涉到該國（地區）電力政策、土地面積、人口結構、產業區位、消費階層，甚至國際景氣循環、貨幣金本位制、區域戰爭及第一次、第二次世界大戰等等，造就了現在電力版圖的分佈。二十一世紀，電力部門已從新興工業轉變為成熟產業，甚至被歸類在服務業，電力應用在消費性產品上則繼續深化，推陳出新，本書研究的主題雖然是二十世紀前半期的「舊趨勢」，但仍可提供未來面對「新趨勢」產業發展的思考。

　　八十年前有人預測，將來臺灣是電力應用的「萬能時代」，而且電價會很便宜。〔註1〕總督府依靠電力建立人口統計資料庫；〔註2〕農會運用電動馬達淘汰「龍骨車」；城市依靠電力維持公共設施（自來水系統、交通號誌等）；農會利用電力提高單位生產額（誘蛾電燈）；〔註3〕警察取締夜間不開燈的交通工具；霞海城隍廟用「電氣藝閣」繞境；遠洋漁船改用電燈集魚；燈塔改採電燈為光源；每晚各地上演的露天電影；市區路燈的設立；公廁內的電燈

〔註1〕　《臺灣日日新報》第 13463 號～1937 年～昭和 12 年 9 月 15 日～4 版，〈電氣應用の將來は萬能時代が來るか〉。（此後簡稱《日》13463-1937-s12.9.15-4，〈電氣應用の將來は萬能時代が來るか〉。）

〔註2〕　《日》10814-1930-s5.3.25-4，〈國勢調查集計機〉。

〔註3〕　《日》11893-1933-s8.5.17-4，屏東，〈誘蛾燈火〉。

等等。這些看似風馬牛不相及的單一事件，都與電力這項新能源有關，顯示當時民眾生活已不自覺與「電力」發生親密的伙伴關係。不僅如此，總督府還補助這些電力應用，希望拋磚引玉，讓社會需求有自主性的跳躍成長。「電力」在日治時期雖然沒有全面普及，而且能源轉換期非常長，但電力成為新能源的趨勢，帶動非物質文化的根本性改變，不僅是臺灣，也是世界性的趨勢。整個臺灣社會從乍見的驚嘆到後來的習以為常，本書則嘗試賦予新能源逐步累積、深化對臺灣社會發展的意涵。

探討電力部門發展，必須從數據上歸納，尋找不同角度的論證基礎，但更重要的是，要觀察數據背後隱藏的電力政策，蘊含在政策內抽象思維的變異過程。舉如「臺電為什麼會出現？」「臺電組織為何是『半官半民』？」「區域獨佔與自由競爭孰為優劣？」「電力政策是否隨著時間有所改變？」「日月潭計劃與臺電的關係？」「電力機組備轉容量與市場需求量的比例關係？」「臺灣與日本電力市場的異同？」凡此種種，隨著史料的歸納，衍生的問題反而愈來愈多，論文探討的範疇反隨著史料搜集面不斷擴大而縮小，各種彼此矛盾的史料更有待釐清，才能做出符合歷史學規範的詮釋。

第一節　研究動機與目的

臺灣電力發展的研究長期被切割為「一個時間、二個國家」的研究取向，長期下來，偏重戰後發展者多，日治時期者少。就後者而言，因為資料龐雜，且只能就總督府官方觀點立論，無法配合市場角度一併觀察。事實上，日治初期電力發展的近代化數據詮釋是在一個低基期上進行的，此點與歐美國家電力發展相較下便能突顯。其次，就前者而言，戰後研究又多將戰前視為點綴性引用，論點集中於 1934 年起引進的製鋁工業及大戰末期盟軍轟炸對臺電設施的破壞，對於 1920 年代的臺電營運似乎一片空白，忽略了有一群人與一個社會整體曾在那個時代遺留的寶貴經驗。

長期以來，臺灣電力發展停留在「靜態」的呈現，缺乏「動態」的討論，原因是討論基準是發電機的「裝置容量」而非「實際發電量」。後者無法成為探討核心的原因是史料的難以掌握，因為要知道一座發電廠的裝置容量不難，但要得悉該座發電廠在「服役」期間每年實際發電量與整體電力系統的關係，若無更多核心史料必無法討論。

其次，電力研究被孤立，不只是被孤立在電力領域，甚至研究「過去」的電力發展多被用來映襯「現在」電力發展的成功，掌握今非昔比的進步感與優越性，這種觀點在許多研究劉銘傳與戰後臺灣電力公司初期時俯拾皆是。這種預設的研究基點將增加對歷史的無知與漠視，更遑論用靜態數據（如發電量與市場經濟規模）與後來發展出來的技術（核能與改良後的火力、水力發電技術）來「以今非古」。近來臺灣電力政策基於「能源多元化」原則，認爲水力發電仍大有可爲，因其兼顧了環保、循環利用、多重附加價值（如觀光、文化）。職是之故，對於日治時期經驗應有重新檢視的價值，並探討是否有足以汲取的經驗。

「電力政策」主導、訂定、執行的是人，而不是政策本身，集中「物」的探討在某種程度會造成失焦，歷史研究可以將隱身在政策背後的人物群相勾勒出來，並與長期以來研究視野的深化（與窄化）互相參考。

壹、「電氣化」、「工業化」、「近代化」

研究日治時期的普遍論點，是將物質部門的演化賦予一種進步觀點，這種概念化詮釋的適用範圍有多廣？是否含蓋所有的物質部門？進一步言之，這種觀點是否過份簡化了日治時期各部門獨立發展的多元性？本文選擇電力部門爲範疇，試著以比較的觀點，發現臺灣與其它國家（地區）近代化速率的差異，不同部門，不同速率下的「近代化」應有不同的詮釋。

早期張漢裕與馬若孟（Ramon H.Myers）給予兒玉、後藤體制極高評價，這有賴一群年輕熱情有創造及想像力的工程師，如長尾半平、新渡戶稻造、祝辰已、中村是公等人。當時許多偉大的計劃都是「非理性」的產物，1920年代日月潭計劃的停工，提供我們重新檢視當初政策形成過程中「非理性」的部份。

論者每每將日月潭計劃中挫歸究於 1920 年代經濟不景氣，戰後經濟蕭條，而不去檢視當時的環境與執行者的評估過程，忽略了人的複雜思維中「非理性」是理性決策基礎的存在可能。事實上，近代化資源與步驟的調配，才是觀察近代化的指標，而不是只史料上最終的數據。

圖 1　日月潭電廠內部（發電室）

說明：五部單機二萬 kw 發電機，都是德國產品，據悉是臺電理事國
　　　弘長重的設計。
資料來源：臺電，《日月潭水力發電工事寫眞帖》（中央研究院臺灣史
　　　　　研究所籌備處收藏）。

　　日本領有臺灣時電力部門已經萌芽，並逐漸取代石油、煤炭爲主要能源
之一，各國莫不積極將電力導入新的生產過程，藉以增加經濟產值。從各國
「電氣化」的不同速率，可以看出臺灣電力發展的特殊性。

　　臺電經營的難處在於：這家公司不是依市場機制運作，而是以政治力主
導，臺電主事者只能彌合這兩股力量的落差，求其平衡點，而且有時這兩股
力量往往背道而馳。故探討臺電經營，不能以自由市場公司觀點，而須觀察
政治、經濟力如何介入臺電的經營，又塑造出怎麼樣的市場特性。

　　沒有一家電力公司（連同日本在內）像臺電這樣，一開始就承擔過量的
「政策使命」，以總督府自詡，但在日本卻前所未見的「半官半民」型態在運
作。臺電的興衰，就是電力部門在政治與市場之間的糾葛與轉化，總督府以
「六三法」賦予的律令權奠定對臺電的絕對支配權，但臺電卻要自行負擔開
發的資源調度。臺灣的電力發展，就在這種特殊的時空環境中演化，加上國

際因素的變動，利弊互見。

貳、日月潭計劃與世界「金本位制」的關係

　　1931 年，臺電依賴美國外債重啓日月潭計劃，但一個假設性的問題是：為什麼外債成立在 1931 年？為什麼不是前一年或後一年？為什麼不是日治時期的任何一年？視為理所當然的敘述背後，需要更有說服力的歷史解釋。本文以為，日月潭計劃與世界「金本位制」內涵調整後造成 1920 年代後期到 1930 年代初期世界金融動盪有聯動關係。

　　日本是個資本主義的後進國，是個外匯存底少、外債增加、進出口倚賴美國、外匯管制嚴格的半封閉經濟體，因此維持日圓對美圓的匯率穩定，比操作匯率更為重要。而日本統治臺灣 50 年間，兩地都歷經許多國際政治與經濟上的重大變化。從和平邁向戰爭之路，從泡沫經濟到世界經濟大恐慌，甚至日本匯率與國際金本位制度的分合，都與臺電經營息息相關。開啓政治的底層，就會發現真正支配臺灣電力發展的，其實是日本的政黨政治；而支配日本政黨政治的，是國際經濟的變化。國際經濟因素中，最直接牽動臺電外債的就是國際「金本位制」的變化，日月潭外債成立的時間點，與日本民政黨內閣因應「金本位制」變化舉措有微妙的關係。

參、臺灣電力政策的「原型」（proto-type）

　　由於臺灣歷史的特殊性，我們已經習慣市場只有一家電力供應商，並接受政府與臺灣電力公司聯合建構的一套史觀：電力是一種特殊事業，因為要投資很多錢，才能供應市場低廉的價格，而唯有低廉價格才能帶動臺灣產業發展與升級。這種史觀並不是戰後才開始建構，而是日治初期就完成的核心論述，只是戰後被巧妙運用而已。近來的研究指出，臺灣電力部門已失去原有政策保護下的規模經濟與密度經濟的效益，但這些研究若上溯到日治時期一併觀察，就會發現規模經濟的優勢早已不存在。日治時期官方對電力政策的論述建構，最初的「原型」是反映日本有識之士對電力政策的理想與熱情，但在臺灣執行後，卻與當初理想出現很大的落差。

圖 2　臺電第三任社長：松木幹一郎

說明：松木雖然是臺電第三任社長，但任期與第一任社長高木友枝相
　　　當，但從營運數據來看，松木可說是扮演最稱職的社長，任內
　　　也成功完成了日月潭計劃，並於 1939 年病逝任上。
資料來源：《日》11208–1931–s6.6.26–4。

　　1903 年，總督府以「規模可大，設備可周」為由，收購先前批准民營的
龜山電廠投資案，其原因據說是兒玉總督的意見。根據《後藤新平文書》所
載，兒玉早在 1901 年就針對電力政策一事與當時日本藏相曾彌荒助「商議」，
認為各國電力政策依國家大小、民情各不相同，並謂少部份人受「洋書蠱惑」，
提倡電力的個人主義，忘記日本的特殊經濟情形，因為如果放任民間經營電
力事業，將來必造成莫大損害，因此，電力「國有政策」是必要的。〔註4〕兒
玉可能受此影響，決定了臺灣電力政策的原型，因此臺灣與日本的電力政策

─────────────────────────
〔註4〕《後藤新平文書》（2）-R42，〈水電事業政策〉，無頁數。

理念，原本系出同源，但融入市場後發展各異。

　　有識者還指出，歐美的電力政策常因政權爭奪而無法延續，故電力政策還在萌芽階段的日本，悠關百年大計的電力事業不應由一般政府機關管理，必須設立一種「公法的團體」來經營。〔註5〕從這裡可以發現，臺灣的電力政策，是從日本最初的電力思想出發，這種思想有強烈政府主導的尊卑精神，且對市場機制評價很低。更特別的是，這一套思想只在臺灣落實過，故檢證臺灣營運的表現，可證明這種思想的優缺點何在，同時也比較這種思想在日本電力部門落實的情況。

　　臺灣電力政策忽略了，市場才是電力部門的最大支撐，但總督府用政策訂定市場規則，市場卻無法支撐電力部門的成長，電力政策本要幫助市場朝向供需雙方最大交集而訂定，為何反過來傷害市場的成長？電力政策應引導「家庭電氣化」，讓這個新能源深化為生活基本單元，為什反過來讓電力從生活領域中逐漸排除？如果這個政策有改進的必要性，總督府與臺電又為什麼不做調整呢？獨佔市場本是用來節省資源浪費的設計，又為什麼成為廠商不積極拓展的惰性溫床。

　　日本的電力思想，是沒有實證基礎，也缺乏市場經驗的一套理論，係以日本要在歐美壓迫下急起直追的一種思想產物，不僅鄙視歐美電力政策中自由與競爭，管制與規範並存的傳統，只是選擇性強調歐美電力政策管制的一面，忽略了維護市場競爭的另一面。但更嚴肅的關懷是，這種思想經過時間的沉澱，將不利於統治者詮釋標準的法律思想、市場經驗等，統統濾除，留下高度純化的歷史解釋到戰後。於是習慣電力市場獨佔的慣性，反成為一般市場的共識，獨佔體制經年累月也蘊釀了強大的市場支配力，不易憾動。開放市場競爭固然有技術上的困難，但更困難的是引導社會群體接受開放競爭的觀念轉變。

肆、臺灣與日本電力部門的交流

　　臺灣電力發展比日本更具開創性，不僅接受殖民者技術、資金的支援，也提供許多日本未曾實行過的「電力政策實驗室」，減少日本電力發展的摸索時間。1910 年代後藤新平擔任遞信大臣時展開的「全國水力發電資源調查」

〔註5〕　《後藤新平文書》（2）-R42，〈水電事業政策〉，無頁數。

中，臺灣經驗的輸出，無疑是一大助力。當初日月潭計劃開工時，數百名日本工程師到臺灣「取經」，部份則在臺電任職，而在 1920 年代日月潭計劃停工後，又將「臺灣經驗」二度輸出日本，做為電力發展的參考，等到 1930 年代日月潭計劃復工時，日本經驗又扶助臺灣完成電力發展需要的技術與資金、人材，透過電力發展的聯結，將可發現「殖民地」與「殖民母國」相互融合的過程，建構臺灣與日本電力部門交流的立體圖像。

臺灣官營時代（電氣作業所）的經驗證明，源源不絕的資金及獨佔市場的確立，是提供「低廉」與「公益性」的最佳組合，但為何同樣的政策到 1920 年代，換來的卻是日月潭計劃的失敗與輿論毫不留情的批判。曾幾何時，臺電的光環消失，日月潭計劃更象徵日本統治臺灣的一大敗筆。

臺灣總督府為臺灣設計一個獨佔的市場機制，為了防範日本資本與外國資本的滲入，極其用心，並被歷任總督與臺電社長奉為圭臬。但實際上，日本資本仍能迂迴轉進，不靠外國資本，臺電亦無法生存，總督府苦心孤詣維護的獨佔體制，為臺灣帶來什麼樣的利弊得失？又依據什麼方法，可以讓獨佔政策長期維持一定程度的「均一性」，直到日本戰敗。

伍、「臺電史」的新研究途徑

臺電體制被總督府一手創造後，自身便有了生命，經過成長與茁壯，臺電對於市場的獨佔要求，反比當初設計的總督府還要堅持。

近代臺灣企業史上，很少有一家公司資產總額能達到一億圓以上的，臺拓是其中之一，且研究成果比臺電豐碩許多。對於臺電這樣一家重要的公司，長期以來只被限定在電力工程的範疇，為各種研究任意截斷取捨，各自表述（研究者多半是臺灣電力公司或臺電員工），而且透過對電力工程的研究，間接肯定日治時期電力政策以強化戰後體制的正當性。

本文嘗試利用更原始的史料，希望能以更多面向的探討，讓臺電這樣一家「特別」的公司，得到不同角度的詮釋。其次，對於臺電之外的中、小型民營電力公司，以往只被浮光掠影式地當做臺電發展的陪襯，但分析這些中、小型電力公司的營運數據，發現參考價值毫不遜於臺電，進一步思考電力部門營運表現究竟是資本額大小，還是營運策略，還是兼而有之，兩者是否構成正相關。

圖 3　日月潭電廠外部（發電廠）

說明：日月潭計劃工程的專業要求高（特別是水路、導管工程），使
　　　得 1930 年代的發包作業喧騰一時，成為臺電棘手的問題。
資料來源：臺電，《日月潭水力發電工事寫真帖》（中央研究院臺灣史
　　　研究所籌備處收藏）。

　　以往電力發展的研究，都將日月潭計劃的失敗都歸咎於「資金不足」，但
細察日月潭計劃的決策過程發現，一向以科學調查自詡的總督府，調查並不
精確，尤其需要長時間搜集資料的實地調查做得不夠確實。因此日月潭計劃
的中挫，與其說是資金不繼，不如說在時間壓力下，科學調查未盡周延，這
個缺失竟造成後來經費不斷追加，以致停工。

　　過去研究焦距都對準臺電在 1931 向美國借款的四千多萬圓外國公司債，
並以此認定是日月潭計劃得以完成的主因，但卻忽略了持續時間更久的「國
內公司債」，其額度與效果遠超過外債。

　　推動臺灣電力發展的主角不是「電廠」，而是「人」，但以往研究視臺電
為一個整體靜態的呈現，但實際上並非如此，臺電與總督府政策多有相左之
處，尤其在人事問題。由於臺電第一代高層多由總督府官員轉任，心態上與
第二代、第三代臺電人有著截然不同的差異，加上每個時期臺灣工業化的內
容都被不同政策填充相異的材料，因此每一代臺電人的使命與內涵都大不相

同，如何在曲折多變的工業化道路上，尋求各方利益的最大交集，成爲臺電的首要之務。

在日月潭計劃停工後的十年間，臺電高層意識到亞洲鄰近地區與歐美各國在電力發展上的日新月異，臺灣以往的競爭優勢正快速流失。1910 年代，十萬 kw 的日月潭計劃堪稱「世界級」工程，但到 1930 年代又顯得如此滄海一粟。環顧臺灣在亞洲的定位，是否能保持優勢的區位條件，繫於日月潭計劃何時能重新啟動，因此如何急起直追（又要兼顧時效性），成爲歷任臺電社長的「當務之急」。故在推動臺灣電力發展的眾多人物中，個人與集體心態上的轉折，將是本文探討的重點。

在臺灣的工業化進程中，忽略了發展階段的中層部份，因此只能在 40% 電燈普及率之上，飛躍性地成長到軍需產業的工業化，省略了日本與歐美各國在中層衍生出各種電力應用的龐大市場，更與民眾生活呈現脫節的狀態，造成這樣的原因是政治力的主導，讓臺電無法在更多公部門與中層市場中奠定更穩定的工業化基礎。另外，就費率而言，電力對一般消費大眾仍是不小的負擔，所謂的電力化只限於城市地區與上、中層消費能力群及日籍用戶之間發展，基層消費者的需求，並未得到一定程度的滿足。供需之間，各有彼此無法突破的侷限，這就是臺灣工業化與電力化的特色，據此觀點，臺灣工業化的「成果」需要重新思考與定位。

原始史料中，有不少臺電自我宣傳的工業化觀點，例如強調臺灣電燈資源優異的「高燭政策」與「低廉費率」，這些論述在史料驗證下，透過世界性的比較，反而突顯臺灣市場資源高度集中，電力發展停滯不前的窘狀。

以上課題，皆需要以更廣泛的視野、更核心的史料、更謹慎的論證來佐證，研究既要「細化」，也要避免「碎化」的窠臼。

第二節　文獻分析

有關本文主題的原始史料，散見各處，收集難度並不高，但卻罕見學界系統性運用，出現了研究篇數與引用原始文獻程度背道而馳的現象，但這不代表不使用原始史料的研究就不能呈現研究成果。但若將研究斷限訂於 1945 年時，就會發現大多數電力研究集中在戰後，戰前的電力研究篇數屈指可數，與戰後研究相較不成比例。

　　就研究者背景而言，電力研究向來不被歸屬於歷史學的範疇，反與工程界及經濟發展的研究相結合，因此長期以來這個領域的研究中，臺灣電力公司及經濟學者的論文，才是這個場域的主流論述。本文的研究焦點將放在電力這項新能源的資源分配機制，及掌控這個機制的組織運作，最重要的是，電力這項新能源如何融入臺灣社會，進而對臺灣社會產生質與量的轉變過程。如果從這個角度出發，配合歷史學的方法論，也許能為電力研究這個領域，提供一點新的思考方向。

　　1990 年代後期，臺灣電力公司資深工程師林炳炎曾自費出版《臺灣電力株式會社發展史》，這是第一本以史料為基礎，並提出許多思考面向的著作，該書末還附有許多原始史料的出處與收藏地，提供後進研究者許多方便。

　　歷史學的研究領域中，並不乏電力研究的論述，但僅自限於教科書式的一個章節，或者當做陪襯性的角色，就方法與史料而言，這些研究雖有觀點，但不免粗糙。

　　日治時期的研究特性離不開統計數據，而這正是研究日治時期最易被誤導的「陷阱」，因為就史料的原始性而言，電力部門的研究還停留在外部史料的掌握，缺乏各電力公司核心史料的佐證，雖然總督府自 1920 年代到 1930 年代，每年出版一冊《臺灣電氣事業要覽》，但基本上是屬於該年全臺灣各公司的橫向比較，屬於非核心史料。依照當時「商法」規定，各電力公司每半年為一個營業週期，各期資訊皆載於《營業報告書》中，但觀照過去對電力發展的研究，並未使用這份原始資料，以致缺乏長時段、連續性的比較，反陷於點狀與孤立的評論，未見整體性的論述。本文則以臺電、臺灣電興、竹電、嘉電、臺灣合同、花蓮港電氣等六家電力公司歷期《營業報告書》為基礎，建構臺灣電力發展的研究，期望在更堅實的史料上深化研究成果。

　　報紙方面，發行量第一的《臺灣日日新報》（含漢文版、朝刊、夕刊）無疑是最零散也最豐富的史料探險，日治時期從第一號到一萬四千餘號的《臺灣日日新報》，每號又有四至八個版面，雖然五南出版社出版過，但字體的模糊難辨，讓研究者反而失去許多珍貴的片段。報紙資料雖然龐雜，但卻是離歷史事件時間點最近的觀察指標，許多未經加工的史料，都要透過報紙才能獲得。在研究成果的強度上，是否系統性收集報紙史料，將是關鍵之一。

第三節　章節安排

本書除第一章「緒論」外，正文共分為六章。

第二章「日月潭計劃的萌芽、中挫與調整」：首先指出日月潭計劃的誕生背景，因為要開發日月潭計劃，總督府資金無力負擔，求助於日本中央政府，但各種政治承諾隨著選舉結果相繼跳票。在關鍵的 1916～1918 年間，臺灣電力結構又出現了什麼樣的關鍵性變化，日本中央曾建議臺灣總督府不妨讓日月潭計劃開放民營，民間也認為不妨縮小規模與經費，本書想探討總督府堅持公營與六千萬圓經濟規模，而且不採納日本與民間建議的時代背景，究竟是什麼因素，讓總督府做出這個悠關臺灣產業發展的重要決定。又是什麼原因，讓這個當初各方矚目，「亞洲第一」的電源計劃在 1922 年停工，進入長達十年的低潮期，而這十年，恰巧是世界電力發展的「黃金時期」。其次，本章還想探討臺電這個組織的出現與日月潭計劃有什麼關係，是先有臺電才有日月潭計劃，還是先有後者才有前者。

圖 4　臺灣總督府土木局長長尾半平

說明：長尾是臺灣電力部門的擘劃者，奠定了臺灣一開始的電力優
　　　勢，1910 年離開臺灣，1920 年代為淺野水泥的大甲溪計劃遊
　　　說總督府未果，臺電第一代領導幹部，幾乎都是長尾的部屬。
資料來源：《日》2168–1905–m38.7.25–1。

　　總督府在 1926 年正式宣布日月潭計劃「無限期停工」，並將中挫原因歸咎於經費不足、物價上揚等因素。但實際上，日月潭計劃停工的原因並非如總督府所述，真正原因是當初地質調查與水量調查的不周延，總督府宣稱的原因都早在政策形成前都已經估算在內，本章將明確指出調查不周延的內容，當時民間對總督府決策的盲從及依賴權威的集體心理，也是推波助瀾的原因。

　　臺電早在 1922 年就預估情勢發展，預見最壞狀況可能會「破產」，並及早因應可能風險，在歷經第一任社長高木友枝後期，臺電進行一連串開源節流措施，緩合財務結構繼續惡化的趨勢。本章最後部份，將闡明臺電在營運上的努力，以及第三任社長松木幹一郎出掌臺電後，逐步將資金需求寄望於美國資本，並完成舉債上限的修法過程。

　　第三章「臺電與臺灣社會」：本章首先指出臺電面對市場的經營策略，在臺灣電力政策這種特殊的環境中，消費者與臺電的互動模式，透過電力供應品質、服務品質、業務興革等三方面，勾勒出臺電與市場的融合過程，並分析臺電在獨佔市場情況下，對市場的需求是否能觀照與滿足，以做為臺灣獨佔事業體制經營之參考。

　　本章還將探討市場對臺電股票公募前夕那種引頸期盼的熱情與盲目，待公募開始就引爆臺灣人社會的集體沸騰，雖然各城市的參與狀況不一，但購買股票不僅成為新興投資標的，還是一種時髦的經濟行為。甚至這種股票投機首次打敗了熱衷房地產的投資趨勢，資金紛紛轉進股票市場，各種爾虞我詐的經濟行為，對臺灣人的價值觀及近代經濟體系架構認識的形塑過程。最後點出臺灣人透過臺電股票的短期投機，臺灣社會的財富分配重新洗牌，並為此付出了慘痛代價，鑑往知來，對股票投機逐利的本質，應有更深一層的認識。

　　臺電當初設立的宗旨，是希望以龐大的規模經濟，低廉的電價，帶動臺灣產業各部門的蓬勃發展，本質上屬於國家主導型的計劃經濟。本章將以臺電營收及用電量檢證各部門採用新能源的進程與分布，再以農村電氣化與糖業部門、重油發電機部門深入檢證，臺電在提供低廉電價的過程中，對臺灣產業部門的改變性究竟有多大。

　　第四章「臺電組織結構與人事」：首先就臺電歷任社長、副社長、理事、監事做量化分析，藉以看出每位職務的專業背景，這些不同職務的專業人士，

如何組成臺電如此龐大的組織架構，這些專業人士在組織中又扮演什麼樣的角色。臺電社長與副社長，如果是互補的功能架構，那麼三十位臺電理事，又有幾位是政治力的人事酬庸。

臺電是一家無法擺脫人事關說的大企業，特別是政治酬庸的空降部隊，臺電只能全盤接受，但龐大的人事費，卻是臺電經營上的阻力。本章將探討臺電歷任社長裁員的原因、規模與成效，以及人事費佔臺電支出的比例。

企業組織「扁平化」一直是企業經營降低支出的共識（同時也是一種企業經營的「迷思」），但對臺電而言，組織扁平化卻意味要讓更多的員工失業。面對臺電這家平均年資相當高的大企業，歷任社長莫不為組織調整費盡心力，努力尋找裁員與提高產出的平衡點。裁員如果是無可避免的選擇，要如何進行，才能讓舊員工有尊嚴地離開。本章還將指出，組織扁平化並非經營致勝的不二法門，反而讓組織擴張，提高研發部門的專業性，增加現職員工的福利，企業精神的再造，才是臺電在 1920 年代振衰起弊的關鍵。另外，基層的臺電員工，要在競爭激烈的職場生存，必須如何調整並充實競爭優勢。當時臺灣工業人材教育體制的管道，及國家力量透過「證照制度」引發職場生態的變異，又對個人職場生涯，帶來什麼衝擊。

歷史研究的偏重雖有不同，但關懷的核心是「人」，故本章選出二位社長，五位技師，七位理事，實際檢證上述人物在臺電內部的發展歷程中所受的侷限與角色扮演，如何在無法完全掌控的環境變數中，完成臺電的營運工作。二位社長：高木友枝與松木幹一郎，分別代表二種領導風格的典型，前者寬大治社，後者完全授權。二位社長所處的時空環境各不相同，要如何帶領臺電渡過經營上的危機與低潮，二種不同風格領導下的臺電，反映出怎麼樣的營運數據。臺電是專業的事業體，社長的選任，是否也要具備相同的專業，社長的專業，是否又是臺電營運成功的保證，如果不是，那什麼樣的專業與洞悉，才是臺電需要的人材。

長尾半平、大越大藏、國弘長重、後藤曠二、新井榮吉，分別代表每隔十年臺灣的技師典型，由於臺灣的特殊性，行政權獨大，讓技師有比日本更廣大的揮灑空間；另一方面，臺灣特殊的環境，也讓技師揮灑時受到侷限。本章將指出，技師在臺灣電力部門近代化的過程中，熱情才是不斷進步的引擎。

除了技術部門的技師之外，臺電還需要業務系統的理事，本章選擇永田

隼之輔、南政吉、山中義信、安達房治郎、宇賀四郎、富山敏行、能澤外茂
吉等七位臺電理事，大部份專業背景都是東大法科畢業，具有銀行界工作資
歷，或由總督府退休高官轉任，二種背景的理事對臺電的營運也都發揮不同
影響力。政治力干預臺電經營，是否都是「負數」，本章有進一步的探討。

圖 5　臺電配電室操作中的員工

説明：要維持臺電整個組織的運作，需要大量的非正式編制員工，這
　　　些員工佔臺電員工總數的 60～70%，但能從正規技職體系取得
　　　的人力資源有限。
資料來源：《日》13357–1937–s12.6.1–7。

　　第五章「臺電與日月潭外債」：首先指出研究日治時期的電力發展，不可
孤立於臺灣島內的探討，真正影響臺灣電力部門發展的，其實是國際因素，
特別是世界「金本位制」的變革。

　　1920 年代的日本政黨政治，是第一個影響臺灣電力部門發展的不確定因
素，因為政友會與民政黨的更迭，連動臺灣總督的更迭，「人去政息」、「物是
人非」更常讓臺電多年努力歸為泡影。因此要讓日本中央援助臺灣，臺電能
做的，就是以客觀精密的調查做為說帖。本章將描述松木上臺後的臺電，對
日月潭計劃復工「再調查」的努力，並闡明該計劃能夠復工，「天時」、「地利」、

「人和」缺一不可。

此外，本書也發現日月潭外債通過的時間點，非常耐人尋味，並與日圓對美元的匯率波動有直接關係。日本是 1920 年代最晚解除黃金輸出管制的國家，這與高橋是清長期主持日本財金政策有關（重金思想），認爲黃金的流出對該國金融有負面影響，但 1920 年代是全世界各國相繼與美元建立聯動匯率的關鍵時期。日本的難處在於，若不開放黃金輸出，政府外債的利息節節增加，外匯存底不足；若開放輸出，則將日圓匯率置於一個不穩定的狀態，日圓過度升值將降低日本出口競爭力。對於日本這種脆弱的經濟體質，不論採取什麼策略，都是一刀兩刃，難以兼顧。日月潭外債通過的時間，正好在 1931 年民政黨主政時期，本文的假設是：日月潭外債是日本匯率操作的一項工具性應用，具有多重的目的，並非以臺灣爲主體的考量，詳細原由，將在本章詳論。

日月潭外債入手後，高達 4,000 萬圓的工程預算引來各方覬覦，特別 1930 年代是個經濟不景氣的時代，往往 100 萬圓的工程，就能讓一家企業起死回生。於是臺電面臨的是前所未有的挑戰，如何辦理招標工程，才能在總督府與臺灣、日本廠商之間尋求最大交集，又能讓工程品質在臺電預期中。這項幾乎是不可能的任務，還是在臺電高層的智慧運作下，以協商、妥協、讓步，逐漸完成，這份難得的歷史經驗，可供獨佔事業體今後招標的參考。

第六章「臺灣電力產業的特色」：要探討臺灣電力部門的電力發展，必須要有客觀的數據，畢竟市場滿意度是個抽象的表述，不同地區，不同時間，難以掌握臺灣電力產業的特色。故本章以各公司「資產報酬率」、「營業利益率」、「淨利成長率」、「總資產成長率」、「總資產週轉率」五項指標，具體比較臺灣各電力公司的營運成績。從比較中看出：總督府規模經濟的邏輯，是否反映在營運數據上，多少的資本額，在臺灣可以找到最佳化的營運模式。臺灣的工業用電，又用在那些部門，帶來什麼樣的成長。

其次，臺灣電力研究中，長期浸淫在發電廠靜態的「裝置容量」中做比較，這是沒有太大意義的比較，因爲日月潭計劃的啓動，讓臺灣裝置容量增加十萬 kw，但因長期停工的關係，實際上 1kw 電量也沒增加。本章將以每座電廠動態的實際發電量取代以往的裝置容量，比較全臺各主要電廠的「發電率」，水力機組與火力機組的搭配模式，北、中、南三個子系統的電力調度，及臺灣火力機組長期利用率偏低的原因。進一步從發電率反觀日月潭計劃的

設計，與實際利用率竟相差一萬 kw 以上，顯示日月潭計劃完工後的落差，如果當初能更進行更精密的調查，更精準運用有限的資金，應該會有另一番局面。

第七章「臺灣電力政策的比較」：首先，所謂的「電力政策」必須在供需雙商尋找最大利益的交集，臺灣與日本電力政策的「原型」系出同源，但切入市場的具體措施大不相同。同樣面對市場力量，日本的電力政策無法凌駕市場力量，必須與之協商、妥協，讓市場在適度競爭下快速成長。臺灣則採用了日本電力政策最初的「典範」，進行全方位的管制，甚至日本地方法人的自營電力，在臺灣都不被允許，因此市場力量始終無法與政策展開對話，也沒有建立市場回饋機制。但總督府卻把臺灣電力政策的缺點說成是優點（眞正獨佔優點發揮有限），並在戰後被一再延用，本章將探討同一政策來源在二個不同地方實行的優缺點比較。

本文受限於資料與能力，探討範疇僅集中於市佔率第一的臺電，其它民營電力公司除了數據比較之外，較少觸及。其次，本書側重日月潭計劃及臺電經營策略、市場數據的分析，並未包含日治時期電力發展的每個面向。

第二章　日月潭計劃的萌芽、
　　　　　中挫與調整

1910 年代，作業所的成功經驗加上第一次世界大戰景氣的推波助瀾，讓總督府蘊釀日月潭計劃，引進當時最尖端的「電氣化學產業」。圍繞日月潭計劃的組織調整，才有臺電的誕生，總督府確信這是政策維持與市場活性二者兼顧的最佳模式。

　　日月潭計劃與臺灣經濟佈局有絕對關係，總督府考量臺灣在東亞、甚至全球的經濟版圖中，能夠扮演何種角色？該計劃是當時「亞洲第一、世界第七」的單一電廠開發案，因為這個計劃，臺灣躍上國際舞臺，也因為這個計劃，讓總督府第一次思考產業發展的全球佈局。許多史料都顯示，新能源的低廉電力將生產具備國際競爭力的商品，因此日月潭計劃的動機與目標是一種定位臺灣主體性的努力，具有世界宏觀視野的企圖心。本書希望從當時的時代背景，重新詮釋政策形成的過成、中挫與結果。

第一節　臺灣電力政策的轉型

　　第一次世界大戰加速市場每年 9%自然增加率，電力供不應求，國際油價飆漲，工業產品成本上漲，獲利降低。總督府希望擬定「新能源計劃」帶動產業升級，這些論點在「日月潭水力發電計劃宗旨書」中已有詳述。〔註1〕

　　這種臺灣產業不能只寄望農業部門的構想，配合自由貿易的經濟需求，構

〔註1〕　佐佐木英一，〈臺灣の工業化と電源〉，《臺灣時報》，（1942）昭和 17 年 7 月
　　　　號，頁 2～3。

成日月潭計劃最初的內涵，與 1930 年代後期的軍需產業思想完全不同。這個構想還包含：中部鐵路電氣化、製材、糖業、灌溉、電氣化學等工業引進，吸納產業剩餘人口，提高就業率，是一個全面提升臺灣產業，甚至文化的工業政策。

壹、臺灣總督府電氣作業所時代經驗

作業所時期（1903～1919 年）奠定臺灣電力政策的「原型」（Proto-Type），豐沛的資金，強大的行政支持、創意的行銷、低廉的費率、前瞻的理想，幾乎是各國電力政策的理想典範。但作業所面對的只是市場發展的最初階段，組織本身還保有一定程度的彈性，對照日本明治維新數十年的組織結構，這是臺灣競爭的優勢。

（1）**豐沛的資金**：臺灣最初選擇水力電廠是因為臺灣缺乏煤礦，視水力發電為必然。〔註2〕但水力電廠需要長工期、大資本，總督府以公債提供豐沛資金，1908～1914 年間，電力部門經費在 700 萬圓以上（含水利工程），這還不含龜山與小粗坑電廠，豐沛的資金，是政策成功的保證。〔註3〕資金打造的優勢，在 1915 年開始鈍化，供電逐漸飽和，政策無法與時俱進。〔註4〕

表1　臺灣電力負載

北部地區	1911	1912	1913	1914	1915	平均
電燈	1631	1962	2427	2749	3149	
電扇	230	323	362	387	385	
電力	1053	1104	1505	1821	1929	
計	2914	3287	4192	4805	5463	
增加率		13%	28%	15%	14%	17%
中部地區	1911	1912	1913	1914	1915	
電燈	237	363	445	462	597	
電扇	9	29	35	40	48	
電力	15	29	35	78	93	
計	261	421	515	580	738	
增加率		61%	22%	13%	27%	31%

〔註2〕《後藤新平文書》（6）-R28，〈水力電氣事業〉。
〔註3〕《後藤新平文書》（6）-R28，〈水力電氣事業〉。「3000 萬圓水利事業計劃」，支出年度從 1908-1914 年間，共支出 797 萬圓（每年 80-110 萬圓），其中電廠經費約 370-400 萬圓。
〔註4〕《後藤新平文書》（6）-R28，〈臺灣總督府作業所所管事業〉。

南部地區	1911	1912	1913	1914	1915	
電燈	625	821	993	1109	1244	
電扇	59	79	89	91	102	
電力	560	810	1241	1296	1369	
計	1244	1710	2323	2496	2715	
增加率		37%	36%	7%	9%	22%
全　部	1911	1912	1913	1914	1915	
電燈	2493	3146	3865	4320	4990	
電扇	298	431	486	518	535	
電力	1628	1943	2781	3195	3391	
計	4419	5520	7132	8033	8916	
增加率		25%	29%	13%	11%	19%

說明：負載單位：馬力（hp）。

資料來源：《後藤新平文書》（6）-R28，〈臺灣總督府作業所所管事業〉。

（2）**強大的行政**：當時負責規劃的土木局長尾半平深得後藤新平與兒玉源太郎的支持，給予專業充分的自主與尊重，爭取預算而不干預規劃，是臺灣電力專業最能發揮的一段時光。有了行政強大的後盾，開發效率自然加快。

（3）**創意的行銷**：各種優惠加上「鎢絲燈泡」替換方案等，透過互動教育出一批對近代電力事業權利義務有一定認識的都市消費群，以低價創造需求曲線，獲利雖然重要，但市場長期累積的信任與互動，才是作業所最大的「資產」。

（4）**低廉的費率**：因為初期的豐沛資金，讓臺灣在 1910 年代中期以前，享受比日本平均費率還要低的成本，各種民生與工業用電，每年以 19%速度成長。

（5）**前瞻的理想**：當時可以看到很多規劃的理想性，如「南電北送」、「統一電價」、「大電源開發計劃」（大甲溪與濁水溪）等等，皆是希望「供給安全且低廉的電力，藉以殖產興業，資助利用厚生云云。」〔註5〕若說官營政策沒有公益性，對作業所有失公允。

以上五項優勢在 1915 年開始惡化，原因是後藤、長尾相繼離臺，資金不再豐沛，行銷開始僵化，服務逐漸鈍化，作業所事務官松本卓爾提出改進意見如下：

〔註 5〕　《後藤新平文書》（6）-R28，〈電氣事業今後の計劃〉。

（1）開拓南洋與南中國市場，振興臺灣工業，低廉供應電力，調查水力發電資源。

（2）白天灌溉用抽水馬達電力，低價供應。

（3）調查在臺灣建立電氣化學工業的可能。

（4）學習歐美「服務」與「經營」的精神與方法，用於臺灣。〔註6〕

松本建議的特色，皆不需要增加經費就能達成。針對第（1）點而言，開拓中國南方市場與擴大臺灣貿易輸出，正是日月潭計劃誕生的背景。就第（2）點而言，灌溉用電價還未低到市場滿意的價格區間，還有努力空間。特別此點在當初作業所南部地區，列為優先推廣項目，具有「獎勵與保護產業的價值」。〔註7〕針對第（3）點而言，化學工業產程電力化，正是當時總督府著力的產業政策。只有第（4）點，因為作業所獨佔市場的關係，服務精神與方法，始終無法與市場交集。

1911～1915 年臺灣電力市場負載與成長率如「表1」，從表中可看出臺灣北、中、南三地的電力負載成長率。就北部而言，平均年成長率 17%，中部 31%，南部 22%，整體年平均成長率 19%，高於日月潭計劃停工後的 1920 年代，顯示強大的供應電量，讓市場不虞匱乏地成長，這樣的數據，完全不輸日本市場，雖然臺灣還只是在起步階段。

整體用電量從 1911 年的 4,419hp，增加到 1915 年的 8,916hp，增加幅度約一倍，已超出系統容量的最大極限（系統容量只有 8,300hp），因此 1915 年起，臺灣各項競爭優勢在陸續鈍化，不進反退。

鈍化的表現除了費率不再領先之外，還有服務態度的降低，採用公務部門的僵化預算制度。〔註8〕如果當年度預算用完，即無法再接受申請，只能看著市場流失，因為經費動支須向大藏省核銷。〔註9〕

〔註6〕 《臺灣時報》第 25 號，大正 10 年 8 月，下村宏，〈松本卓爾君遺稿の『海外管見』〉，頁 64～65。

〔註7〕 《後藤新平文書》（6）-R28，〈電氣事業今後の計劃〉。

〔註8〕 《日》4626-1913-t2.4.22-6，〈電燈之增設豫定數〉；4626-1913-t2.4.22-6，〈蕃著寮電燈計劃〉。作業所根據前一年市場增加率編列下年預算增加率，無法跟上瞬息萬變的市場腳步。如 1912 年臺灣電燈數增加 20%，隔年也編列 20%的成長預算給作業所。

〔註9〕 《漢文臺灣日日新報》第 3279 號-1909 年-明治 42 年 4 月 8 日-2 版，〈電燈工程〉。（以下簡稱《漢日》，餘類推）。

貳、日月潭計劃與第一次世界大戰

　　第一次世界大戰讓臺灣看到許多產業的契機，諸如纖維、鋼鐵、製紙、肥料工業，如果臺灣能善用中國東北的煤礦，福建、南洋地區的市場與原料，日本的後段精製，讓臺灣成為跨國工業廊帶的核心基地。如此，則每年仰賴數百萬圓進口部份便可自給自足，不僅節省入超，還能往全世界各地輸出，一舉數得。〔註10〕上述產業除了鋼鐵工業外，其餘皆屬歐美 1910 年代新興的電氣化學工業。臺灣如果要與歐美國家產品競爭，關鍵在於能源成本，如果能建立一萬 kw 以上經濟規模，則產品將具備相當競爭力。但另一方面，這些估算都是靜態的推估，未把施工期間的國際產業波動估算在內，更忽略了在電氣化學工業上，日本都未取得專利權，核心製程的技術，日本也付之闕如；加上支付龐大權利金後，日本工業產品是否還具備國際競爭力，不無疑問。

圖 6　臺電的出現

說明：1919 年 7 月臺灣產業界最重大的事，就是臺電的設立，為臺灣
　　　產業開創新紀元。
資料來源：《日》10050–1928–s3.4.15–16，〈臺日漫畫〉。

〔註10〕《實業之臺灣》第 3 號（1909 年 12 月），一記者，〈人造肥料の過去及未來〉，
　　　　頁 7；《日》6629-1918-t7.12.3-3，頑堂，〈日月潭水電其用途（中）〉；
　　　　6630-1918-t7.12.4-3，頑堂，〈日月潭水電其用途（下）〉。

　　儘管如此，總督府預估將來臺灣每度平均電價會比大阪低 50%以上（大阪每度電價 2 錢），低廉的電價，絕不用擔心電力過剩問題。總督府商工課長田阪千助也表示：「臺灣可取代九州，成為南方航運網絡的中心。」〔註11〕將來用電力生產的商品，「近可銷往對岸中國，遠可配往南洋，用彼之原料，與我之精煉，則彼此至為有益。」〔註12〕1910 年代，總督府技師山形要助主張讓高雄港成為亞洲國際港，這個主張得到明石總督的認同，日月潭計劃則為臺灣躍上國際舞臺的新能源基礎。〔註13〕總之，資金技術由日本提供，人力原料由中國提供，配合臺灣地理位置，此即日月潭計劃最初的經貿考量。

　　這種進步觀成為當時社會的主流價值，而且有時間的急迫性，臺電社長高木友枝就說：「日月潭計劃興建到落成還有數年，期間還可充份研究產業的動向。」〔註14〕為求速成，新能源計劃不可再拖，至於產業計劃具體內容，還留待未來再討論。

　　第一次世界大戰期間，總督府歲入不斷增加，開始構思臺灣的經濟地位，尋求以臺灣獨立政策，並思忖降低對日本工業的依賴，確立以臺灣為主體性的生產方式，可以說是日治時期臺灣最早的「南進政策」。〔註15〕

　　日月潭計劃是在民間有意申請開發後，由總督府收為官營的，其模式與 1903 年臺北電氣收購為作業所極為類似。1917 年初，若尾璋八等申請於日月潭設水力機組，遭總督府否決，隔年總督府才展開實測工作。〔註16〕當時同步評估的是「大甲溪計劃」而非後來脫穎而出的「濁水溪計劃」。而且最初裝置容量只有 2,000～3,000hp，而不是後來的 18 萬 hp。〔註17〕至少在 1916 年以前，總督府對日月潭計劃的輪廓還是很模糊。

〔註11〕《臺灣工業界》第 1 卷，第 2 號，大正 8 年 6 月（1919 年 6 月），頁 19。

〔註12〕《日》6781-1919-t8.5.4-5，〈新工業及臺灣（一）〉。

〔註13〕小森德治，《明石元二郎》（臺北：臺灣日日新報社，1928 年 5 月三版），頁 162。

〔註14〕《臺灣工業界》第 1 卷，第 2 號，大正 8 年 6 月（1919 年 6 月），高木友枝，〈電力會社社長就任に就て〉，頁 21。

〔註15〕《臺南新報》第 8249 號-1925 年-大正 14 年 2 月 3 日-3 版，〈殖民地財政の綱要〉。（以下簡稱《南新》，餘類推）1913 年總督府歲入 5.4 千萬圓，1920 年達 1.2 億，增加 2 倍：歲出從 1913 年的 4.4 千萬圓增加到 1920 年的 9.4 千萬圓，也是增加 2 倍。

〔註16〕《日》11857-1933-s8.4.11-5，南政吉，〈臺灣電力の昔物語り（一）〉。

〔註17〕《日》5844-1916-t5.10.6-5，〈中部電氣事業〉。

圖7　日月潭計劃全圖

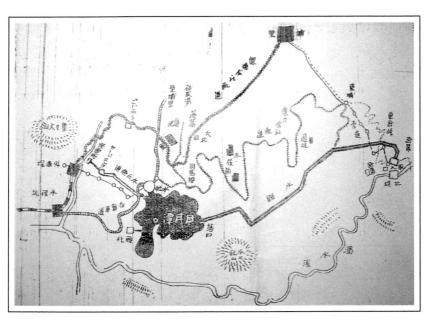

說明：1910年代的日月潭計劃曾是臺灣總督府的驕傲，圖為日月潭計劃全圖。
資料來源：《日》11600–1932–s7.7.25–3。

那麼，日月潭計劃為什麼非十萬kw不可呢？因為根據總督府計算，若每度電價不能低於歐美發電成本，則該產業商品在國際上沒有競爭力，雖然影響產品競爭力的因素不只是低廉的能源，而且臺灣除能源外，還有很多可以改進產品競爭力的方法（如製程改良）。但單就發電成本而言，日月潭計劃必須達到基本的「規模經濟」才能降低生產單價，這也是為什麼要蓋水力電廠的原因，因為「不蓋水力，成本必高，成本一昂，商不悅來。」〔註18〕總督府官員也表示，日本商品之無法與歐美在國際市場競爭，表面雖有運費、售價、品質等原因，但實際上是能源成本過高。〔註19〕不僅要蓋水力電廠，而且經濟規模要大，這就是日月潭計劃十萬kw的原因。

日月潭計劃除了產業之外，還有更深一層的文化意涵，希望臺灣能像挪威、瑞士、義大利等國家，讓電力深植於生活中，而不只是產業發展而已。〔註20〕作業所臺中配電所長淺倉丈夫甚至希望藉由日月潭計劃，打開中國

〔註18〕　《日》6293-1918-t7.1.1-17，〈大正七年の臺灣經濟界〉。
〔註19〕　《日》6792-1919-t8.5.15-7，〈日本の樣な高い電力は〉。
〔註20〕　《日》6868-1919-t8.7.30-2，〈伊瑞の山國と〉。

貿易的大門。〔註 21〕總督府工事部長高橋辰次郎認為，日月潭計劃可促進農業、工業部門的交流，兩者看似獨立，其實相輔相成。〔註 22〕民政長官下村宏認為日月潭計劃帶動的「不僅米糖，連製紙及各種工業，無不從而發展。」〔註 23〕因此如果沒有第一次世界大戰發生，也不會有日月潭計劃的出現。

參、臺電「半官半民」的經緯

1917 年總督府蘊釀日月潭計劃，但 1919 年才主導臺電設立，為何錯失這關鍵的二年？這二年之間，臺灣電力需求又處於什麼狀況？是什麼原因造成日月潭計劃的延宕？延宕對臺灣產業發展有何衝擊？就當時趨勢而言，1917 年是臺電最佳創立時間，但因總督府對官營型態與規模經濟的堅持，造成二年時間都耗在與中央政府交涉上，擦身而過的結果，反與泡沫經濟臨界點相遇。

當時主導日月潭計劃的不是明石總督，而是上任未久的民政長官下村宏，雖然他掌握了未來趨勢，但進程卻是跌跌撞撞，造成整個 1920 年代，日月潭計劃就象徵臺灣能源政策的「大失敗」。

1917 年日月潭計劃提交中央政府時，正值寺內內閣向西伯利亞出兵之際，政府秉持「非募債主義」，不願政府預算過度擴張，故以「時機尚早」暫時擱置。〔註 24〕總督府不得已，為求日月潭計劃速成，隔年再提「半官半民」案。〔註 25〕政府負責審核的大藏大臣勝田公開表示，日月潭計劃成本「很合算」，而且是亞洲首次的嘗試，經費若不足，可分數年完成。〔註 26〕

日月潭計劃的本質上是以工業貿易為基礎的設計，而這個基礎卻建立在一個正在逐漸擴大的「泡沫經濟」之上，失敗並非沒有警訊，而是主政者將

〔註 21〕 《日》5918-1917-t6.1.1-53，〈發電水力の開發〉。
〔註 22〕 《日》6293-1918-t7.1.1-17，〈革命せんとする〉。
〔註 23〕 《日》6293-1918-t7.1.1-17，〈大正七年の臺灣經濟界〉。
〔註 24〕 《臺灣遞信協會雜誌》第 161 號，（1935）昭和 10 年 8 月，〈電氣及瓦斯事業〉，頁 21。
〔註 25〕 《日》7661-1921-t10.9.30-5，〈電氣事業發達史（三）〉。「然政府以時機尚早，遂不得已而延期，但需要電力之聲益高，其施設有不可一日忽者，乃更與中央當局交涉，立官民合同經營之案。為使日月潭水力發電之功速竣，以資本金 3,000 萬圓，公司債 3,000 萬圓，為事業資金。從前官營電氣事業，遂略化為民營。」
〔註 26〕 《日》6282-1917-t6.12.21-5，〈日月潭大水電計劃〉。

變數「極小化」，忽略了電氣化不能與民生脫鉤的基本定律。亦即臺灣的工業化，不可能建構在只有 40%電燈普及率上，又要生產具備國際競爭力的商品。

　　1918 年日本政府編列下年度預算時，不足 2,100 萬圓，「無新經費增加之餘裕也，只能就財源範圍之所及，擇最急要者。」中央自顧尚且不暇，對臺灣已無資金支援，日月潭計劃若要實現，總督府得自籌財源或調整策略。一直到 1918 年底，中央對該計劃還停留在「大體同意，尚待研究」。〔註 27〕直到 1919 年初，總督府還不放棄中央補助的希望。

　　「半官半民」的構想出現在 1918 年，臺銀董事長櫻井認爲這個方案不失爲解套之法，但必須確保總督府對此一組織的法令掌控權，以免喪失「公益」，淪爲一般營利公司。〔註 28〕日月潭計劃一開始就是資金問題，故臺電首任社長內定由臺銀董事長柳生一義，希望透過柳生的關係，確保資金不虞匱乏，雖然柳生說過「日月潭計劃若可實現，則前途無須杞憂。」但卻婉謝總督府的邀請，只願擔任監事一職。

　　1910 年代後期全臺負載不過 9,000kw，日月潭計劃卻要一次打造全臺負載十倍的裝置容量，有違一般供需相互消長的原則。特別是總督府堅持的規模經濟遇到經費不足時，這種堅持格外容易反駁，部份民眾就認爲應該縮小一半規模，「以次繼進，事無不舉」，毋庸在規模經濟上過於堅持。〔註 29〕可惜這種「漸進式」的政策提議，向來不是總督府內部的主流意見。當時就有專家質疑，日月潭計劃水量不足，能否發揮完善的發電率，「不能無疑」。〔註 30〕根據後來的發電率來看，約在 40～50%之間，這個數據遠低於全臺水力發電廠平均值。

　　另外也有人堅持應該官營，因爲不管任何形式、比例的民營，都無法提供官營那般的低廉電價。由於輿論的看法傾向官營，增加總督府決策的難度，輿論還認爲民營不無圖利特定集團之嫌。〔註 31〕

　　1918 年底，角源泉與中央政府交涉，希望將日月潭計劃預算排入公債，

〔註 27〕　《日》6631-1918-t7.12.5-6，〈臺灣事業及豫算〉。

〔註 28〕　《日》6650-1918-t7.12.24-5，〈水電之半官半民〉。

〔註 29〕　《日》5975-1917-t6.2.17-6，〈中部電氣所關〉。

〔註 30〕　《日》6213-1917-t6.10.13-5，〈日月潭水電談〉。

〔註 31〕　《實業之臺灣》第 109 號，大正 8 年 2 月（1919 年 2 月），斬魔劍，〈縱橫無盡〉，頁 32～33。

但因各部門資源有限，無法挪出多餘經費，「一時不能如意，遂有官民合辦之說。」〔註 32〕角源泉回臺後，總督府開始思考「半官半民」的具體細節。同年，濁水溪計劃打敗大甲溪計劃，成為新電源計劃的核心，日本財團展現高度興趣，「三井、鈴木及久原諸富豪，皆望民辦，民辦之論，亦有力云。」〔註 33〕早稻田大學安部磯雄教授也認為要財團出資 5,000 萬圓是輕而易舉。〔註 34〕而且財團透過各種運作，希望總督府開放民營，總督府則以「臺電令」確保最終掌控權下，讓三井財團成為臺電大股東，財團達到投資願望，總督府保全政策主導權。

當時電力需求十分迫切，南臺灣工業區以火力機組發電，對廠商成本墊高極為不利。〔註 35〕北臺灣因電力不足，精米業輸出產能面臨瓶頸，「臺北地區供電已達最大極限。」〔註 36〕加上總督府認為中、南部精米業遲早也會像北部一樣，導入電力為生產唯一能源。〔註 37〕如果政策太執著於所有條件，時效上緩不濟急。赤司初太郎也認為「半官半民」是正確選擇，因為民營無法善盡公益使命，他的結論是：「水力發電不可民營。」〔註 38〕日本寺內首相也主張民營是大開時代倒車，最理想還是官營。〔註 39〕

日本部份政界人士看到日月潭計劃一再延宕，轉而主張「不得已時，委之民辦，從速實行。」〔註 40〕最後比日本政府更堅持的反而是總督府自身，1919 年初最後一次提案失敗後，才真正放棄官營努力，但離臺電設立只剩不到半年。一旦真要「半官半民」，總督府反而無法預估經費，下村宏在議會備詢時表示：「預算約要 4,800 萬圓，但尚要具體調查，今欲舉正確金額，實為困難。」〔註 41〕臺電在成立前夕唯一確定的是「半官半民」，至於公司債多少？總經費多少？下村宏也未能說出具體數據，準備工作不能算是完備。

〔註 32〕 《日》6655-1918-t7.12.29-2，〈問題の日月潭水電（上）〉。
〔註 33〕 《日》6316-1918-t7.1.24-6，〈水電民辦輿論〉。
〔註 34〕 《日》6322-1918-t7.1.30-2，〈水力電氣事業〉。
〔註 35〕 《日》6711-1919-t8.2.23-7，〈南部の電力缺乏〉。
〔註 36〕 《日》6462-1918-t7.6.19-2，〈電力供給狀況〉。
〔註 37〕 山川岩吉，《臺灣產業之現勢》（臺北：臺灣大觀社，1913 年 10 月），頁 303。
〔註 38〕 《日》6658-1919-t8.1.1-3，〈水電民營不可〉。
〔註 39〕 《日》6663-1919-t8.1.6-3，〈日月潭問題〉。
〔註 40〕 《日》6679-1919-t8.1.21-2，〈水電事業案決定〉。
〔註 41〕 《日》6698-1919-t8.2.10-3，〈水電事業內容〉。

小　結

　　日月潭計劃起步的很晚，實際調查的時間更短，真正著手時間只有半年。但日月潭計劃不只是產業振興，還包含更大的文化意涵，要讓電力成為走進日常生活，故就此點而言，總督府對電力事業的洞悉值得肯定。再就日月潭計劃實質效果而言，對傳統的米糖部門並無影響，傳統部門仍按照自己的步調前進；總督府規劃引進的新興工業，也從未實現過。如果不是日治後期戰爭的發生，日月潭計劃將會是一個花費最多，並與臺灣社會沒有直接關係的新能源計劃。

　　日月潭計劃除了調查不精確外，對於十萬 kw 電量將用在什麼產業，一無所知，有的只是個粗略的概念，產業的細節，俱未討論，目標並未清楚浮現。

　　總督府有鑑於「滿鐵」幾成一獨立王國的經驗，對財團頗有防範，但資金又非財團不可，於是不斷修正，出現半官半民的臺電。當時日本中央建議總督府「不妨民營」，直到 1919 年最後再向中央政府重提官營案未果後，才以最後半年完成臺電的籌備工作。所以自始至終，總督府都堅持自主性的電力政策。

第二節　臺電的誕生

　　1919 年 4 月，總督府完全放棄官營主張，開始著手臺電準備工作，選舉七十名創立委員。〔註 42〕不到一個月，設立事務就不斷增加，為了堆放大批資料，辦公室也愈換愈大。〔註 43〕

　　對於作業所存廢問題，看法不一，有人認為要等到臺電上軌道後再裁撤，有人認為若不將作業所人員移轉給臺電，臺電將何以維生？〔註 44〕總督府最後決定將作業所設備與人員悉數移轉，最後以總督府估價的 1,200 萬圓轉移臺電，並取得臺電 40% 的股權。〔註 45〕

　　臺電股票每股 50 圓，共 60 萬股，其中總督府持有 24 萬股，剩下的 36 萬股中，七十名創立委員共認購 23〜27 萬股（包含大財團部份），最後剩下的 9〜12 萬股才在日本、臺灣市場公募。〔註 46〕總督府加上財團股份約 66〜

〔註 42〕　《日》6760-1919-t8.4.13-2，〈籌設電力會社〉。
〔註 43〕　《日》6803-1919-t8.5.26-4，〈電力事務所移轉〉。
〔註 44〕　《日》6708-1919-t8.2.20-5，〈日月潭水電經營〉。
〔註 45〕　《日》6701-1919-t8.2.13-5，〈電力用料問題〉。
〔註 46〕　《日》6771-1919-t8.4.24-5，〈水電創立進境〉。

75%，在臺電未來的經營上取得主導地位。

　　1919 年 4 月，總督任命下村宏為臺電創立委員會委員長，據聞首任社長「內定高木友枝，內定副社長角源泉，內定理事大越大藏。」〔註47〕5 月，局勢逐漸明朗化，沒人再去討論臺電的組織型態問題。

壹、臺灣電力株式會社令

　　臺灣總督府以律令形式公布「臺灣電力株式會社令」（以下簡稱「臺電令」），用意在確保總督府將來能控制臺電的經營權，避免民營方向偏離了總督府的規劃，這種以「律令」形式掌控的公司，在日本電力部門中是唯一首例。

　　根據史料顯示，臺電最早名稱原為「臺灣電力興業株式會社」，該文件還有「臺電令」草案的原型，比較草案與正式公布內容，發現草案比正式內容規範要少，但卻比較嚴格，特點為總督府有監督之權卻不必負營運之責。〔註48〕

　　1919 年 4 月，總督府發佈「臺灣水電會社令」原則案，但該令不具備法律效力。根據該令精神，「政府只做股東，臺電仍不失為營利會社。」〔註49〕一方面確保臺電能盡其「公益」，一方面確保政府監督權。同月 21 日，日本政府以天皇「敕裁」形式，由臺灣總督府發佈「臺灣電力株式會社令」，全文三十四條，每條都牢牢掌控臺電的經營方向。例如有關臺電存續時間定為 100 年（到 2019 年），受總督核准可再延長，確保長久獨佔。其次，為防外資滲透，規定股票為記名型態，非日本國民或經政府認可法人團體，不可持有臺電股票。人事權方面，「臺電令」規定，社長、副社長由總督任命，任期五年。理事由持股 100 股以上股東選任，任期由外傳的九年改為四年，選出二倍候補者，由總督任命之。監事由持股 30 股以上股東選任，由股東大會選出，任期二年。此條文限制了臺電自主的人事權，歷任臺電社長必須在與總督府協調或交換下，才能享有若干自主的人事權。

〔註47〕《日》6771-1919-t8.4.24-5，〈水電創立進境〉。
〔註48〕《下村宏文書》第 90 號，〈臺灣電力會社設立參考書〉，無頁數。
〔註49〕《日》6772-1919-t8.4.25-5，〈日月潭水電談〉。

圖 8　臺電總公司外觀

說明：這座三層樓的鋼筋水泥建築，就是臺電「本社」，位於總督府後方，
　　　從位置就可瞭解臺電「國策會社」的屬性。歷任臺電社長步行到總
　　　督府洽公，不到五分鐘即可到達。不少臺灣電力政策的重大決定，
　　　都在「本社」內決定。1940 年後毀於戰爭，今日只能在泛黃照片中
　　　追憶。
資料來源：《日月潭水力發電工事寫眞帖》。

　　爲恐臺電高度擴大財務槓桿，「臺電令」中也規定公司債發行要經總督許
可，股東大會議決權以過半數決定，條款變更與利益金處分、費率也要經總
督認可才有效，股利上限 8%。如有必要，總督府可解除幹部職務，取消其決
議。臺灣總督府派出「監理官」，可隨時要求調閱內部文件，或列席股東大會
陳述意見。〔註 50〕這些條文是針對臺電的盈餘處分而發，亦即任何的增資、
公司債、盈餘分配，總督府都要參與。「臺電令」綁住的，不只是臺電自主性
的發展，而是整個臺灣電力部門無限發展的可能。

貳、臺灣電力創立事務所

　　1919 年 5 月底，臺電向社會賢達發出 200 多張委任狀，敦請這些人擔任

〔註 50〕《日》6773-1919-t8.4.26-5，〈電氣會社令〉。

臺電創立委員會「實行委員」，並在東京開會「協議實行委員之選定及其它事宜。」〔註51〕由於設立倉促，事務所暫居土木局二樓（大越大藏辦公室內），為突顯臺電的在地特質，特別選用阿里山檜木掛牌辦公。〔註52〕為處理股票認購事宜，由土木局庶務課長小西恭平帶領 12～13 人處理資料，但因申請書太多，臺銀儲蓄部還派幾十名職員支援。〔註53〕

　　第一次籌備會時還發生資料印刷不及，「不得已將舊版不完全資料，供委員過目。」可見籌設過程十分緊湊。各種調查數據，日本與臺灣同步進行，「兩者相參，成為新數據。」下村宏說日月潭計劃高達 18 萬 hp 裝置容量是「亞洲第一」，還有東京帝大神保博士「就此工程，提其保證。」面對外界對電力無法消化的疑慮，下村宏認為是杞人憂天，他說：「吾人從各方面調查，或徵諸從來實際，不獨能消化，且產業必相繼勃興。」因為只要電價夠競爭力，將來東北亞及南洋市場將會是電力消化的保證。〔註54〕下村宏的想法是以日本經驗為基礎，加上第一次世界大戰賦予的信心，希望臺灣生產高附加價值與高毛利率商品，進一步改造臺灣投資環境。同年召開的縣市長會議（廳長會議）中，下村宏仍認為電價過高是日本產業無法與歐美競爭的主因。〔註55〕顯然下村宏將臺灣在世界經濟網絡中能源成本的降低，寄望在臺灣的日月潭計劃。

　　1919 年 5 月，總督明石元二郎在籌備會上表示，臺電短期任務為日月潭計劃，長期目標是「獨占全島水力電氣供給事業之大部份，廉價供給，任國產振興使命。」本來應該官營的日月潭計劃，實因財政無法籌措，「乃移為半官半民之經營，而經營不可遠離官辦理想點。」邀請社會賢達參與是為了「以閣下諸位美聲閱歷，為會社加其信用。」東京行程結束後，總督再往大阪募資，「對社會賢達說明會社旨趣，得其贊同。」〔註56〕為了推動日月潭計劃，總督也得站上前線招商。

參、日月潭計劃催生者：民政長官下村宏

　　日本經驗能提供日月潭計劃參考的，只有 1910 年代建立的「豬苗代水力

〔註51〕《日》6803-1919-t8.5.26-4，〈電力會社株券其它〉。
〔註52〕《日》6805-1919-t8.5.28-7，〈臺灣電力會社〉。
〔註53〕《日》11857-1933-s8.4.11-5，南政吉，〈臺灣電力の昔物語り（一）〉。
〔註54〕《日》6807-1919-t8.5.30-5，〈長官之談電力〉。
〔註55〕《日》6842-1919-t8.7.4-6，〈下村長官訓示〉。
〔註56〕《日》6803-1919-t8.5.26-4，〈電力會社株券其他〉。

電廠」，但這個投資案金額只有 1,200 萬圓（含電廠部份 785 萬圓）。〔註57〕經濟規模更只有日月潭計劃的五分之一到六分之一，可見日月潭計劃是史無前例的嘗試，這個計劃的催生者就是當時民政長官下村宏。

下村宏於 1915 年 10 月擔任總督府民政長官（四十七歲時），在臺服務七年，歷經三位總督（安東、明石、田總督），明石總督病逝前後，以「胃疾」請辭獲准，另一說是下村宏與田總督有「瑜亮情結」而去職。下村宏在 1900年代曾在德國留學，對當時德國工業留下深刻印象，甚至影響臺灣產業的規劃。〔註58〕

根據臺電第一任社長高木友枝表示，日月潭計劃早在 1911 年就有人開始提倡，但一直到 1916 年才比較具體化，中央也願意將 4,800 萬圓編入預算，奈何內閣更迭，計劃屢被中央政府駁回。明石總督原規劃在花蓮港廳發展水力發電，但實際到東部後才發現大部份是砂礫地而作罷，重新回到日月潭計劃。內閣既然改組，已經不可能官營，以總督府財力更是無法負擔；若歸民營，則因地處「蕃地」，幾乎無人有如此巨資投在日月潭，遂有下村宏折衷的「半官半民」設計，並自任創立委員長指揮一切。〔註59〕因為有這一段因緣，高木友枝稱下村宏為臺電的「恩人」、「慈母」，甚至在臺電歡送下村宏離台的餞別會上表示：「下村長官實為臺電慈母，今日與慈母別離，臺電哀傷實不能用言語形容。」〔註60〕下村宏離臺前夕，日月潭計劃資金已捉襟見肘，他特別有感而發說：「余於臺灣，視各樣之政務，而積多少之經驗矣。余對新領土統治之意見，往往於中央閣卻不顧。」〔註61〕對中央政府的漠視，頗有議論。

下村宏對資金籌措沒有把握，既需要財團資金，又要堅持公益理想，更困擾的是民間意見紛陳，總督府內部看法不一。有人認為民營耗費太多，工

〔註57〕豬苗代水力電氣，《第 7 回報告書》（1915）大正 4 年，頁 15。

〔註58〕《臺灣時報》第 25 號，（1921）大正 10 年 8 月，木村匡，〈熱の人下村宏氏〉，頁 40～41；第 25 號，大正 10 年 8 月，小川小十郎，〈博識大才の下村前長官〉，頁 21～25；第 25 號，大正 10 年 8 月，新元鹿之助，〈何一つ不愉快の無かつた下村前長官〉，頁 25～29。

〔註59〕《臺灣時報》第 25 號，（1921）大正 10 年 8 月，高木友枝，〈日月潭水力發電と下村前長官〉，頁 19～21。

〔註60〕《臺灣時報》第 25 號，（1921）大正 10 年 8 月，〈臺灣電力會社主催の送別會〉，頁 110。

〔註61〕《臺灣時報》第 25 號，（1921）大正 10 年 8 月，〈下村長官對總督府諸官之別辭〉，頁 161。

期太長，「戰時戰後，經濟變幻莫測，非今日容易投資之勢。」財團的興趣只是資金浮濫的表相，「民心鼓動，希圖進取，實際上不過徒存希望爾。」〔註62〕即使歸民營，也不一定能確保財源充裕。

圖9 臺灣總督異動與日月潭計劃

說明：1920年代，日月潭計劃的進度常因日本政府改組、臺灣總督更
迭造成交涉進度全部重來，間接延長復工的進度。
資料來源：《日》10127-1928-s3.7.1-6，〈臺日漫畫〉。

中央官員認爲該計劃「專門供給動力，於日本無此前例。」故延期再議，但下村宏認爲這是中央對臺灣施政的「誤解」，他說：「日月潭規模巨大，動力之專門，在本邦雖爲初試，而政府亦必贊成。」日本中央官員擔心回收期太長，計劃不確實，下村宏則認爲「計劃安全，實爲至極。」官員憂心「本事業非投下資本之大半，不能得電力，萬一虧損，又該如何？」下村宏借力使力說：「結局不如歸官辦爲當，政府當局現正熱心於此。」〔註63〕臺灣報刊立場與下村宏幾乎一致，說世界產業趨勢是「民營變官營」，爲日月潭計劃尋求官營的理論依據，一時間「官營萬能主義」甚囂塵上。〔註64〕

下村宏雖然對計劃充滿信心，但對經費則提不出確定數據，因爲「工程

〔註62〕 《日》6325-1918-t7.2.2-5，〈日月潭水電及官佃溪〉。
〔註63〕 《日》6341-1918-t7.2.18-3，〈水電經營之前途〉。
〔註64〕 《日》6464-1918-t7.6.21-2，〈民營より官營〉。

所需材料，受歐戰影響不斷漲價，如工程一旦拖長，於支出方面難得適當標準。」部份物料實際價格與預算價格差距至少在 50%以上，這項變數無法解決，在議會方面沒辦法說服議員。〔註 65〕一直到臺電設立後，還是沒有人能夠回答確切經費究竟要多少。

小　結

　　總督府「官營」的堅持，到 1919 年 4 月才放棄，所有工作也才開始加速進行，當時市場資金已經躍躍欲試，一切只等待總督府公布「遊戲規則」。爲確保將來民營的臺電可以盡其「公益」義務，決定將作業所軟硬體設備轉換爲臺電 40%股權，確保「經營權」。並在「臺電令」中確保人事、財務、資金運用的「管理權」，同時官股部份在一定條件下可免配股，以降低臺電財務壓力。最後依「電氣事業法」，總督府本身就是臺電的監督機關，以確保「監督權」。多管齊下，讓臺電的未來隸屬總督府的掌控之下。

　　臺電從辦公室掛牌、遷移到資料印刷不及，在在顯示時間非常倉促，許多細節都準備不及。爲了增加市場信心，下村宏不斷宣示總督府的電力政策願景，明石總督更親自到日本招商，種種努力都顯示總督府只許成功，不許失敗的決心。雖然不少日本有識者，對臺灣的日月潭計劃，抱持著懷疑與不樂觀的態度，但親總督府立場的平面媒體，還是忠實扮演官方傳聲筒的角色，大加宣傳，是促成後來臺電股票投機的推手之一。日月潭計劃是一項前所未有的新能源計劃，總督府的魄力與企圖心都是前所未見的，但另一方面，總督府對日月潭計劃的經費一直無法確定，以致無法說服中央政府，是其中挫主因之一。

第三節　日月潭計劃中挫的原因

　　日月潭計劃的中挫原因在於，一方面有時間上的壓力，一方面評估都在「不確定」狀態下展開，因爲沒有人知道究竟要多少經費才夠用？調查方面也不夠落實，特別是對地質與水量掌握不夠，日本與歐美的水力發電調查至少都在十年以上，總督府雖然聲稱：「該計劃經過多數專家到該地精密測量及全方位調查才提出。」〔註66〕但隔年延期後，專家還很慶幸說：「幸好延期一

〔註65〕 《日》6478-1918-t7.7.5-2，〈日月潭水電新計劃〉。
〔註66〕 《新臺灣》大正 7 年 5 月號，(1918 年 5 月)，頁 11。

年，當局得以精確調查，俾無遺算。」〔註67〕可見該計劃調查之匆促。

壹、日月潭計劃水資源及地質調查問題

日本 1910 年「全國水力發電調查」雨量紀錄是十五年，歐洲雨量調查最短爲埃及的五年，最長爲瑞典的八十七年，歐洲二十四個國家的平均雨量記錄爲二十七年。〔註68〕日月潭計劃規模爲「世界第七、亞洲第一」，總經費 6,000 萬圓，雨量記錄卻只有「一年」。其次，調查方法並未採用最新取樣標準，談不上「絕對的進步」，只能說是「相對的進步」。

（壹）原田貞介的調查報告

1918 年以前，日月潭計劃只有土木局技師探勘過，直到該年 1 月，土木局長角源泉才親自到過現場調查十天。〔註69〕角源泉調查完後表示：「吾雖非工程師亦知前途大有希望。」〔註 70〕這次調查只是要更確定日月潭計劃的行政位偕。

「濁水溪」顧名思義就是水中雜質較多，而且日月潭計劃堤堰高達七十到八十尺，萬一潰決，下游村莊安全堪虞，因此調查部份有必要取得日本中央政府的背書，調查報告也呈給了內務大臣水野練太郎。〔註71〕

總督府第一個外聘專家是內務省技監工學博士原田貞介，他應總督府之邀，對日月潭計劃展開調查，原田於 1918 年 8 月 11 日出發，同年 9 月 5 日返回東京，滯臺約二十天。根據原田指出，日月潭計劃極爲適切，「但因發現後時間尚淺，缺乏充份調查。」原田只根據濁水溪水量、沉澱物等研究，初步判斷動工的必要性。〔註 72〕該報告常以「先肯定，後提醒」的婉轉態度，點出日月潭計劃的「諸多缺失」，並指出將來還要進行的細部調查項目。這些「警語」對照後來的失敗，其實有跡可尋。

〔註67〕 《日》6325-1918-t7.2.2-5，〈日月潭水電及官佃溪〉。

〔註68〕 《後藤新平文書》（6）-R28，〈發電水力の開發〉。

〔註69〕 《日》6319-1918-t7.1.27-6，〈角局長南投行〉。

〔註70〕 《日》6333-1918-t7.2.10-5，〈日月潭水電所關〉。

〔註71〕 小森德治，《明石元二郎》（臺北：臺灣日日新報社，1928 年 5 月三版），頁169。

〔註72〕 原田貞介，《日月潭水力電氣事業竝官佃溪埤圳工事計劃ニ關スル意見》，頁1。收錄於《下村宏文書》第81號，〈日月潭水力發電事業計劃：對スル目錄，書類（參考書）〉。

（1）**地質調查**：原田指出山岳傾斜面涉及水位上昇後的安全性，要進行消極、積極的調查，並徵詢「權威專門家」的意見。臺電在 1919 年沒做的事前調查，到 1931 年臺電第三任社長松木幹一郎才聘請東大教授、地質學專家平林武進行調查，臺電建設部長新井榮吉更基於「安全」考量，將原本八十尺的儲水位降為六十尺。由於調查不確實，施工第一年（1920 年）就發現第六、第七導水隧道岩層愈挖愈硬，經費增加。〔註 73〕接著開鑿的第九隧道也是如此，於是臺電放棄人力開鑿，改用空氣壓縮機開鑿。〔註 74〕

表 2　日月潭計劃專業調查報告

時　間	調查計劃主持人（單位）	報　告　名　稱
1918 年 8 月	工學博士原田貞介 （日本內務省技監）	《日月潭水力電氣事業竝官佃溪埤圳工事計劃ニ關スル意見》
1918 年 11 月	總督府民政部土木局	《日月潭水力電氣工事計劃大要》
1918 年 11 月	理學博士神保小虎 （東京帝大教授）	《日月潭水力電氣事業竝官佃溪埤圳工事計劃ニ關スル地質調查第一報》
無出版年月	臺灣總督府	《日月潭水力電氣事業豫算書》

（2）導水路與隧道路線初步確信可行，但是否有更妥當路線，尚待研究。後來新井榮吉稍稍修改過導水路、隧道路線，使其更接近原始地勢。

（3）**水壓隧道**：長度約 3.63 公里，將潭水引至發電廠的隧道，能提供每秒平均 900 立方尺的水量發電。〔註 75〕

（4）**高低測量**：原田指出既有測量不夠完整。

（5）**濁水溪流量**：要進行永久性的水文監測，長期數據才能讓計劃基礎精確，以供將來引水、調節計劃參考。

（6）**模型**：原田貞介設計一個濁水溪沉澱物模型，供實施設計參考。

（7）**隧道山線雨水的利用**：若能引較清澈的雨水，就能降低濁水需求量，延緩日月潭淤積速度。枯水期時，雨水也可充為補充之用。

（8）**施工方法**：原田貞介認為計劃體系龐大，物資運送方法需仔細計劃，

〔註 73〕臺電，《營業報告書》（2），（1920）大正 9 年，頁 19。
〔註 74〕臺灣電力株式會社，《營業報告書》（第 4 回），（1921 年）大正 10 年，頁 9。（此後簡稱臺電，《營業報告書》（4），（1921）大正 10 年，頁 9。餘類推。）
〔註 75〕臺灣總督府民政部土木局，《日月潭水力電氣工事計劃大要》，〈第一期工事各所水位表〉。

才能發揮效率。此點在動工之後隨即發生，臺電因列車數輛不夠，讓物料堆滿車站月臺，臺電還爲此成立「運輸課」專責其事。〔註76〕小細節的加總，造成有限資源未能發揮。

（9）施工期限：原田貞介認爲欲縮短施工期限，經費必定龐大，品質不免粗糙，因此，不妨給予一年的準備期。睽諸史實，日月潭計劃是「邊學邊做，邊做邊停」，到1929年，才有兩年時間好好準備。

最後，該報告還再次指出，日月潭計劃的雨量、流量應繼續累積更豐富的資料庫，讓計劃更確實，並可做爲將來第二發電廠規劃的參考。本計劃中，水社、頭社堤堰工程尤須注意，避免滲水或漏水。回顧後來的發展，不得不佩服原田貞介的諄諄告誡，因爲在1930年代，頭社堤堰完工蓄水後，就發現有漏水與裂縫，而且臺北帝大教授早阪也曾預言會漏水，不幸言中。

對照1919年原田的報告，與1931年復工的調查項目，發現1931年的調查幾乎完全依照原田貞介的報告去完成當初總督府應做而未做的事項，顯見日月潭計劃的中挫，並非只是資金不足的表相。眞正原因是調查不確實、準備時間不夠，導致對局勢失去掌握而失敗。這一切有跡可尋的過程，對日治初期凡是強調以科學、實證、調查做爲施政依據的總督府而言，突顯決策過程的粗糙，對臺電設立前一年提出的專業報告未予重視。且因系統規格早已訂定，1931年的復工也無法做大幅修正，壓縮了復工選擇的空間。

（貳）神保小虎的調查報告

就在原田貞介調查報告提出後的三個月，東京帝大理學博士神保小虎也應邀來臺，神保調查後認爲該計劃大體上沒有地質問題。但細究神保的採樣過程，可能不符合科學調查信度、效度的要求。

表3　日月潭電廠所需材料運送費估算表

材　料　名　稱	移動地點	單位	每單位運費	說　明
水泥	打狗－日月潭	樽	3.5圓	
水車、發電機、鐵管、變壓器	打狗－日月潭	噸	60圓	含上岸費用
鐵塔	基隆／打狗－	噸	17圓以上	含上岸費用

資料來源：〈日月潭水力電氣工事用材料運搬費調書〉，收錄於《下村宏文書》第81號，〈日月潭水力發電事業計劃：對スル目錄，書類（參考書）〉。

〔註76〕臺電，《營業報告書》（2），（1920）大正9年，頁22。

（1）神保小虎在日月潭附近停留九天。

（2）調查期間，神保小虎自 1918 年 9 月腳傷，一直到 1919 年初仍無法自由行走。實地勘察相當倚賴東京理科大學礦物科學生飯本信之「輔助觀察」，對於無法親身調查的採樣過程，可能影響或降低報告的信度與效度。

（3）地質樣本有用手掘取樣，而不是機械鑽探取樣，樣本的「質」與「量」受到影響，自然影響評估結果。這其中還包含未採樣，或雜草叢生，僅用目測者，調查重心放在水資源比重太高。另外，地質參考文獻也是手掘取樣，並參酌日月潭地區五千分之一的地圖、柱狀斷面圖。〔註 77〕沒有重新用機械取樣，是日月潭計劃無法掌握開鑿經費與失敗的首因。

（4）參酌書面文獻份量不少：以總督府礦物課福留技師的二份報告（該課出版的《臺灣地質礦產圖》及說明書，與《油井調查圖》及說明書，加上福井技師的《有關日月潭水力電氣工程報告》與《有關官佃溪埤圳工程報告》），取代應該重新採樣的報告依據，加上總督府繪製的二萬分之一、五萬分之一、十萬分之一的地圖。另外，也接受總督府土木課庄野卷治、堀見末子（後來任臺電技師長）、高山技師的從前報告。某種程度上，是整合原本就想進行日月潭計劃的眾多「舊報告」集成，並非親自實測、評估後的「新報告」。

（5）可見的地質報告中，只有「第一次」報告，對濁水溪水質與日月潭湖泥調查皆暫時省略。〔註 78〕

1918 年底與 1919 年初，總督府二份委外調查報告，前者參考性反比後者大，所點出的問題徵結，後來都一一浮現。

總督府的〈日月潭水力電氣工程材料運搬費調查報告〉只有二頁（請參考「表 3」）。這張表還不含未估算的銅線、變電所機械，因為「登陸港口不同，位置差異性極大，計算困難。」最後還說：「此平均搬運費乃大體概算。」〔註 79〕很顯然地，這只是數字推估，而且只有單位運費，沒有水泥總量、材料總量的運用估算。

〔註77〕臺灣總督府，《日月潭水力電氣事業豫算書》，無頁數。

〔註78〕神保小虎，《日月潭水力電氣事業並官佃溪埤圳工事計劃ニ關スル地質調查第一報》，頁 1～12。收錄於《下村宏文書》第 81 號，〈日月潭水力發電事業計劃：對スル目錄，書類（參考書）〉。

〔註79〕〈日月潭水力電氣工事用材料運搬費調書〉，收錄於《下村宏文書》第 81 號，〈日月潭水力發電事業計劃：對スル目錄，書類（參考書）〉。

（參）土木局的計劃報告

就在土木局邀請神保小虎來臺調查同時，該局出版《日月潭水力電氣工程概要》，內容整合了以往報告，整理的較爲詳細。

日月潭計劃最初就因開發成本太高，因此要與下游的第二電廠一併建設，才符合經濟效益。

（1）**測量調查**：該調查只以 1917 年 7 月到 1918 年 6 月，共一年時間爲基準推估。日月潭枯水期從每年 11 月到隔年 3 月，並認爲該計劃基礎確實。〔註80〕

（2）**雨量**：雨量報告以 1905～1912 年雨量觀測所數據爲文獻基礎，配合 1917～1918 年共一年的實測數據。

（3）**姐妹原流量**：姐妹原是日月潭計劃的取水口，調查基礎還是只有一年數據，其中枯水期流量係採數年雨量文獻及當地原住民訪問而來的「推定」數據。

總督府根據流量數據，才訂定了日月潭計劃的系統規格。最重要的儲水高度達七十尺時，可達最大經濟效益（七十五尺是極限，超過有潰堤之虞）。

（4）**淤積問題**：報告中認爲日月潭周圍山嶽，「土質良好，無崩壞之虞。」因爲按照自然淤積速度，要 209 年才會將日月潭淹沒。但該報告實測該年並無洪水數據，爲將來安全記，日月潭應在適當地點，設一沉澱池，降低流入潭中淤沙量，如此，日月潭使用年限至少有 100 年。該項實驗以瓶子裝水，靜置一小時後，所有沉澱物當會沉澱在瓶底，上部的清水，則呈現淡乳白色狀。依此計劃，要在司馬按附近設一容積 58,000 坪的大型沉澱池，平均沉澱時間六十四分鐘，可將固形沉澱物從千分之一降到五千分之一，沉澱池中淤泥，則定期以機械清除。〔註81〕

以上流量、降雨量、淤積物等調查，在後來並沒有成爲停工的主要原因。

（5）**導水路線**：將取水口水量引導至潭中，共十條隧道，總長度 18.21 公里。〔註82〕日月潭計劃停工原因，就是對導水路的地質掌握不周全，開鑿後的岩層硬度、滲水、崩塌等問題，造成成本墊高，資金不繼而停工。報告中對長度與水資源調查較確定，對關鍵的地質問題較爲簡略，甚至未觸及。

〔註80〕臺灣總督府民政部土木局，《日月潭水力電氣工事計劃大要》（臺北：該局，1918.11），頁 2。收錄於《下村宏文書》第 90 號，〈臺灣電力會社事業參考書〉。
〔註81〕臺灣總督府民政部土木局，《日月潭水力電氣工事計劃大要》，頁 23～25。
〔註82〕臺灣總督府民政部土木局，《日月潭水力電氣工事計劃大要》，頁 30～31。

（6）**系統規格**：電廠根據水資源調查，才能開出最符合經濟效益的規格。根據報告，日月潭最出是計劃安裝十臺發電機（每臺一萬 kw）。且發電設備因第一次世界大戰漲價，故等到 1920 年以後才向德國廠商下訂單，已經改爲五臺發電機（每臺二萬 kw）。〔註83〕

貳、日月潭計劃經費的計算問題

1919 年 4 月，臺灣總督府土木局編寫的《臺灣電力株式會社設立參考書》中，對於日月潭電廠的估價已經低估了，比較能精算的只有電機部份。〔註84〕

表4　總督府製作的日月潭計劃預算表

採　購　項　目	單位	戰前價格	指數	戰中價格	指數	預算價格	指數
鐵路軌條	哩	5036		24000		24000	
機關車	輛	8000		30000		30000	
貨車	輛	1617		3500		3500	
三十釐米軌條索	尺	0.54		1.62		1.62	
十六釐米曳引索	尺	0.2		0.6		0.6	
四分之一噸搬運車	個	105		315		315	
軌條	哩	2043		9112		9112	
水泥	樽	5.5	100	8.5	155	6.5	118
14,500hp 水車	臺	115000	100	270000	235	145000	125
11,000KVA 發電機	臺	88000	100	200000	227	110000	125
鐵管	噸	220	100	1200	545	430	125
鋼線	磅	0.4	100	0.7	175	0.45	113
1KVA 變壓器		4.5	100	10	222	6.5	144
鐵塔	噸	200	100	600	300	300	150

說明：數字爲 1919 年 4 月數據，部份單位（如「哩」）爲英制或公制，原始資料並無說明。

資料來源：臺灣總督府土木局編，《臺灣電力株式會社設立參考書》，頁 20～21。

　　《下村宏文書》第 90 號，〈臺灣電力會社事業參考書〉，頁 29。

〔註83〕臺灣總督府民政部土木局，《日月潭水力電氣工事計劃大要》，頁 34～35。
〔註84〕臺灣總督府，《日月潭水力電氣事業豫算書》，原件無頁數。

「表4」是日月潭計劃材料預算表，顯示在預算編成過程中，已遭遇到價格無法精確掌握的困擾，預算價格雖以時價為依據，並參考第一次世界大戰期間的最高價格後編列。唯國際價格波動遠非臺電能掌握，關鍵設備如水車、發電機就要 235 萬圓，但預算卻只編列 127 萬圓，是明顯的不確定因素。其它物料如水泥、鐵管、鋼線、1 萬 KVA 變壓器、輸電鐵塔等都有預算低估的情形。甚至關於物料搬運到現場工地的運費，也失之簡略，而在預算書中也不得不承認：「由於搬運位置之不同，精細計算有其困難，大體乃平均值的搬運費。」〔註85〕加上後來人事費增加（含工資）與地質開鑿經費大增的影響，終讓臺電現金流量告竭，走向停工的命運。

當時總督府決策的明石總督與下村宏長官，卻沒有正視這樣的警訊，但當時景氣之好，常讓人找不出為何不建日月潭電廠的理由。婉謝出任首任社長的柳生一義卻能看出日月潭計劃的盲點，可惜總督府未重視這項訊息。

作業所時代經驗被高估，主事者也忽略作業所與臺電組織定位不同，財源不同，前者有充沛的資金後盾，後者資金來自市場。其次，總督府雖有設立時間上的壓力，但對於經費計算對投資的回收過於樂觀，日月潭計劃總經費 4,450 萬圓，利息 5%，分五十年攤還，以收入及支出計算，每年連本帶利要還 244 萬圓，加上營運費每年要 40 萬圓，每年收益至少要在 283 萬圓以上才足以獲利。因此能否攤還，取決於價格，假設 1kw 定為 0.46 錢，便可達其目的（以此價計算，每年收益 286 萬圓，這是日月潭計劃供應的最低「成本價」）。而 0.46 錢的超低價，「其為廉矣，亦為內地未有。」若以 1kw 定在 0.6 錢的話，每年收入達 373 萬圓，扣掉營運費 40 萬圓，尚有 333 萬圓，「充還母利之用，約二十三年以內，盡可還清也。」〔註86〕因此不管是從政策或理論，或最有說服力的數據來看，日月潭計劃都是充滿樂觀的期待。但此一回收的計算基準，是假設當日月潭計劃完成後，所有電量銷售一空後的數據，以當時每年 9% 自然增加率而言，並非易事。

小　結

日月潭計畫最高決策者下村宏，加上 1910 年代後期不斷加溫、加熱，倍

〔註85〕臺灣總督府土木局編，《臺灣電力株式會社設立參考書》（1919 年 4 月出版），頁 22。
〔註86〕《日》6478-1918-t7.7.5-2，〈日月潭水電新計劃〉。

速成長、沸騰的經濟趨勢，創造一種臺灣產業即將起飛的社會共識，民間對電力的需求，壓縮總督府理性決策的時間；總督府數年與日本中央的交涉也無明確承諾，在在增加總督府決策的壓力。

論者常將日月潭計劃的失敗、復工原因，歸諸於景氣或大環境的負面影響，但耗資數千萬圓的日月潭計劃，與其說資金缺乏，不如說事前準備工作不夠落實。換言之，資金不足是結果，調查不週延才是原因。

地質調查關係到成本支出多寡，可稱為「調查中的調查」，但日月潭計劃事前調查工作對此著墨甚少，雖然東京帝大教授神保小虎主持地質調查，但樣本及信度或有不足之處，而且當時日月潭計劃已經一延再延，總督府在時間的急迫性下，忽略原田貞介調查報告中可再予充份時間進行精確調查的暗示。另一方面，調查中對水資源及規格設計、財務預算，則呈現樂觀評估，雖然調查樣本只有一年的實測數據。

第四節 日月潭計劃的調整

第一次世界戰爭結束同時，軍需產業已不存在，各國忙於內需市場重建，刻意壓抑輸入成長，市場規模也再度縮小，此時的日本還在好景氣的高峰，無視專家的提醒。〔註 87〕不僅如此，銀行還競相調降借款利率，市場資金充斥，企業濫興投資，標準的泡沫經濟特徵。〔註 88〕有識者指出，世界大戰的好景氣不是日本經濟體質變好，而是戰爭造成交戰國物資需求轉向，輸出增加的「假象」。〔註 89〕

壹、1920 年代經濟波動與日月潭計劃的停工

日月潭計劃這種超大型能源開發案應從 1920 年代景氣波動觀察才能瞭解，藏相高橋是清認為第一次世界大戰期間，「需求成長，物價攀高，事業興

〔註 87〕 《日》7112-1920-t9.7.8-5，小林法學博士，〈列強戰後之財政經濟（四）〉。

〔註 88〕 《日》7213-1920-t9.7.9-6，大森研造，〈恐慌之對策及銀行業者（四）〉。大森研造認為日本要對 1920 年代捲入不景氣負一半責任，尤其是銀行業者：（1）日本銀行寬於物價調節，讓物價上升速度未得合理的抑制；（2）日本銀行調低利率，讓市場資金充沛；（3）一般銀行擴大信用，追求放款業務增加；（4）企業家追逐投機熱潮，濫興泡沫公司；（5）商家通路屯積商品，加速生產量與通膨，但供需間並未達到平衡。

〔註 89〕 《臺灣時報》昭和 4 年，8 月號，守屋榮夫，〈景氣は何時好轉するか〉，頁 2。

起，誘起自然投機旺盛，皆爲過大計劃，乃生此結果。」〔註 90〕這樣的狀態從 1919 年開始加速惡化，他接著指出：

> 如此狀態自 1919 年秋季到 1920 年春季，益爲顯著，政府雖苦心相
> 勸，但不知用意者仍多。蓋以自己爲中心主義，置身高處，觀經濟
> 界之歸趨，人所易忘，對此般眞理，雖頻敲警鐘，而掩耳不聞，依
> 然熱心於投機，至于今日窘窮，是所遺憾。〔註 91〕

按照高橋分析，臺電設立時間點正好是他所謂最投機高潮，臺電設立隔年，景氣反轉，媒體即預估日月潭計劃會延期完工。〔註 92〕因爲當歐美各國以關稅保護內需市場重建時，戰前跨國的產業廊帶優勢已被破壞，對亞洲的輸入需求進入漫長的低成長期，日本卻在此時大舉投資，低估潛在風險，日月潭計劃與嘉南大圳可爲代表。〔註 93〕

　　臺電預估日月潭計劃動工第一年，每日人力需求要一萬人次。〔註 94〕眞正動工後，卻發現中臺灣勞力不足，必須擴大到原住民才能滿足。〔註 95〕至於最需要的熟工，臺電發現招募比預期要困難。〔註 96〕

　　另外，工程招標時，出現競標廠商標價比臺電底價要高的罕見現象，反映當時物價上漲的趨勢，臺電與投標廠商對工程估價上的落差，臺電只好增加預算才讓工程順利發包。〔註 97〕當時得標廠商，並不直接施工，而是轉包給下游廠商，故日月潭計劃實際用在工程上的經費遠非決標數據。〔註 98〕

　　日月潭計劃預算價格原本就比實際價格要低 20～50%，實際動工後，材料再漲 40%，工資再漲 80～90%。〔註 99〕受到工資與物料雙重上漲的打擊，預算只能完成一部份準備工作及北山坑發電廠發包作業。〔註 100〕臺電 1922

〔註 90〕　《日》7139-1920-t9.4.26-3，高橋藏相，〈財界之近況〉。
〔註 91〕　《日》7139-1920-t9.4.26-3，高橋藏相，〈財界之近況〉。
〔註 92〕　《日》7206-1920-t9.7.2-5，〈電力配當之增加望〉。
〔註 93〕　《臺灣時報》（1929）昭和 4 年，8 月號，守屋榮夫，〈景氣は何時好轉するか〉，
　　　　　頁 2～6：（1929）昭和 4 年，9 月號，守屋榮夫，〈景氣は何時好轉するか（承
　　　　　前）〉，頁 1～5。
〔註 94〕　《日》6364-1918-t7.3.13-2，〈水電工事と電車〉。
〔註 95〕　《日》6777-1919-t8.4.30-3，〈中部勞力缺乏〉。
〔註 96〕　《日》6976-1919-t8.11.15-5，〈水電職工缺乏〉。
〔註 97〕　《日》6921-1919-t8.9.21-5，〈水電工事梗概〉。
〔註 98〕　《南新》7668-1923-t12.7.3-5，〈電力社興工〉。
〔註 99〕　《日》8187-1923-t12.3.10-5，〈電力官營或增資〉。
〔註 100〕　《日》7392-1921-t10.1.4-4，〈日月潭發電工事〉。

年營業報告書中說：「資金需求告急，以現有金額將會在本年中破產，今年勢必增加公司債發行額。」〔註101〕

圖10 臺電日月潭發電廠投入經費

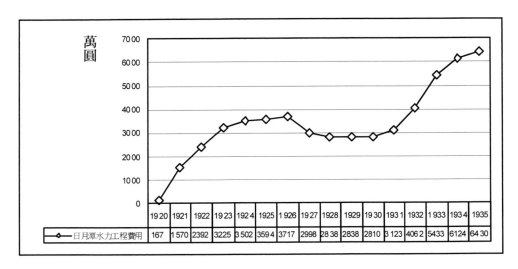

	1920	1921	1922	1923	1924	1925	1926	1927	1928	1929	1930	1931	1932	1933	1934	1935
日月潭水力工程費用	167	1570	2392	3225	3502	3594	3717	2998	2838	2838	2810	3123	4062	5433	6124	6430

資料來源：臺電，《營業報告書》（1920～1935）大正9年～昭和10年。

　　「圖10」顯示，日月潭計劃開工當年投入167萬圓，隔年增加到1,570萬圓，此後一直到1926年止，投入金額高達3,717萬圓。1926年，總督府宣布日月潭計劃無限期停工，從1926-1929年間，臺電每年從盈收編列經費降低日月潭計劃資產總值，到1929年臺電第一任社長高木友枝卸任前，日月潭計劃總經費已降到2,838萬圓，減少了879萬圓。顯示日月潭計劃停工期間，臺電仍努力改善財務結構，降低固定資產比率，奈何之前投入金額過於龐大，後續資金需求仍十分龐大。

　　1929年，臺電第三任社長松木幹一郎上任後，直到1931年復工為止，又投入313萬圓做為復工調查與前置作業經費，故總經費又從最低2,810萬圓增加到3,123萬圓。復工開始後，平均以每年增加一千萬圓速度，到1935年共投入6,430萬圓，遠超過當年預估的4,800萬圓。

〔註101〕臺電，《營業報告書》（6），（1922）大正11年，頁9。

貳、臺電停工的原因

臺電動工不到三年的日月潭計劃因資金不繼而停工，幸有以前作業所奠定的市場基礎，讓臺電每年有基本收益可以「療傷喘息」，但就實際加入營運的角度而言，日月潭計劃沒有供應市場任何電力，卻已吸納數千萬圓資金，這不僅造成總督府與股東權益受損，更重要的是社會信賴基礎的動搖。

臺電某主管認為，日月潭計劃龐大的固定資產因停工而閒置，不管社長能力再強，也無法讓費率降低。當初是在工資、物料「雙高」的情況下，加上當地是未開發地區，成本遠高於預期，加上全線動工，一旦資金無以為繼，自然陷於停擺。只要取得後續資金，並降低費率，日月潭計劃仍可發揮當初設定的目標。〔註 102〕

圖 11　日月潭計劃何去何從

說明：1920 年代，日月潭計劃就像個重病病患，增資、公司債、官營等方法
　　　都有人論及，但也莫衷一是。圖中醫生幫病人（日月潭計劃）診斷時，
　　　費盡心思，苦無對策，醫生旁邊就是臺電社長高木友枝。
資料來源：《日》9455–1926–t15.8.29–6，〈臺日漫畫〉。

〔註102〕《臺灣遞信協會雜誌》第 137 號，（1932）昭和 7 年 6 月，一記者，〈日月潭
　　　　工事に就て A 氏を訪ふ〉，頁 3～4、10。

　　臺電副社長角源泉認為停工是公司債籌募困難，臺電的解決方式是先「開源節流」，並有二波人事精簡措施。停工後，不少包商因臺電跳票而倒閉，紛向臺電索賠，臺電則依業務性質請求包商展延或協商，「臺電皆以誠懇之心與各承包商商量後續事宜。」〔註103〕非核心業務部份則以外包降低營運成本（如用戶配線工程及電扇借貸業務）。〔註104〕每年維持費九至十二萬圓及大批堆放工地與港口的物料，還有在公海上陸續運抵的材料，預估總重量 25,000 噸，將是日月潭計劃停工後最棘手問題。〔註105〕另外，技師以上主管因看不清臺電長線願景，甚至對待在臺電的價值產生問號，陸續求去，將臺灣經驗帶回日本，繼續在日本發揮日月潭計劃的影響力。

　　停工後的日月潭計劃，引起社會各種討論，有人以為將臺電收為官營將是解決之道，有人認為乾脆發行新股（改善官股持份過高的弊病），有人以為要撤換經營團隊，重新來過，有人認為由總督府高官自兼臺電社長云云。各種論點都有優缺點，但似乎沒有一種是可行的。〔註106〕日本豬苗代水力電氣會社營業課長王木薰藏則認為外界批評是「皮相之談」，停工只是一時波瀾，將來完工後，將會是臺灣產業轉換的契機。〔註107〕

　　大藏省原本答應臺電的 500 萬圓低利融資，因為 1923 年「關東大地震」而粉碎，銀行為辦理受災戶小額放款，無暇顧及臺電。〔註108〕地震宣告臺電國內資金的結束，剩下的只有臺電最不願見到的外債，但何時借，怎麼借，去那借，輿論對策雖多，卻莫衷一是。向來反對外國資本的總督府，也不得不思考外債的可能性，因為日本的東京電力、大同電力、東邦電力三家公司，外資就高達 5,000 萬美元。臺電理事永田隼之輔就逐漸肯定外債的必要性（原本永田不贊成外債），臺電社長高木友枝也首次鬆動立場說：「若資金不足苟非借資外國，無他法也，美國一流銀行有資金，引進外資若對國家事業有利，未嘗不是件好事。」〔註109〕

〔註103〕　《南新》7329-1922-t11.7.29-3，〈電力展延の經過〉。
〔註104〕　《南新》7316-1922-t11.7.16-5，〈電線牽引工事〉。
〔註105〕　《南新》7369-1922-t11.9.7-5，〈高雄好影響〉。
〔註106〕　《南新》7512-1923-t12.1.28-7，紫浪生，〈奈何の名策かある？〉。
〔註107〕　《南新》7057-1921-t10.10.30-3，王木薰藏，〈電力界悲觀を要せず〉。
〔註108〕　《南新》7805-1923-t12.11.17-3，〈電力會社の借入金問題〉；7820-1923-t12.12.2-2，〈現在の營業は至極順調〉。
〔註109〕　《南新》8287-1925-t14.3.13-2，〈日月潭復活問題〉。

圖 12　大藏省答應給臺電的融資

說明：1920 年代，大藏省答應給臺電 250～500 萬圓融資，因「關東大地震」
　　　而跳票，臺電的希望又再度落空。圖中臺電像一隻青蛙，卻抓不到湖
　　　畔低垂的柳樹。
資料來源：《日》8209–1923–t12.4.1–4，〈臺日漫畫〉。

　　國內公司債並非不能再招募，只是臺電已無法承擔利息支出，若再募公
司債，「鑑於同樣利率，籌募困難。」〔註 110〕如果利率調高，臺電又負擔不
起。

　　總督府救急之策是以 370 萬圓「高價」收購臺電外車埕十八哩長的營業
鐵路，讓臺電有經費在北、高各建一座火力電廠應急。由於收購價格太高，
還曾引起民間議論，不過態勢很明顯，如果總督府不出面援助，臺電就會破
產。〔註 111〕臺電社長高木友枝表示，「臺電已陷入『消極』營運狀態，沒有資
金做多餘的擴充。」臺灣南北各一座裝置容量一萬 kw 電廠要 600 萬圓，臺電
只能縮小高雄火力電廠規模，讓臺電渡過營運的低潮。〔註 112〕

〔註 110〕　《南新》7522-1923-t12.2.7-5，〈電力事業資金〉。
〔註 111〕　總督府發表，〈日月潭電力工事善後策〉，《臺灣時報》，1927 年 1 月號，頁
　　　　　　27～29。
〔註 112〕　《南新》8923-1926-t15.12.9-2，〈電氣事業的對策〉。

參、資金的調度

臺電之所以能在日月潭計劃中挫後繼續生存而不致破產，主要得力於美國外債，但臺電所能做的，是在 1920 年代完成舉債額度的調整。其次，經常性支出則靠國內公司債的短期資金靈活調度所致。

（壹）舉債上限的確定

自從日月潭計劃停工後，臺電營運陷入惡性循環，不但要發行公司債增加短期現金流量，又缺乏資金擴充市場規模，左支右絀，「中央政府與督府或臺電自身，均苦無其策。」[註113]

根據長期爲臺電爭取經費的總督府土木課長田賀奈良吉表示，臺電資金取得已陷入「兩者皆難」，每年 2,600kw 的自然增加率，臺電卻無法滿足。日月潭計劃是正確的能源計劃，因爲「雖一時供給過剩，苦於處分，然不知不覺間，消化俱盡。」[註114] 日本電力權威降矢博士也表示，「有電力基礎後，工業必隨之興起，故消化用途，不用擔心。」[註115] 如果因爲無法消化電力或資金無著就放棄日月潭計劃，「不僅前功盡棄，且就統治上觀之，大爲不妙，就會社經營上觀之，亦深深打擊股東。」[註116] 換言之，放棄的「政治效應」遠比實際損失要大，故從明石總督以降到石塚總督，都不敢輕言放棄，儘管臺電已成爲臺灣工業化「實質的障礙」，也要想盡辦法解套。另外，賀奈良吉是臺灣最早主張引進外國資金的第一人，「由政府保證，籌募外資，諒能暫爲解決。」[註117] 只是他的建言在當時還未受重視。

1920 年代臺電股票每股實繳 45 圓，但隨著停工效應擴大，1923 年只剩下 35 圓，遠低於淨值，股東想要脫手也是賠本，「增資」對原股東更加不堪，「勢不得不籌募公司債」。[註118] 公司債額度按商法規定不得超過資本額，當時臺電已發行 1,500 萬圓國內公司債，額度接近上限，「束手無策，進退維谷。」[註119] 大藏省同意給予 1,000 萬圓融資，但後來又跳票，這是中央政府對臺

〔註113〕《日》8187-1923-t12.3.10-5，〈電力官營或增資〉。
〔註114〕《日》8187-1923-t12.3.10-5，〈電力官營或增資〉。
〔註115〕《日》9983-1928-s3.2.8-2，〈十萬キロの電力消化如何〉。
〔註116〕《日》8187-1923-t12.3.10-5，〈電力官營或增資〉。
〔註117〕《南新》7553-1923-t12.3.10-5，〈電力會社外債〉。
〔註118〕《日》8187-1923-t12.3.10-5，〈電力官營或增資〉。
〔註119〕《日》8187-1923-t12.3.10-5，〈電力官營或增資〉。

電承諾的第二次跳票。〔註 120〕

　　373 萬圓收購外車埕鐵路資金只能治標，治本之道是讓「電氣事業法」於臺灣施行，因為該法公司債上限比商法寬鬆，上限可達實繳股本的二倍。〔註 121〕按新法規定，臺電還有 3,900 萬圓舉債額度，離臺電理想只剩 1,000 萬圓的差距。〔註 122〕1929 年，臺電以合併臺灣電興的方式，讓資本額從 3,000 萬圓增加到 3,449 萬圓，舉債上限也增加到 4,589 萬圓，補足了剩下的 1,000 萬圓缺口，公司債額度上限至此已取得法源依據。〔註 123〕

　　日本政黨政治的更迭，常讓已進行交涉全部或部份重來，每次交涉累積隨著政黨政治改組而重新歸零，數年下來，一切還在「研究辦理」。〔註 124〕日本中央對臺灣的需求，總是排在最後幾個順位。

　　1927 年，臺灣施行「電氣事業法」，臺電得依該法第十六條之二：「經營電氣事業會社，受主務大臣認可，為充屬電氣工作物施設費用，依商法第二百條規定，可得超越限制，籌募公司債，公司債總額不得越實繳資本額二倍。」〔註 125〕由於該法對供需雙方權利義務規範更為嚴謹，臺灣民營電力公司多無法達到該法規範標準，故總督府直到 1931 年才公佈施行細則，趕在外債成立的前夕通過。〔註 126〕依新法規定，賦予臺電借用公司債時免用不動產為擔保抵押，臺電當時資本額為 3,449 萬圓，實繳 3,269 萬圓，依新法規定，公司債最大上限為實繳資本的二倍，故為 6,539 萬圓。當時臺電已發公司債為 1,900 萬圓，扣除後還有 4,639 萬圓空間，而美國外債有 4,589 萬圓，故以此特例為臺電在法規上鬆綁，用意至為明顯。種種苦心孤詣，皆是為日月潭計劃解套而努力。〔註 127〕

〔註 120〕　《南新》7563-1923-t12.3.20-2，〈大藏省の貸資と借入〉：7629-1923-t12.5.25-5，〈電力興工〉。

〔註 121〕　《日》10052-1928-s3.4.17-3，〈調達の計劃に移れ〉。

〔註 122〕　《日》9993-1928-s3.2.18-3，〈電氣工事法實施と共に〉。

〔註 123〕　臺電，《營業報告書》(20)，(1929) 昭和 4 年，頁 2～3。

〔註 124〕　《日》10127-1928-s3.7.1-6，〈漫畫〉。

〔註 125〕　《日》9980-1928-s3.2.5-4，〈本島施行電氣事業法〉。

〔註 126〕　《日》11208-1931-s6.6.26-4，〈臺灣電氣事業法特例敕令公布〉。

〔註 127〕　《日》11208-1931-s6.6.26-3，〈工場財團設定の要なく社債募集が出來る〉。

圖 13　停工後的日月潭計劃

說明：在經濟不景氣的 1920 年代，舉債上限雖然修法完成，但尚不能馬上
　　　有所助益，只能等帶經濟景氣的好轉，伺機而動。
資料來源：《日》9560–1926–t15.12.12–6，〈臺日漫畫〉。

（貳）國內公司債的靈活調度

　　國內公司債指的是臺電在國內發行的公司債，不含 1931 年臺電在美國紐
約發行的公司債，資金匱乏的臺電，經常門的開銷幾乎都仰賴國內公司債的
靈活調度。這種短期財務槓桿的操作，是當時電力部門的常態，臺電估計透
過短期國內公司債的調度，每年至少節省 25 萬圓支出。〔註 128〕

　　臺電在 1921 年第四次股東大會上通過國內公司債籌募案，額度 3,000 萬
圓，「委任社長在適度時機內行使。」〔註 129〕此例一開，往後股東大會都授權
社長決定公司債（不論國內或國外）細節措施，給予臺電因時制宜的彈性。

　　臺電發行的歷期國內公司債可製成「表 6」，整體公司債大趨勢是愈到後
期，臺電提供的條件愈差。

　　（1）**發行總額**：統計臺電在 1921～1937 年間，共發行十五次國內公司

〔註 128〕　《日》12190-1934-s9.3.12-3，〈日月潭水電の消化問題と第二電源〉。
〔註 129〕　臺電，《營業報告書》（4），（1921）大正 10 年，頁 1。

債，總金額高達 9,400 萬圓，已超過日月潭計劃總經費，但因各期彼此多屬「債權轉換」性質，並非一次用盡，平均每期發行額度 626 萬圓。

（2）年利率：利率超過 8%時，雖然對市場有足夠吸引力，但卻加重臺電利息負擔。1921 年的第一、第二次公司債，年利率都是 7.5%，這是最高的利息，接著第三、第五次公司債降到 7%，1928 年的第六次公司債降到 6.5%，1935 年第十一次公司債降到 4.5%，最低的是 1937 年第十五次公司債降到 4.1%，就長期趨勢來看，利率愈來愈低。

表 5　臺灣電力株式會社公司債發行表

次　數	籌　募 總　額	年 利率	賣出 價格	發行 日期	攤置 年數	開始償 還日期	償還結 束日期	償　還　方　式
第 1 次	500 萬圓	7.5%	97	1921.5.2	3	1924.5	1926.5.1	
第 2 次	1000 萬圓	7.5%	97.5	1921.7.5	3	1924.7	1926.7.5	
第 3 次	700 萬圓	7%	98	1926.4.15	2	1928.4	1933.4.14	每年 50 萬圓以上，抽籤償還
第 4 次	800 萬圓	7%	98	1926.7.1	2	1928.8	1933.6.30	同上
第 5 次	600 萬圓	7.3%	100	1927.4.11	1	1928.4	1932.4.10	隨時償還，部份抽籤
第 6 次	600 萬圓	6.5%	100	1928.5.30		1930.7.6	1935.7.6	隨時償還
第 7 次	650 萬圓	6%	100	1928.11.1	2	1930.11	1935.11	每年 50 萬圓以上，抽籤償還
第 8 次	600 萬圓	5.5%	98	1933.5	2	1935.5	1940.5	每年 30 萬圓以上，抽籤償還
第 9 次	850 萬圓	5%	100	1933.8.25	2	1935.8	1940.8.25	每年 20 萬圓以上買入，及抽籤償還
第 10 次	500 萬圓	5%	100	1933.9.27	2	1935.9	1940.9.27	每年 30 萬圓以上買入，及抽籤償還
第 11 次	300 萬圓	4.5%	100	1935.1	2	1937.1	1945.1.18	每年1.18 及 7.18 兩次，每次 8 萬圓以上買入或抽籤償還
第 12 次	850 萬圓	4.35%	100	1935.9.10	2	1937.9	1950.9.10	每年 30 萬圓以上買入，及抽籤償還
第 13 次	600 萬圓	4.3%	100	1935.9.10	2	1937.9	1947.9.10	每年 40 萬圓以上買入，及抽籤償還

| 第 14 次 | 500 萬圓 | 4.3% | 100 | 1935.11.5 | 2 | 1938.11.5 | 1947.11.5 | 每半年 15 萬圓以上買入，及抽籤償還 |
| 第 15 次 | 350 萬圓 | 4.1% | 99.5 | 1937.9.1 | 2 | 1939.9.1 | 1947.9.1 | 每半年 12.5 萬圓以上買入，及抽籤償還 |

說明：公司債面額爲 100～5000 圓不等。

資料來源：第 1～2 次：臺電，《營業報告書》（4），（1921）大正 10 年，頁 3。

第 3～4 次：臺電，《營業報告書》（14），（1926）大正 15 年，頁 4。

第 5 次：臺電，《營業報告書》（16），（1927）昭和 2 年，頁 3。

第 6 次：臺電，《營業報告書》（18），（1928）昭和 3 年，頁 3。

第 7 次：臺電，《營業報告書》（19），（1928）昭和 3 年，頁 2～3。

第 8 次：臺電，《營業報告書》（28），（1933）昭和 8 年，頁 3。

第 9、10 次：臺電，《營業報告書》（29），（1933）昭和 8 年，頁 3～4。

第 11 次：臺電，《營業報告書》（32），（1935）昭和 10 年，頁 3。

第 12、13、14 次：臺電，《營業報告書》（33），（1935）昭和 10 年，頁 4～5。

第 15 次：臺電，《營業報告書》（37），（1937）昭和 12 年，頁 3～4。

（3）**賣出價格**：總計十五次公司債中，只有六次可用低於面額價格的 1～3%購買，其餘九次都是按面額價格賣出。

（4）**發行日期**：1921 年發行兩次公司債後一直到 1926 年才有第三次公司債發行，整個 1920 年代共發行七次，總金額 4,850 萬圓，扣除 1,500 萬圓投入日月潭計劃後，還有 3,350 萬圓供臺電運用，平均每年有 1,116 萬圓的資金流量（1926～1928 年），臺電就是善用這些公司債，配合總督府收購外車埕鐵路的 373 萬圓，建設火力電廠、擴張市場，渡過晦暗的 1920 年代。

1930 年代發行的有八次，其中在日月潭計劃完工前的有三次，總金額 1,950 萬圓，用來買回外債及建設火力電廠之用。

（5）**擱置年數**：擱置期間，利息照算，期間愈長，對臺電愈有利。十五次公司債中，最長的是第一、二次的三年，最短是第五次的一年，其餘都是二年。但關鍵不在擱置年數，而在還款期限是否夠長。

（6）**還款期限**：總計十五次公司債中，還款期限最長的是 1935 年發行的第十二次公司債，達十三年，最短的是 1921 年發行的第一、二次公司債的二年，全部平均還款期限爲六年。這也就是說，每次募得的 626 萬圓（平均值），只要在六年內分期還清就可以了，對於提供臺電現金流量而言，國內公

司債抱注的比例非常高。期間到期的公司債，只需用「轉換」的方式就可以解決，大部份現金用來擴充市場，等待二、三年後，市場增加的營餘還高於臺電所需償還的利息，這就是臺電財務槓桿的操作模式。

（7）**還款方式**：愈到後期，還款方式愈複雜，對臺電也愈有利，不僅還款年限拉長，又只規定每年最低還款額度下限，加上選擇性抽籤償還，以增加臺電財務調度的彈性。

臺電第一次國內公司債 500 萬圓，第二次 1,000 萬圓，二次應募額都超過二倍以上。這二次資金都投入日月潭計劃，並沒有直接用在經常門支出上，嚴格講不算是國內公司債的調度。臺電也只有第一、二次國內公司債，在市場引起認購熱潮，超出預定額的 3.5 倍，此外即靠銀行團認購為主。〔註 130〕

第三次公司債，主要用途是償還第一次公司債本金利息，結餘款再支付第二次公司債款項，由於這二次公司債都可以延長到 1926 年 7 月清償，為臺電爭取了五年的緩衝期。〔註 131〕

第七次公司債，用來償還第三次公司債，因為金額相當，臺電只要付利息，本金部份可「借新還舊」，利用資金的調度，讓市場增加的利益還利息，逐步擴大市場利基，這種運用方式當時稱為「借替」。〔註 132〕

1933 年 5 月，發行第八次公司債，償還同年 6 月到期的第四次公司債，也是「借替」性質。〔註 133〕同年 8 月，發行第九次公司債，償債第六次公司債之外，再加 250 萬充實硬體設施額度。9 月，再發第十次公司債，償還第七次公司債。〔註 134〕不同期數的公司債，雖然都是「借替」性質，但額度時多時少，視臺電資金需要而伸縮。

後來國內公司債運用愈趨靈活，不單只是「借替」而已，如 1935 年第十一次公司債，就用來贖回部份國外公司債。〔註 135〕1937 年的第十五次公司債，「專充為事業經費」。〔註 136〕臺電善用這些國內公司債「以債養債，以債償

〔註 130〕 《南新》6916-1921-t10.6.11-5，〈電力社債好況〉。1921 年 6 月，臺電募集 1,000
　　　　萬圓公司債，到該月 8 日截止，「臺灣有 464 萬圓，日本約可達 3,000 萬圓，
　　　　亦足見其好況也。」這次申購額超出預定的 3.5 倍。
〔註 131〕 臺電，《營業報告書》（15），（1926）大正 15 年，頁 2～3。
〔註 132〕 臺電，《營業報告書》（19），（1928）昭和 3 年，頁 2～3。
〔註 133〕 臺電，《營業報告書》（28），（1933）昭和 8 年，頁 3。
〔註 134〕 臺電，《營業報告書》（29），（1933）昭和 8 年，頁 3～4。
〔註 135〕 臺電，《營業報告書》（32），（1935）昭和 10 年，頁 3。
〔註 136〕 臺電，《營業報告書》（37），（1937）昭和 12 年，頁 3。

債」，部份用來擴充機組，主要用來資金週轉，以免用經常性營收來還債。另外配合公司債與營收的交互運用，每年以數十萬圓來打銷帳面龐大固定資產，雖然消極，但用心良苦。臺電有了這項短期資金調度的利器，讓臺電營運多了伸展空間，松木社長就認為：「『借新還舊』不是大問題，在低利時代的今日，資金轉換是有利且方便的。」〔註137〕

表6　臺灣電力建物擔保發行公司債

次　　數	籌募總額	年利率	面額	發行價格	發行日期	擱置年數	開始償還日期	償還結束日期	償還方式
い號公司債	1000 萬圓	4.3%	100	100	1939.4.20	2	1941.4.20	1950.4.20	A 型
ろ號公司債	2000 萬圓				1940.10.25				
は號公司債	1000 萬圓				1941.8.25				
に號公司債	1000 萬圓				1942.3.10				
ほ號公司債	1000 萬圓				1942.11.20				

說明：償還方式：「A 型」：每半年 20 萬圓以上償還或買入。1941 年 4 月 20 日以後，何時皆可部份或全部抽籤償還或提前償還。

資料來源：「い號公司債」：臺電，《營業報告書》(40)，(1939) 昭和 14 年，頁 5。

　　　　　「ろ號公司債」：臺電，《營業報告書》(43)，(1940) 昭和 15 年，頁 4。

　　　　　「は號公司債」：臺電，《營業報告書》(45)，(1941) 昭和 16 年，頁 3。

　　　　　「に號公司債」：臺電，《營業報告書》(46)，(1942) 昭和 17 年，頁 3。

　　　　　「ほ號公司債」：臺電，《營業報告書》(47)，(1942) 昭和 17 年，頁 3。

國內公司債的調度難處在於：臺電並不是向一般民眾集資，主要是由銀行團承購公司債，故需要政府的配合與協商，如 1927 年第三次公司債的 600 萬圓，就是全由大阪銀行團承購。〔註138〕

1939 年起，臺電公司債走向一個新方向，以往是無擔保的公司債，後來為了籌集「大甲溪計劃」經費，特以臺電建物為擔保品，舉債額高達 8,000 萬圓。〔註139〕但在臺電《營業報告書》中，可考的只有五次，總金額 6,000 萬圓。

1939 年起發行的公司債，基本上都用在大甲溪計劃，與一般市場較無互動。而且到了 1943 年，臺電又通過高達一億圓的公司債額度。〔註140〕顯示戰

〔註137〕　《日》11776-1933-s8.1.19-2，〈為替差損對策急には落著せぬ〉。

〔註138〕　《南新》9034-1927-s2.3.30-3，〈電力問題一段落〉。

〔註139〕　臺電，《營業報告書》(40)，(1939) 昭和 14 年，頁 5。

〔註140〕　臺電，《營業報告書》(48)，(1943) 昭和 18 年，頁 1。

爭末期的資金需求，已經到了類似軍事動員的程度。

肆、民間對日月潭計劃的看法

日月潭計劃的停工，讓臺灣社會重新思考「工業化」的本質是什麼，得以從「工業化」等於「電力化」的迷思中跳脫，但批評總是難免的，臺電也成為眾矢之的。舉如「三千萬圓巨資葬身潭底」、「絕望的水電工程」、「技師設計錯誤」、「空中閣樓式的規劃」、「經營不善」等輿論、不絕如縷，甚至說這一切錯誤在臺電設立之初即已造成。更激進者謂臺電應酬支出太多，宴請賓客動輒數百人，這種不知節約、不知使命的公司，為何要由全體臺灣人民承擔。〔註 141〕失去社會信賴的臺電，不管再說什麼，常被批評為「空想」與「不切實際」。〔註 142〕《新高新報》社長唐澤信夫，更藉由長年批判臺電的多元觀點，當選臺北地區民意代表。〔註 143〕

表 7 臺電市場各部門負載

營 業 項 目	數 量	消耗電力（kw）	說 明
電燈	300941 盞	8192	平均每燈亮度 27w
工業用電	15707hp	11717	1hp=0.746kw
電扇	15572 臺	738	平均每臺耗電量 47.3w
電熱	581 個	668	
合計		21315	

說明：該表為 1925 年底數據。

資料來源：津久井誠一郎，《在臺七年》，頁 380～384。

每年全臺企業共同召開的「全島實業大會」常將日月潭計劃列入議程，希望總督府早日尋求對策，其中對總督府電力政策著力最深、建言最多的非津久井誠一郎莫屬。1925 年的實業大會中，津久井的提案獲大會通過，成為十項決議中的第一項。根據津久井分析，日月潭計劃若不快復工，將來臺灣會無電可用，復工是統治臺灣「急務中的急務」。〔註 144〕

津久井是三井物產臺北分店負責人，長年負責臺電許多採購案，對臺電

〔註 141〕 《新高新報》224-1930-s5.3.15-8，〈利益は株主〉。
〔註 142〕 《南新》8288-1925-t14.3.14-1，〈日月潭復活果して如何〉。
〔註 143〕 《臺灣新聞總覽》（臺北：國勢新聞社臺灣支社，1936 年 7 月發行），頁 9、30。
〔註 144〕 《日》8532-1925-t14.11.13-3，〈日月潭工事休止で〉。

財務的瞭解比一般商界人士要深刻。1926 年，三井財團主管團塚磨男介紹美國工程師到臺灣考察時，就是透過津久井的安排。〔註 145〕

　　1926 年，津久井又代表臺北商工會向上山總督提出「關於臺灣電力問題之解決」陳情書。該陳情書指出臺電的危機，妨礙了國民文化的發展，也妨礙臺灣產業開發，國運向上，希望總督能夠「果斷」解決。

　　首先，津久井認為一國的文化是否發達，與其電力普及程度有關，這是近代文明顯著的事實。日本在 1919～1924 年間，電源開發與需求成長大體保持「亦步亦趨」的狀態，反觀臺灣，1920～1925 年間，完成電力從 11,000kw 增加到 24,000kw，發電能力不及日本的 1%，1922 年到 1925 年間，電力成長僅 3,000kw，可謂「毫無進步」。而且與日本顛倒的是，日月潭計劃十萬 kw 屬於「施工中」，比起「已落成」的 24,000kw 而言，臺灣「施工中」的電力反比「已落成」還多出四倍容量，比起日本「已落成」電力比「施工中」還多出近一倍的常態，臺灣電力部門的表現屬於一種「奇特現象」，令有識者十分憂心，更危險的是，市場有 80～90%的電力是由這家「奇特公司」所提供。〔註 146〕

表 8　臺灣電力需求成長數據（1919～1925 年）

	北部	指數	中部	指數	南部	指數	計	指數
1919	6223	100	1101	100	5448	100	12772	100
1920	6653	107	1478	134	6192	114	14323	112
1921	7909	127	1824	166	5842	107	15575	121
1922	10057	162	1235	203	6530	120	18822	147
1923	12173	196	2381	216	6725	123	21279	166
1924	12216	196	2676	243	6977	128	21869	171
1925	16425	263	2900	263	6910	127	26235	205
A	10202		1799		1462		13463	
B	1700	17	300	27	244	4	2243	12

說明：「A」：代表 7 年間，臺灣電力需求增加的數據（單位：kw）。
　　　「B」：代表 7 年間，每年平均增加電量數據（單位：kw）。
資料來源：津久井誠一郎，《在臺七年》，頁 393～394。

　　津久井指出，1926 年 1 至 6 月，北臺灣的龜山、小粗坑電廠，都屬於過載狀態供電，只有天送埤的輸出尚低於裝置容量。中部系統的后里電廠屬過

〔註 145〕《南新》10827-1932-s7.3.7-4，〈再興の恩人〉。
〔註 146〕津久井誠一郎，《在臺七年》（臺北：吉本印刷所，1927 年 10 月），頁 375～379。

載運轉，北山坑進入 6 月後才過載，南部系統的竹仔門與土壠灣電廠尚在裝置容量內運作。臺電即使有購自臺灣電興 4,000kw 支援，但高成本的備轉火力機組勢必加入營運，以降低水力機組負擔。中部則靠北山坑發電廠加入略可滿足，但只要需求一增加，便陷入供電不足的窘態。南臺灣二座電廠土砂流入量大，使裝置容量降低 10%左右輸出，當時已屬於全力運轉狀態。綜合上述可知，臺灣幾乎沒有多餘的電力可用，將來連自然增加率都無法滿足。

1919～1925 年間，電力需求成長可製成「表 8」。整體而言，臺灣一年用電自然增加率為 12%，1923～1925 年間，每年自然增加率也有 5%，中部成長較快是因為引進電燈時期較北、南部晚所致。對於這樣的成長幅度，臺電連 1kw「未落成」的電力都沒有，而且任何人都無法否認這個明確的事實，這個電力供給不足已造成文化進步、農村發展、工業發達的一大阻礙，是臺灣社會的缺陷，降低人民的幸福，臺北商工會更進一步說是全島的「惡性腫瘤」。〔註 147〕

其實用「癌症」來形如日月潭計劃的無限期停工已不只津久井一人，大園市藏在《臺灣產業の批判》第壹號中已有論及，他說：「日月潭工程的中斷，絕不只是臺電的癌症而已，更是臺灣工業界的『癌症』。」〔註 148〕

陳情書中還指出日月潭計劃的停工，加上政策上不許民間申請投資案的結果，乃造成今日的結果，而且至少有四大損失：

（1）**影響民心**：停工使得總督府在民間聲望與威信降低，產業上對政府的信賴感降低。

（2）**農村電氣化進程緩慢**：瑞士與歐洲國家都是農村電氣化徹底後，才有富強的基礎，輸電網至少遍及三分之一上農村地區。英國也在 1920 年代網羅電力、土木、水利專家，推行「農村電氣化」政策，成立「農業電氣化特別委員會」努力研究，其成果是農村用「電力犁」普及程度「世界第一」，也是全世界使用「電力脫穀機」的最大國家。法國在第一次世界大戰後，雖然財政困乏，但卻全力發展農村電氣化，發佈「農村電氣普及金融法」，開發不遺餘力。英國與美國盛行各種農村調查機關，進步的速度驚人，臺灣如果能對照日本對農村的開發，不僅一舉解決日本與臺灣的糧食問題，連帶農民的思想也會產生改變。

〔註 147〕 津久井誠一郎，《在臺七年》，頁 395～396。
〔註 148〕 大園市藏，《臺灣產業の批判》（臺北：臺灣產業の批判社，1927 年 12 月發行），頁 254。

（3）**有礙國運伸張**：臺灣距中國僅一天航程，距南洋不過一至二週航程，不僅種族上有密切關係，生活消費品市場有極大經濟效益，但臺灣電力不足，只能坐看大好機會從手中流失。

（4）**思想的惡化**：高等人材培育後，因臺灣產業未升級，高等人材等於「高等遊民」，易導致國民思想的惡化。

最後，陳情書認為臺灣電力不足是屬於一種會導致產業萎縮的慢性病，每思及此就令人對臺灣產業狀況感到憂慮，總督府應先設應急的火力電廠，日月潭計劃資金則屬次要問題，端看總督府的決心如何。〔註149〕

由於津久井的分析句句有所本，故能「擲地有聲」，津久井於 1928 年再為臺北商工會起草「臺灣經濟調查會」，第一條設立理由就是「電力充實問題」，明白指出臺電無法滿足一年 2,000～2,500kw 的電力成長需求，更無法提供大用戶電力需求，臺灣工業立國的政策無法落實，而且二至三年內日月潭電廠若不能加入營運，臺灣電力將告不足。換言之，電力不足是阻礙臺灣產業發展的「惡性腫瘤」，非施以「大手術」無法救治，這個問題，將是臺灣統治的「首要問題」。〔註150〕

民間連年的要求、分析，讓總督府接受津久井的安排，尋求美國技術與資金的協助，這樣的個朝野共識的凝聚，也耗掉二至三年。

伍、美國「日月潭水力發電工程鑑定報告」的影響

1926 年 11 月，總督上山與交通局長生野宣布日月潭計劃「無限期停工」後，民間遂要求臺電社長高木友枝要「辭職負責」。臺電則向三井財團請益，經總督府同意，由三井邀請美國的巴丹（W.N.Batten）工程師到臺灣實查日月潭計劃可行性，以平弭外界的批判。〔註151〕這份報告在 1928 年 3 月交到總督手中，因為得到世界先進國的背書，提高了日月潭計劃的說服力，這份報告對於爭取日本政界的支持，具有關鍵性的影響。

巴丹是美國波士頓地區某家電力公司工程師兼建設部副部長，巴丹由二名工程師陪同，1928 年 2 月 26 日抵橫濱，3 月 5 日到臺北。〔註152〕臺電向巴丹做簡報後，派四位主管陪同搭乘特快火車到日月潭工地，預計停留十

〔註149〕津久井誠一郎，《在臺七年》，頁 408～412。
〔註150〕《日》10046-1928-s3.4.11-3，〈臺灣經濟調查會設置建議の理由（三）〉。
〔註151〕《日》11108-1931-s6.3.17-3，〈正に著手せんとする日月潭の眞價（七）〉。
〔註152〕《日》夕刊 10001-1928-s3.2.26-1，〈紐約ストーンランドウエブスター社〉。

天。〔註153〕巴丹調查在 3 月 22 日結束，並順道考察南臺灣工業設施，民間對這次邀請美商來研究日月潭計劃復工可能性，多抱持樂觀的期待。〔註154〕

　　滯臺期間，巴丹還應「臺灣日日新報社」之邀，主講「美國的電氣事業」，這是該社第一次邀請對象為外國人，由於美國執世界電氣技術之牛耳，預估精彩可期，《臺灣日日新報》在廣告中說：

> 美國電氣事業于世界上最發達之一，該氏演講對諸君必有很大參考，又演講中將由該氏播放美國最新電氣事業影片，並附有老練翻譯，希望大家多多來聆聽。〔註155〕

　　巴丹認為將來臺灣電氣化程度會趨近美國的發展云云，最後講到大家最關心的日月潭計劃復工問題，他說：雖然報告尚未向臺電提出，但個人大體同意整個計劃。語畢，臺下一陣掌聲回應，會中旋即播放美國加州與賓州電力工程的影片，觀者皆為美國強大工業實力留下深刻印象。〔註156〕

圖 14　美商工程師巴丹

說明：巴丹對日月潭計劃的報告，使臺電獲得美國有力背書，並據此
　　　向議會運作的說帖。
資料來源：《臺灣日日新報壹萬號及創立三十周年記念演講集》（臺
　　　北：該社，1929 年 2 月），頁 227。

〔註153〕　《日》10018-1928-s3.3.14-3，〈期待される日月潭水電工事〉。
〔註154〕　《日》10028-1928-s3.3.24-3，〈日月潭水電の鑑查既に終了〉。
〔註155〕　《日》10043-1928-s3.4.8-4，〈美國電氣事業〉。
〔註156〕　《日》10045-1928-s3.4.10-2，〈日月潭電力工事には大體に於て同意する〉。

　　美國電力深化的原因，不只是資金充沛，而是技術研發先進，日本則僅有前者，臺灣則兩者都缺。臺灣的火力發電機組利用率與美國相當，但水力機組發電率則不盡理想，整個臺灣的發電量，更只有美國的 0.08%；美國公司合併是「汰弱留強」，臺灣合併則是確保市場獨佔，對營運數據並無明顯提昇。〔註 157〕

　　同年 4 月 21 日，巴丹提交「鑑定報告」，對原設計提出部份變更，並建議使用更多機械裝置，認為若施工得宜，可比臺電原預估經費要減少 5～10%。〔註 158〕這份報告為日月潭計劃的原設計者保留了專業信譽，又能為臺電解套，也指出了日月潭計劃流量可能未如預期等，特別是最後一點，可說是日月潭計劃發電率不如預期的主因。

　　巴丹報告於 21 日交到臺電理事大越大藏手中，再由臺電代表與巴丹一起交到上山總督手中。報告是以英文打字，達數十頁，據聞是 19～20 日二天趕寫而成，直到 21 日上午六點完成，上午十點交給臺電主管，十一點交到總督手中，巴丹在任務完成後，23 日搭乘「吉野丸」離臺。

　　收到報告的上山總督，認為英文報告雖十分精細，但仍需翻譯後才知結果，「美國權威者觀點，為貴重之意見。」臺電理事大越大藏則保持一貫審慎態度，對報告內容一字未提。〔註 159〕報告翻譯期間，報紙已預測結果必偏向審慎樂觀，反而媒體抱怨總督府態度不如臺電積極。〔註 160〕

　　抵達日本的巴丹對者記者表示，日月潭計劃「沒有缺點」，但「個人於公於私，無法透露報告內容，但就雨量與水力而言，日月潭計劃沒有缺失，無論停工或完工後的十萬 kw 都是非常氣派的大工程。」〔註 161〕

　　巴登報告披露後，彷彿又興起一片希望，高雄商工會長古賀三千人表示日月潭計劃將不再是「懸案」；臺北商工會則另組「日月潭水電工事期成同盟會」整合全臺商工團體意見，樹立本島「百年大計」。〔註 162〕受到巴丹報告的

〔註157〕ウキリアム．エヌ．パツテン氏，〈米國に於ける電氣事業〉，《臺灣日日新報壹萬號及創立三十周年記念演講集》（臺北：該社，1929 年 2 月），頁 227～229。
〔註158〕《日》夕刊 10069-1928-s3.5.4-1，〈パツテン氏が提出した〉。
〔註159〕《日》夕刊 10057-1928-s3.4.22-1，〈成る可く早く〉。
〔註160〕《日》10060-1928-s3.4.25-3，〈聲明する義務があらう〉。
〔註161〕《日》10064-1928-s3.4.29-3，〈内地でのパツテン氏〉。
〔註162〕《日》10064-1928-s3.4.29-3，〈臺北商工會は約束通り〉。

激勵，總督府向日本中央要求援助的理由也更充份了。但這時欠缺的，不再是技術受外界質疑，而是要一位能夠得到日本中央奧援的總督。

圖 15　美商工程師視察日月潭計劃

說明：消費者必須透過美國工程師巴丹的指導，才能知道要如何繼續日月潭
　　　計劃。
資料來源：《日》10057–1928–s3.4.22–8。

陸、日本議會對日月潭計劃的質問

1920 年代的日本議會生態，就是各小黨合縱連橫的政黨政治，雖然充滿了「黨同伐異」的色彩，甚至執政黨更迭後，臺灣總督也跟著調動，但若換上一位能得到中央支持的總督，對於資源的取得，未嘗沒有好處。當初日月潭計劃就是爭取不到中央經費奧援而中挫，使總督府在議會的信用降低，成為臺灣統治的一大缺失，故 1920 年代想在議會爭取支持，困難度大增，加上政黨的預設立場，經費的爭取需要更細膩的交涉與耐心。

1927 年總督府收購臺電外車埕鐵路資金，部份出於公債 130 萬圓，但該案連同「臺灣事業公債法」修正案提交日本議會審查時，卻面臨很多質疑。眾議院召開「臺灣電力事業法案委員會」，認為臺電應先停工，「先行內部整理，籌償公司債等，待景氣好轉，再行復工。」加上當時負責官員皆已退休或去職，「不受糾彈」，加之對臺電處境「同情」，眾議院傾向有條件通過。

〔註163〕收購案雖然通過，但附帶條件是「警告」臺灣總督府要加強對臺電的整理與監督，待財政稍上軌道，要增加對股東的福利云云。〔註164〕

圖16　日本中央政府看待日月潭計劃

說明：日本政界對臺灣狀況不一定瞭解，遑論日月潭計劃，因此吸引日本議
　　　會對臺灣的重視，成為1930年代初期總督府的首要工作。
資料來源：《日》10968–1930–s5.10.27–4，〈臺日漫畫〉。

眾議院這關過了之後，還有難度更高的貴族院，上山總督表示：「電力問題在眾議院順利通過，但恐受阻於貴族院。」〔註165〕言猶在耳，貴族院部份議員已認為整個日月潭計劃，「都是杜撰」：

> 日月潭工程受總督府很大補助，雖可重視之，而其計劃，殆屬杜撰，
> 其發電量十萬 kw 就臺灣經濟情況觀察，將來必不相應。……外車
> 埋鐵路之收購，其可為臺電救濟策耶？殆屬可疑。〔註166〕

議會要求總督府提出更詳細書面資料供審查，總督上山滿之進則拜訪若槻首

〔註163〕　《南新》9009-1927-s2.3.5-6，〈臺灣電力法案〉。
〔註164〕　《南新》9014-1927-s2.3.10-2，〈買收案は承認が〉。
〔註165〕　《南新》9018-1927-s2.3.14-6，〈上山總督歸臺談〉。
〔註166〕　《南新》9002-1927-s2.2.26-2，〈買收計劃に異論〉。

相，希望就黨內不同意見進行協商，臺電也選出二十七名委員向日本各政界疏通，尋求諒解。〔註167〕當月的貴族院預算第六科分會上，備詢的總督府後藤長官與小松議員答詢如下：

> 小松議員：日月潭工程經過如何？
>
> 後藤長官：日月潭今後仍需巨費，故繼續工程，甚覺困難。且以上十萬 kw 電力，現在視爲不必要，可免繼續該工程。待財界改變，電力需求增加，再研究解決方法。
>
> 小松議員：日月潭虧損程度如何？
>
> 後藤長官：最初計劃四千八百萬圓，迨後觀之，需八千萬圓預算，當再追加三千萬圓，固非當初經費，全然無用也。〔註168〕

接著有橋本萬右衛門議員的質詢，由總督府財務局長富田回答，旋由重量級的前臺灣總督石塚英藏議員質詢後藤長官說：

> 石塚議員：日月潭十萬 kw 電力，設立當初視爲無法消化乎？
>
> 後藤長官：當初估算全島製糖業需三萬 kw，電車一萬 kw，加上其它工廠之用，有此預定，乃計劃實行。
>
> 石塚議員：似此日月潭理想，既有困難，何不縮小規模？
>
> 後藤長官：目前除日月潭電廠外，暫可滿足需求，日月潭可待諸他日，目前停工中。〔註169〕

後藤長官說當初日月潭計劃是考慮糖業部門三萬 kw 及電車一萬 kw 是避重就輕，電車雖早有議論，但從未實行。糖業部門幾乎自備發電機，且設立時間比臺電甚至作業所要早，臺電無法也來不及介入這個市場，而且當初日月潭計劃是以「生產更具競爭力貿易商品」爲考量，而非後藤所言內容。加上貴族院的質詢多偏向抽象的問題，沒有正中核心，故總督府官員可以從容回答，貴族院還希望一直到借到外債爲止，臺電資金要自力籌措。〔註170〕從這一次僅 400 萬圓公債提案就可看出，臺電想要獲得中央的援助，困難度很高，而且日本議會對日月潭計劃並不瞭解，發問多半是有隔閡的，後來 1929 年通過的外債案，就是在新任總督與日本執政黨連成一線時完成。

〔註167〕《南新》9007-1927-s2.3.3-6，〈電力總會促進工事〉；9005-1927-s2.3.1-2，〈電力社線買收につき〉。

〔註168〕《南新》9010-1927-s2.3.6-6，〈貴族院に於ける日月潭電力問題〉。

〔註169〕《南新》9010-1927-s2.3.6-6，〈貴族院に於ける日月潭電力問題〉。

〔註170〕《日》10354-1929-s4.2.15-3，〈準備時代の計劃と電力會社〉。

小　結

　　日月潭計劃誕生在一個日本泡沫經濟景氣尾聲前的最高峰，自然受景氣幻滅的影響最深，此特性不獨日月潭計劃，嘉南大圳、鐵路計劃等，都有受累。所差異者，日月潭計劃資金缺口是前二者的數倍至數十倍。

　　另一方面，停工後的日月潭計劃，受到各方紛至沓來的指摘，種種不理性的批評，皆指向臺電，而忘記了臺電只是執行機構，而不是政策制定者。制定權在總督府，臺電本身也是政策與景氣下的產物，最該負責的總督府決策者，當時皆已離開臺灣，只留下臺電的主管苦撐危局。

　　在自立更生的環境中，臺電用數年時間完成了日月潭計劃復工的舉債額度上限，另外靈活地運用 9,400 萬圓的國內公司債，「借新還舊」，讓臺電每年增加 626 萬圓的現金流量，穩住了日月潭計劃中挫的衝擊。最後透過三井物產的安排，臺電請來美商重新評估日月潭計劃的可行性，雖然實地調查只有十天，但透過外商的保證，臺電挽回了市場的信心與信賴，並開啓外債協商之門。

　　臺電的資金離不開總督府政治力的協助，而各種提案卻在日本議會受到質疑，特別是日本 1920 年代政黨政治的「黨同伐異」，對公共工程的阻礙最大，但也因立場不同，讓問題得到充分討論，得以釐清真相。政黨政治的影響還不只是資金而已，由於 1920 年代後期臺灣總督的頻頻更迭，常讓所有協商成果「重新再來」，直到 1929 年民政黨執政後，臺電社長、臺灣總督、日本政府三者連成一線時，日月潭計劃才重露曙光。

第三章　臺電與臺灣社會

　　1930 年代，臺電供應電量佔臺灣總電量的 90%，但電價之高，連總督府也不禁感歎：「高電價乃臺灣工業發展之暗礁。」多年的刻意扶持，換來如此「成果」，即便日月潭計劃完成，仍無法改變對德、英、美的依賴，因為工業化不可能在國與國的政治對立與貿易壁壘中完成轉換。〔註1〕

　　1910 年代，臺灣工業化的目標在引進歐、美新興的電氣化學工業，配合臺灣豐沛水力發電，生產具有國際競爭力的產品，促進臺灣經濟發展，降低對日本長期入超，進而達成工業獨立、經濟自給的目標。然而「工業化」一詞定義深廣，掌握不易，本章探討範疇著重「電力化」與「工業化」之關聯，而未涵蓋整體工業化的內涵。臺灣的電力化依內涵可分為五期：

　　第一期（1900 年代）：以農業增產為基礎，開發水利系統並附帶發電工程，統籌由總督府電氣作業所規劃執行，這是 1900 年代的基調。

　　第二期（1910 年代）：以第一次世界大戰帶動泡沫經濟發展到 1920 年的極點，此時期開發電廠是以增加商品競爭力與產能為基調，臺電也在此一潮流中誕生。

　　第三期（1920 年代）：因日月潭計劃中挫，故整個第三期是以想辦法讓日月潭計劃復工為前提，並沒有整體的電力規劃，有也是紙上談兵，缺乏實踐能力，這是日治時期臺灣電力部門最暗澹的 10 年。

―――――――――――――――――――――

〔註 1〕　小林英夫，《「大東亞共榮圈」の形成と崩壞》，頁 430～431。根據 1940 年調
　　　　　查，臺灣工業發展所需機具，只有 36%能自主，其餘皆等待日本運來臺灣，
　　　　　高級機具更是全面仰賴進口。日本資本主義，長期處於依附德、英、美工業
　　　　　國家的狀態，臺灣也不例外。

　　第四期（1930 年代）：該期以日月潭計劃完工，並伴隨戰爭需求，電力政策以增加軍需產能爲主，電力部門整合至國家體系中，自主性降低。圓山與新龜山電廠的開發，與其說是工業化，不如說是軍事動員，以前電力化動力是貿易，現在則是戰爭。

　　第五期（1940 年代）：戰況膠著，電力動員更徹底，與民生部門脫節，完全是「軍事化」的電力政策，「大甲溪計劃」因材料無法運到臺灣，成果有限，直到日本戰敗，電力發展重新開始。

　　論者以爲，臺灣長期扮演原料（糖、米）輸出日本的角色，促成臺灣本身產業結構的「畸形性」。〔註 2〕日本工業化最需要的鋼鐵工業，關鍵原料都在中國東北，故整個從原料、製程、電力重心都在東北到朝鮮這條產業廊帶，臺灣雖然也在 1930 年代後期強化其工業傾向，但對日本資本家而言，臺灣的廉價電力並不能提供太多誘因。

　　再以電價比較，臺電能供應大用戶每度約 0.5 錢，但朝鮮戰江水力電廠能提供 0.44 錢，長津江水力電廠更以 0.29 錢領先。〔註 3〕低廉的電價，是產業發展的基礎，臺灣在電價的吸引力上，已輸給新興的中國東北與朝鮮。

　　其次，臺灣有 40%的家庭與臺電有契約關係，加上臺電高達 90%的市佔率，臺電儼然像「政府」與用戶發生互動，研究臺電與市場的互動，就是研究當時的社會實況與組織形式。透過多種互動模式的觀察，突顯臺灣市場的獨特性。

　　最後，本文探討臺電在臺灣糖業、肥料、農村電氣化、重油各部門的競爭優勢何在，臺電除了低價供應的優勢外，整個日本投資環境有何轉變，藉以突顯臺灣在日本整體工業化中的位置，與臺電自我定位的失焦與落差。

第一節　臺電與市場的互動

　　臺電的市場滿意度在臺灣眾多民營電廠中名列第一，但這是在沒有競爭情況下與各地區分區獨佔廠商比較下的「相對第一」而已，原因是缺乏有效監督，此點如史料所言：「島內之電氣事業，官廳一邊，絕無何等干涉，故會社有時陷於專橫。」〔註 4〕

〔註 2〕　小林英夫，《「大東亞共榮圈」の形成と崩壞》，頁 347。
〔註 3〕　小林英夫，《「大東亞共榮圈」の形成と崩壞》，頁 352。
〔註 4〕　《南新》8573-1925-t14.12.24-6，〈取締電氣〉。

電力部門與其它部門事業性質不同，電力部門必須要主動出擊，日治中期以前的電力部門，創造了許多競爭優勢，如電價低廉（1905～1916年）、政府承擔開發風險、避免有限資源消耗於自由競爭兼併的發展階段、資本集中運用等等。但一方面，副作用更多，如服務態度差、員工「吃大鍋飯」心態、科層體制中的低效率、獨佔市場下的反應遲鈍（缺乏回饋驅力）、法律保護壟斷、知覺鈍化等等。兩股力量相互影響下，又歷經第一次世界大戰泡沫經濟與1930年代的全世界經濟不景氣，中日戰爭與太平洋戰爭。整個電力部門因第一次世界大戰帶動，也受經濟、政治、軍事動員所支配，大環境缺乏平和條件讓電力部門有活力地發展，遑論政策理想與市場數據的落差。

壹、電力供應品質

同樣的供電品質在臺灣可能飽受訴病，但在菲律賓可能「習以為常」，關鍵在於市場集體價值對電力事業的認定。1990年代的菲律賓，因為電力容量不足，經常分區停電，但市民早已習慣，各種交易也照常進行，路上行人熙來攘往，等待電燈的來臨。但1920年代的臺灣，透過官方宣導、教育灌輸等途徑，社會普遍認定電力事業是一種「服務業」，是一種基於契約精神，供需雙方遵守權利義務的緊密互動。因此菲律賓的停電場景換成臺灣，便形成市場對臺電的猛烈批判，特別是臺灣民眾對電力供應品質要求很低（比日本低很多），「如能不至黑暗，費用多少，在所不計。」〔註5〕臺灣民眾要求已經低到只要電燈會亮就好，亮度屬於次要問題。

（壹）竊　電

竊電是造成臺電長期收益無法提高的主因之一，1910年代的供電吃緊與竊電有直接關係，臺電除道德勸說外，安裝電表，嚴加取締等方法多管齊下，但竊電實在太容易，導致成效不彰。

根據1937年統計，全臺共有10,532件違規使用案件，罰款金額共14.6萬圓，其中電燈違規使用就有9,618件，佔全體的91%，罰款71,161圓，佔全部罰款的49%。其中包燈違規9,459件，表燈僅159件，顯示表燈確實能有效降低用戶竊電的動機，因為安裝電表以後，用戶竊電的成本也跟著提高。其次，就違規類型而言，增大亮度燈泡有6,471件，佔電燈違規的68%，顯示

〔註5〕　《日》朝刊 10107-1928-s3.6.11-4，〈都市與地方人士〉。

包燈的竊電難度很低，用戶容易進行，也沒有技術的門檻。就地區而言，臺北州佔所有違規案件的 41%，高雄州 19%，臺中州 15%，臺南州 14%，大體與該州電力資源分佈呈現正相關。就供應廠商而言，臺電舉發違規案件佔總案件的 84%，此與臺電市佔率最高有關。〔註6〕

1910 年代，作業所就發現民眾常以非作業所提供的燈泡竊電，單單臺北市用戶竊電率近 10%，系統常因過載而停電，情況十分嚴重。〔註7〕因此竊電檢查成為臺電基層據點定期回報的業務，各所也會不定期派人會同基層進行擴大檢查。〔註8〕但根據大阪加藤電業研究所的研究，日本市場竊電率造成供應的理論值與實際負載相差 30～50%之間，情況比臺灣還要嚴重很多，而且造成價格的不合理及市場信心的流失。〔註9〕

由於臺電無法壟斷燈泡來源，民眾嫌燈光不夠亮時，隨時可自行購買更亮的燈泡更換，這是日治時期的普遍現象。最輕微的是將燈泡「以大換小」、「以高報低」；較嚴重的是將「線路並聯」、「多戶共用」。〔註10〕雖然供應商揚言對其它通路購買的燈泡不提供保修服務，但因燈泡價格門檻低，新產品經過商品化檢證，生命週期延長，市場規模擴大，平均價格降低，進入廠商增加，已屬「完全競爭市場」，根本也不需要民營電廠提供任何保修服務，因此民營電廠想要阻斷燈泡的通路，幾乎不可能。屏東郡的德協、蕃仔寮部落，更是大規模前往臺南購買燈泡竊電，竊電在該地是「公開的秘密」。〔註11〕臺北北投某部落更因「常業竊電」，被臺電封為「盜電部落」。〔註12〕因為竊電判刑通常不重，而且願意賠錢和解的話，通常臺電也不予追究，高雄所更出現累犯者，村民怕引起火災，才向臺電舉發。〔註13〕

竊電有時不是用戶主觀的意願，而是受業者的慫恿。1927 年 2 月，臺電臺南所主任福井恭三郎拜訪縣警局，請警察幫忙嚇阻竊電行為，原因是該所

〔註6〕 《臺灣電氣協會會報》第 14 號，昭和 13 年 12 月（1938 年 12 月），〈本島に於ける電氣擅用事故調查〉，頁 95～97。

〔註7〕 《日》4570-1913-t2.2.23-1，〈電球使用に就て〉；6001-1917-t6.3.15-6，〈防止盜用電燈〉。

〔註8〕 《日》11700-1932-s7.11.3-8，〈調查沙鹿盜電〉。

〔註9〕 《臺灣電氣協會會報》第 10 號，昭和 11 年 12 月（1936 年 12 月），加藤森男，〈電氣料金の合理化〉，頁 33。

〔註10〕 《日》12032-1933-s8.10.4-4，〈電燈泥棒〉。

〔註11〕 《南新》8199-1924-t13.12.15-7，〈二部落が舉つて電力を盜用す〉。

〔註12〕 《日》13357-1937-s12.6.1-7，〈何んと頂北投で〉。

〔註13〕 《南新》10917-1932-s7.6.6-8，〈盜電之前科者〉。

供應區內的路竹庄、湖內庄自供電半年不到，「民眾擅由臺南市購買燈泡私裝日增，或用特種燈具，以增加燈數者亦不少。」在該所連續五天派員取締下，成果如「表9」。臺南所還發現，販賣燈泡商家爲求業績，甚至鼓勵用戶竊電，「商店謂用其電器燈具，毫無阻礙，以誘導無知之用戶於罪戾。」故特請警察局協助，共同嚇阻不法行爲。〔註14〕臺北市販賣燈泡商家因競爭激烈，「雇兒童負燈泡，沿街招售，臺電業務多少受影響。」〔註15〕臺電認定商家助長的「不法行爲」，在商家看來其實只是「商業行爲」。而且以往臺電掌控了從發電廠到用戶設備的供應鏈，因1920年代日本燈泡進入臺灣市場而消失，消費者可輕易買到燈泡，臺電卻無力爲每家用戶安裝電表。

表9　臺電臺南所取締竊電成績

地　區　類型件數	更換高亮度燈泡	串、並聯增加燈數
路竹庄	11	2
湖內庄	53	7
合計	64	9

說明：此爲1927年1月，連續五天取締累積之案件數。
資料來源：《南新》8980–1927–s2.2.4–6，〈盜電者多電力會社請說諭〉。

供需雙方對竊電的定義往往不同，臺中曾發生過一起竊電捕魚的案例，嫌犯余榮洲認爲竊電去電魚並不是「竊電」，而是「放電」，還說臺電長期供應不符額定電壓的電，是「公然詐欺罪」，長年累積十幾萬圓不法利得，又該當何罪。因爲余的辯詞「頗有新意，自成一家」，尤其臺電長期「公然詐欺罪」一說更能引起社會共鳴，因此判決格外受矚目。最後，臺中地院認定「有罪」，並以竊電罪判刑三個月，緩刑三年。〔註16〕這個例子說明，市場供需雙方互動中，新的事物須要一段磨合期，讓雙方對權利義務有規則可循，並漸漸沉澱爲社會普遍價值。

每年枯水期電量不足，爲減低負載，乃加強竊電檢查，故冬季是檢查的高峰期。如果沒有竊電，則例行性檢查可將老舊電線更新，每盞電燈收費八

〔註14〕　《南新》8980-1927-s2.2.4-6，〈盜電者多電力會社請說諭〉。
〔註15〕　《南新》8997-1927-s2.2.21-6，〈搜查電球入戶穿房駭人耳目〉。
〔註16〕　《南新》8045-1924-t13.7.14-5，〈盜電力捕魚〉。

錢，以防負載過重，因小失大。〔註 17〕臺南所常將竊電「化暗爲明」，就地合法，既可增加收入，又免造成緊張對立，該所「如發現竊電或燈泡與申請規格不符，則勸其增加點燈，限期四個月，俱取寬大，用戶咸謂其善於處置也。」〔註 18〕

（貳）服務操守與態度

臺電服務態度好不好，從民眾感受觀察最直接，但因爲數量上無法統計，且難以有代表性，但還是能從案例中看出獨佔體制下，臺電員工的工作心態。

早在作業所時期，服務態度就被批評，「作業所大有官僚習氣，對人亦用『御前之語』，妄自尊大，且舉動粗暴，聲勢轢人。」〔註 19〕臺電第一任社長高木友枝在上任首次公開談話就強調，臺電員工不要因獨佔市場而忽略服務態度。歷任遞信局局長也不斷強調電力事業的「服務精神」，不過這些都因缺乏市場制衡機制，成效難以檢視。〔註 20〕

臺電基隆所收費員北澤，到用戶陳德茂家中收費，因本人不在，陳之胞弟答以待其兄回來再收，北澤則謂「無錢可繳，要撤除電線。」陳之胞弟謂每次電費皆無滯納，此次因管錢者不在，勞煩再跑一次。但北澤不聽，撤除電線而去，同街的蘇林均外等數戶，也是受北澤同樣手段對待，整晚都停電，而且適逢星期天休假，「無人可訴，徒呼負負」。陳德茂訴之基隆所所長，所長頗爲同情，「令電工速爲接線修理，登時復明。」〔註 21〕其餘不若陳關係良好者，又該找誰申訴。

另一種獨佔心態是「一問三不知」。1919 年臺北某位民眾明明先申請電燈，但卻見到晚申請者先接通電燈，詢之繪圖設計者，「繪圖者答爲不知。」又詢之安裝線路者，「亦答爲不知。」問大稻埕臺電服務據點，「回稱將會調查，但遷延時日，絕無消息。」該民眾對於新申請電燈用戶要等上一至二個月，無奈地說：「欲乞一線光明，比登天還難。」〔註 22〕

臺電屏東所職員齋藤三次（三十歲）利用檢查機會，若發現用戶使用電

〔註 17〕 《日》11804-1934-s8.2.16-8，瑞芳，〈檢查用電〉。
〔註 18〕 《日》12046-1933-s8.10.18-4，臺南，〈善於措置〉。
〔註 19〕 《日》6755-1919-t8.4.8-6，〈鶯啼燕語〉。
〔註 20〕 《日》10799-1930-s5.5.10-2，三宅福馬，〈電氣事業に於ける「サービス」の改善〉。
〔註 21〕 《南新》8055-1924-t13.7.24-5，〈收金太無理〉。
〔註 22〕 《日》7014-1919-t8.12.23-6，疑問生投，〈雪白梅香〉。

動機與申請規格不符，則恐喝收取賄金。〔註23〕臺南所鹽水辦事處黃閩（臺籍，三十三歲）則藉宣傳檢查竊電，並私收電費 800 餘圓，飽于私囊，遭同僚密告。〔註24〕臺電瑞芳服務處的電工簡鐘（三十二歲）利用發現竊電向用戶勒收費用，花天酒地，警方跟監一年才破案。〔註25〕臺南所電工矢野建一郎發現竊電後收賄，用戶還可用香煙換算賄款。〔註26〕

臺電臺中所電工向戲院索取招待券，「戲院給予五張，嫌不足，遂不問商家意願與否，擅為裝電表。」〔註27〕台南所部份臺籍員工，「結黨成群，攜其家人，要求免費觀賞電影，若不許，則恐嚇說：『吾輩有特權，必暗剪斷電線，或將電機破壞。』」〔註28〕

（參）電費調降的需求

臺電平均電價在 1916 年起就高於日本市場平均值，雖然屢次調降，但仍高於日本甚多，且後期的優待多給予大廠商，並不是一般消費者。因此從 1920～1930 年代，市場要求臺電比照日本市場降價的要求可謂不絕於耳，但臺電每次的說詞與動機都不一樣，加上臺電是臺灣市場定價能力最強的廠商，如果臺電降價，其它民營電力公司也會跟進。臺電長期扮演市場資訊供給者的角色，但市場資訊是自由流通的，臺灣用戶會不斷以日本現況做比較，以突顯臺電費率的不合理現象。臺灣市場在臺電主宰下，一些連日本都已經廢除的收費名目，臺電還繼續向用戶收費，最具體的例子是電燈「交換費」，依「電氣事業法」規定，這項日本早已不收費的項目，臺電每年還有 30 萬圓收入。〔註29〕

電力應用初期，因為市場小，民眾不在乎電燈的價格，只在乎能不能申請得到電燈，至於價格，是申請到之後，隨著時間推衍及市場擴大後，才逐漸轉為具體的感受。臺灣社會從最初在乎「有沒有」，到進階的「貴不貴」，象徵生活品質與消費意識的提升。《新高新報》社長唐澤信夫批判臺電最力，他列舉電費為什麼貴的五大原因，發人深省：

〔註23〕 《日》11745-1932-s7.12.18-3，〈屏東街で電工の惡事〉。
〔註24〕 《日》11854-1933-s8.4.8-5，〈臺電鹽水港主任飽私囊被拘〉。
〔註25〕 《日》10805-1930-s5.5.16-2，〈盜電を脅喝し〉。
〔註26〕 《南新》10167-1930-s5.5.12-7，〈二十圓と煙草〉。
〔註27〕 《新高》189-1929-s4.6.25-18，臺中通信，〈點燈紛爭〉。
〔註28〕 《日》6935-1919-t8.10.5-6，〈楓葉荻花〉。
〔註29〕 《南日本新報》484-1932-s7.12.9-8，〈臺灣電力の反省を促す〉。

（1）浪費太多。

（2）獨佔事業。

（3）政黨利權競逐的公司。

（4）日月潭計劃失敗。

（5）差別待遇。〔註30〕

以上五大原因是臺灣電價在1920～1930年代昂貴的原因，而且臺電章程第六條賦予臺電一百年的「特許經營期」，用戶可能還要忍受這種電價到西元2019年。臺電對用電大戶的費率是採協商方式，費率不對外公佈，公佈的只是小用戶的一般費率，影響最大的也是一般小用戶。〔註31〕臺電總是高舉「工業化」大旗，實則臺電就是臺灣工業化的障礙，因此「適時」調降費率，有助化解社會輿論的壓力，這也是松木一上臺就宣布全面調降費率，為自己搏得輿論好感的第一印象。〔註32〕

表10　臺電外債每年支付利息

匯率（美元）	每年利息（圓）	匯率（美元）	每年利息（圓）	匯率（美元）	每年利息（圓）	匯率（美元）	每年利息（圓）
50	2508000	40	3135000	30	4180000	20	6270000
49	2559184	39	3215385	29	4324138	19	6600000
48	2612500	38	3300000	28	4478571	18	6966667
47	2668085	37	3389189	27	4644444		
46	2726087	36	3483333	26	4823077		
45	2786667	35	3582857	25	5016000		
44	2850000	34	3688235	24	5225000		
43	2916279	33	3800000	23	5452174		
42	2985714	32	3918750	22	5700000		
41	3058537	31	4045161	21	5971429		

資料來源：以外債金額與公布利息換算。

臺電對降價多半回答「研究研究」，「也許如何」云云。〔註33〕或將無法調降的原因推給外債利息太重，松木就曾說費率調降是在外債匯損問題之

〔註30〕《新高》224-1930-s5.3.15-8，〈電燈や動力は何故高いか〉。
〔註31〕《新高》210-1930-s5.2.5-3，〈不統一極まる〉。
〔註32〕《新高》209-1930-s5.1.25-2，〈日本一高い電燈料〉。
〔註33〕《南新》10932-1932-s7.6.21-2，〈明年早早實施せん〉。

上，必待匯損問題解決後才考慮費率問題，希望社會大眾能諒解臺電立場。
〔註34〕比起其它社長的回答，松木的回應算是最有善意的「實問實答」，陳
情團體「雖能諒解，但尚不能滿足。」〔註35〕

　　依日月潭外債匯率估算，1934 年起臺電要償還利息，每年 125 萬美元，
以每 100 圓兌換 50 美元估算，臺電每年要支付 251 萬圓。但自外債成立後，
日圓就開始貶值，臺電在不同匯率下要支付每年利息金額如「表10」。實際上，
1933 年起，日圓對美圓匯率即回穩到 30 美元左右，臺電外債的利息負擔每年
約 400 萬圓。〔註36〕透過直接購買及財務操作，對臺電並未造成太嚴重的負
擔，但松木卻常常以此做為費率不調降的理由。

　　1930 年代以前，臺電面對市場要求降價，常以「有待研究」推託，1930
年代以後，外債利息成為新理由。但臺電外債利息因為時間差的關係，實際
上不如對外宣傳那般嚴重，但臺電卻常將此問題放大，做為拒絕降價的說詞。

　　根據 1930 年代《熱帶產業調查書》指出，臺灣產業界若採用電力為能源，
將會提高生產成本，原因是昂貴的電價已阻礙產業的發展，該調查還特別形
容臺電費率是臺灣產業發展的「一大暗礁」。〔註37〕

貳、業務變革

（壹）「增燈增燭」的真相

　　臺灣「增燈增燭」運動受歐美影響，歐美市場標榜的「明燈明視運動」
（Better Light Better Sight Movement），此趨勢成為支配 1930 年代「增燈增燭」
的思想基礎。〔註38〕

　　臺灣共有三次大規模「增燈增燭」計劃，1928 年臺電社長高木友枝時代
是第一次，推廣期長達四十五天，臺電稱為「勸誘期」，期間內申請新業務者，
給予一定程度優待，臺電臺北所所長川上引用日本照明標準，認為臺灣至少
還有 10%的成長空間。〔註39〕

〔註34〕　《日》11596-1932-s7.7.21-2，〈電力料金值下は為替差損〉。
〔註35〕　《日》11611-1932-s7.8.5-4，〈電料問題會見三時久〉。
〔註36〕　《臺灣電氣協會會報》第 8 號，昭和 11 年 12 月（1936 年 12 月），〈最近一ケ
　　　　　年に於ける本邦電氣事業界の展望〉，頁 50。
〔註37〕　臺灣總督府殖產局商工課，《熱帶產業調查書》（上）工業ニ關スル事項，頁 35。
〔註38〕　《臺灣電氣協會會報》第 9 號，昭和 11 年 5 月（1936 年 5 月），本田武雄，〈電
　　　　　氣事業に於ける「サービス」の本質〉，頁 42。
〔註39〕　《日》朝刊 10010-1928-s3.3.3-4，〈勸誘加點電燈〉。

第二次「增燈增燭」是在 1930 年臺電第三任社長松木幹一郎接掌臺電後隨即展開（爲期三十天），並仿傚日本經驗，成立「勸誘班」，「人員自日本招聘已有經驗之人充任之。」臺電內部則選擇「善操臺語者，編爲勸誘班。」並對臺灣人市場努力開發，一改以往電燈資源偏向日本人用戶之弊。〔註40〕這次「增燈增燭」也是首次將臨時編組的「勸誘班」化爲常置性組織的嘗試。〔註41〕

臺電臺北所聘請日籍專家擔任種籽教師，組織電影放映隊，希望藉由新奇豐富的影片內容提昇業績。〔註42〕彰化所特別在彰化女中教室陳列電氣產品供民眾參觀，鄰近教室則有專人演講，晚上還在公會堂播放露天電影，由臺電員工現場解說。〔註43〕臺中豐原地區還由主任親自率隊，「每日到各戶勸誘增點燈數。」〔註44〕

由於各所訂有基本業績目標，達成有賞，不及有罰，層層壓力轉遞之下，遂有基層對用戶的「不樂之捐」、「半推半就」、「軟硬兼施」，一位民眾就說：

> 臺電命多數電工，到處勸增燈增燭，尤其對使用 5～10cp 以上之家，
> 「力勸不已」，結果遂有相當成績，但使用 5～10cp 之用戶，多以爲
> 臺電調降費率，未受何等優惠，臺電 60 萬圓年損失反攤付在用戶
> 上，頗有嘖言矣。〔註45〕

足見臺電「勸誘」對象是中上之家，在原有電力消費基礎上再往上推昇，這部份用戶也許有點心動，但是臺電「勸誘班」的「力勸不已」才是催促用戶最後決定的推手。實際上，「增燈增燭」的宣傳效果遠高於整體市場結構的提昇，對臺電營運只有短期的效果。

第二次「增燈增燭」達成了 130 萬 cp 目標，遠超過內部訂定的 120 萬 cp 底限，其中臺北所增加業績佔全體的三分之一，總計這次活動爲臺電每年增加 30 萬圓收益，展現臺電強大的市場掌控力。〔註46〕

〔註40〕《南新》10163-1930-s5.5.8-2，〈値下げに依る減收を〉。「勸誘班」分二班，一班負責電燈，一班負責動力。

〔註41〕《日》10811-1930-s5.5.22-3，〈電力事業は拓殖事業ぢやない〉；10817-1930-s5.5.28-3，〈臺灣電力の增收計劃〉。

〔註42〕《日》10818-1930-s5.5.29-7，〈象牙の塔を出る電力〉。

〔註43〕《日》10828-1930-s5.6.8-4，〈會事〉。

〔註44〕《南新》12223-1934-s9.4.15-8，〈勸誘增燈增燭〉。

〔註45〕《日》10849-1930-s5.6.29-4，〈勸誘增點燈光有嘖言〉。

〔註46〕《日》10852-1930-s5.7.2-3，〈臺灣電力の大增燭計劃〉。

第三次「增燈增燭」在 1933 年（爲期三十天）實施，名義是「臺電創立十五週年紀念」，內部目標 100 萬 cp，在總公司重賞下，僅二十天就達 123 萬 cp。〔註47〕這次臺北所的方法是逐戶拜訪，「極力慫恿」，若發現竊電，並不告發，只要「就地合法」就不予追究，另外輔導行政機關轉爲「電表制」，讓費率結構合理化。臺中所則首創「勸誘娘子軍」，以女性員工鎖定用戶家中女性宣傳，據說效果接近百分之百，連帶刺激其它所跟進。〔註48〕可見只要提供一個競爭的環境，各所都可以在制度誘因下，各自發揮。這次推廣期結束後，臺電再以「電氣開發三十週年紀念」，贈送摸彩券，延長銷售熱度。〔註49〕

另外，這波「增燈增燭」是在系統接近滿載的情況下，犧牲供電品質以換取更大的邊際效益，彰化民眾在「增燈增燭」後發現「夜夜光力不足，16cp只有 5cp 亮度。」〔註50〕鹿港地區也發現「32cp 燈泡卻只有 16cp 的亮度，比較鄰近地區，鹿港燈泡特別暗。」〔註51〕甚至連臺北市也是一樣，「60w 燈泡，恰如從前之 40w 燈泡，40w 則像從前 20w 燈泡，結局雖增燭，實質與前無異。」〔註52〕臺電亮麗的業績背後，還隱藏許多鮮爲人知的市場互動，實際情況遠非臺電對外宣傳的那般順利。

（貳）電費繳納制度的沿革

作業所時代（1905～1919）繳費方式有二種，第一種是用戶親自到作業所櫃臺繳費，因爲市場小，對於遲納用戶，作業所還會派工讀生去催繳；第二種是到郵局繳納，由郵局代收，到期後轉給臺電。至於繳費週期，從預繳下個月逐漸演變爲繳交當月電費，大方向是愈來愈朝向便民的路線前進。1919 年臺電設立前夕，繳費制度有了重大改變，用戶不用再到臺電櫃台或郵局繳費，只需在家等待收費員上門，而且除了繳費之外，可同時辦理各項業務變更。

1919 年，臺電爲求「簡潔會社事務，且于加入者有利。」實行收費員收費的「集金制度」，委託臺北郵局合作，籌募收費員，到各用戶收費，當時全臺用戶 63,000 戶，每戶都收到了臺電的「說明手冊」，至於新制度好不好，臺

〔註47〕《南新》11210-1933-S8.3.28-3，〈豫定の百萬燭光を〉。
〔註48〕《南新》11210-1933-s8.3.28-3，〈豫定の百萬燭光を〉。
〔註49〕《日》11835-1933-s8.3.19-8，〈電力勸誘〉；11883-1933-s8.5.7-4，〈電力中籤後配不浮籤符〉。
〔註50〕《日》10896-1930-s5.8.15-4，〈是是非非〉。
〔註51〕《日》10873-1930-s5.7.23-4，鹿港，〈電力不足〉。
〔註52〕《日》12248-1934-s9.5.4-6，〈臺北市內增燭減光〉。

電認爲要經過一段磨合期才能知道。〔註53〕

郵局接辦這項新業務後，開始增加人手，像臺中郵局就公開徵求三至四位收費員，整理臺中街 5,000 餘份電費通知單。郵局本以爲應徵收費員者眾，但實際狀況卻不如預期。〔註54〕

臺電將臺北市分爲數區，委託臺北郵局派員逐區徵收，「市內約二萬戶，今後不發通知書，每月由收費員帶收據去收費。」〔註55〕這種郵局代收制度，雖可在不增加臺電人事成本情況下提高服務品質，但每月金額要從郵局轉帳到臺電帳戶內，基本上是「間接收費」。而且每位收費員平均服務戶數太多，以高雄郵局爲例，三名收費員負責 3,196 戶，平均每位收費員每天要收三十至四十戶電費。〔註56〕而且不是每戶都會一次繳齊，常因「主人不在」、「來訪未遇」等理由，部份用戶要收個好幾次，而且收費員要記得那戶有繳，那戶沒繳，每個月又要重新來過。雖然新制有許多人力上的缺失，但用戶卻漸漸接受這種新的繳費方式，經過一至二個月的磨合，臺電認爲新制「成效良好」，並全面實施新制。就績效而言，臺籍用戶的收取率比日籍用戶要高，日籍用戶的戶籍動態較難掌握。用戶除繳交現金外，亦可開立支票，但限用臺灣銀行支票。〔註57〕

這種收費員制度在一、二年後就面臨一些不得不改弦更張的瓶頸，首先，每位收費員負擔愈來愈重，郵局不可能大量聘請收費員，臺電勢必要自行吸收人力成本。其次，臺電對短期資金的週轉需求提高，無法等待郵局每月轉帳的時間差，有必要將收費掌控權收回，在不增加人事成本前提下，基層電工、技手開始兼辦收費業務。

收費員在臺電的編制中正式出現，是在 1930 年代以後的事情，且人數約在幾十名之內，單靠專職收費員，無法滿足收費的需求。因此，基層員工兼任收費工作，是整個日治時期的常態。問題就出在這些收費員不是專職，而是基層電工兼任，無法體會電力事業即服務事業的精神，舉凡到用戶家拜訪要用親切態度，工作服要保持光鮮整潔，鞋子與雙手保持衛生，不因用戶繳費多寡而有差別對待等等，都是遞信部部長加強改進的重點（職業道德方面

〔註53〕《日》6858-1919-t8.7.20-7，〈來月から實施す〉。
〔註54〕《日》6861-1919-t8.7.23-5，〈電氣料之募集〉。
〔註55〕《日》6880-1919-t8.8.11-3，〈電力囑郵便收金〉。
〔註56〕《日》6894-1919-t8.8.25-5，〈電燈料取立狀況〉。
〔註57〕《日》6928-1919-t8.9.28-4，〈電燈料の集金〉。

訓練待加強）。〔註58〕臺電派出的電工常常是收到了電費，卻也加深了用戶對臺電的負面印象，不似日本各電力公司在業務部門不斷加強服務的人力訓練，而且收費員多是專職而非基層技術部門員工兼任。

　　為增進收費效率，臺電給予收費員一些「制度上」的獎懲，如臺電基隆所內部規定：收費員若在每月前五天收齊電費，就發給總額 3%的「收費獎勵金」，反之，則扣減收費差額 5%的「罰金」。由於罰金比獎勵金要高，制度上有逼迫收費員時間上的壓力，而臺電又不必負責，如果這位收費員手段過激，則屬該員「個人行為」，但這種過激，卻可以讓收費員得到獎金，於是每個月五號以後，基隆總有六十到二百戶被斷電。〔註59〕臺電以此規定施諸收費員上，就是糾紛不斷的最大主因，一方面提高收費效率，一方面間接讓收費員破壞臺電與用戶的互信基礎，收費員在重賞重罰的極端選項下，淪為制度下的犧牲者。

　　用戶似乎也瞭解此點，認為收費員的「兇惡異常」背後有結構性原因，「細究收費制度，方知收費員之態度，固不得不爾也。」〔註60〕換言之，不是收費員態度不好，部份原因是臺電用制度「逼人犯罪」，因為除了獎金與罰金之外，臺電變本加厲，以降低底薪方式，讓收費員感受業績壓力，因為這個月前五天若沒收齊當月電費，則實得薪資將會入不敷出：

> 聞臺電收費員每名底薪二十五圓而已，那能供一家生活，不知者疑臺電對收費員太刻薄矣。其實不然，臺電以『獎勵金』為目的，底薪二十五圓以外，照其收費成績另加獎金，每人每月可得八十圓，若得收前金或月頭，便再加獎金。故收費員只知勒迫用戶趕緊繳納，以奉迎臺電主旨，那管中小階級之怨聲載道。〔註61〕

收費員若收得快，則每月薪資可接近技手的薪水，反之，則連電工都不如。類似設有這種獎勵金制度的電力公司，在日本也只有少數公司實施（朝鮮平壤地區、中國合同電氣），並不是一種普遍的收費制度。〔註62〕

〔註58〕　《日》10803-1930-s5.5.14-8，三宅福馬，〈電氣事業に於ける「サービス」の改善（四）〉。
〔註59〕　《新高》301-1931-s6.12.10-9，〈無茶な功罪規定〉。
〔註60〕　《新高》210-1930-s5.2.5-13，〈電力會社不合理的集金制度〉。
〔註61〕　《新高》210-1930-s5.2.5-13，〈電力會社不合理的集金制度〉。
〔註62〕　東京市政調查會，《本邦電氣供給事業ニ關スル調查》（東京：該會，1932 年），頁 267～268。

（參）「從量制」的市場結構

「從量制」就是按電表計費（稱為「表燈」），「定額制」則為按月收費（稱為「包燈」），兩者的差別在於前者「用多少，付多少」，後者繳交當月電費後，即無使用限制，從後者過渡到前者，象徵該地區電力市場的成熟。一般而言，在實施「從量制」之前，需要有一定市場基礎，然而1920年代的臺灣，臺電卻早先一步要實施連日本都尚未普及的「從量制」，未考慮市場結構的成熟度。

1912年，日本每戶平均燈數2.67盞，二十年後，臺灣才達到日本1910年代的水準（2.5盞）。〔註63〕而且日本在市場擴張同時，每戶平均燈數反有「先降後升」的趨勢，1920年2.5盞，1924年2.7盞，1929年3.2盞，1933年3.3盞，1937年3.7盞。〔註64〕直到1935年，表燈才成為日本市場的主流。〔註65〕

就日本都市與農村而言，有70%表燈在都市，30%表燈在農村；〔註66〕日本表燈用戶平均燈數9～10盞，包燈2～2.2盞。〔註67〕顯示表燈與包燈有顯著的「城鄉差距」及懸殊的資源分配，反映出兩種涇渭分明消費層與社會組織（一般用戶與商家）。

臺灣的電燈市場成長，比日本慢很多，成長速度更遜於日本。但臺灣卻要在平均燈數未達日本實施表燈的市場狀況下，就開始實施表燈制，引起的反彈自然很大。因為已經習慣定額制的用戶，無法接受此一增加支出的新制度。

臺電在1924年底開始宣傳新制並引進配套措施，但受限於經費，無法為每戶安裝第三公正單位校正過的統一電表，故選擇平均燈數十盞以上用戶率先實施，當時全臺平均燈數不過二盞，能超過十盞用戶幾乎都是商家、酒館、飯店、旅館等，因此遭到商家很大反彈。揚言要將燈數降到十盞以下或拒繳，故臺電彈性修訂為自由參加，但二十盞以上用戶，臺電則強制變更為「從量

〔註63〕 《日本帝國統計年鑑》第33回，（1914）大正3年，頁307。當年日本總燈數449萬盞，用戶168萬戶。

〔註64〕 《大日本帝國統計年鑑》第58回，（1939）昭和14年，頁112；《日本帝國統計年鑑》第50回，（1931）昭和6年，頁118。

〔註65〕 《大日本帝國統計年鑑》第58回，（1939）昭和14年，頁112。直到1933年，日本表燈數佔包燈數的88%，但隔年兩邊數據皆為200萬盞，1935年包燈數佔表燈數的92%，1936年76%。顯示以日本高度發展的市場，表燈尚且在1935年後才位居主流。

〔註66〕 《臺灣電氣協會會報》第14號，昭和13年12月（1938年12月），〈我國內地に於ける都市と農村との電燈需要比較〉，頁94～95。

〔註67〕 《臺灣電氣協會會報》第11號，昭和12年5月（1937年5月），〈最近內地の電燈普及狀況〉，頁85。

制」。〔註68〕由於缺乏有效溝通，商家認為臺電只是想增加收入，先拿商人「開刀」，誤解程度又超出實際數倍。

表11 「表燈」制與「包燈」制的使用成本比較表

（比較1）		（比較2）	
32cp x2 16cp x1 10cp x1 5cp x1 使用時間：6 小時（5 燈）		32cp x3 16cp x1 10cp x1 5cp x2 使用時間：6 小時（6 燈）	
表燈制 電費：4.15 圓 設備貸付料：50 錢 電表租金：40 錢 計 5.05 圓	包燈制 電費：4.8 圓 設備貸付料：50 錢 計 5.3 圓	表燈制 電費：5.85 圓 設備貸付料：70 錢 電表租金：40 錢 計 6.95 圓	包燈制 電費：6.55 圓 設備貸付料：70 錢 計 7.25 圓
（比較3）		（比較4）	
32cp x4 16cp x2 10cp x2 5cp x2 使用時間：6 小時（10 燈）		60w（瓦斯裝填） x2 32cp x5 16cp x3 10cp x5 5cp x5 使用時間：6 小時（20 燈）	
表燈制 電費：8.2 圓 設備貸付料：1 圓 電表租金：40 錢 計 9.6 圓	包燈制 電費：9.6 圓 設備貸付料：1 圓 計 10.6 圓	表燈制 電費：16.15 圓 設備貸付料：2 圓 電表租金：40 錢 計 18.55 圓	包燈制 電費：20 圓 設備貸付料：2 圓 計 22 圓

資料來源：依臺電公佈費率計算。

　　臺電為說服社會大眾，在報紙刊登以電燈為第一人稱的「電燈物語」，讚美新制公平之外，還列舉四種計算方式證明其優異性，臺電希望新制能減少浪費，養成節約能源習慣。〔註69〕至於新制所需的電表，用戶只需每月扣減

〔註68〕 《南新》8249-1925-t14.2.3-2，〈電力供給規定改正〉；8167-1924-t13.11.13-5，
　　　　臺北通信，〈改電氣料〉。
〔註69〕 《南新》8255-1925-t14.2.10-6，〈電燈メートル物語り〉。

四十錢租金即可，同年臺中師範學校宿舍安裝一百多盞電燈時，就是選擇有利的新制。〔註70〕

臺電實施新制的理由是時代不斷改變，舊制已不符時代需求，但臺電亦瞭解「若一概改為從重之制度，則有種種困難。」且臺電的計算方式與民間版本差異極大，變成各說各話。〔註71〕臺電試算結果如「表11」，此一計算基礎為「每戶五盞」，但此一基礎在臺灣並不存在，因為平均每戶燈數不到三盞。臺電所謂「時代不斷改變，舊制已不符時代需求」顯與市場數據有一點落差。

臺電社長高木友枝針對新制表示：「商家方面，有電表自然節約，至於特種行業必然反對，是不合理之反對，若反對有理，臺電應該接受。」〔註72〕高木友枝強調新制是電力本位，而非圖臺電自身利益。

表12　臺電「電燈大用戶」資料統計

電燈數量（盞）	戶數（戶）
10～20	1340
20～30	370
30～50	280
50～100	150
100 盞以上	60
合計	2200
燈數總計	65000 盞

說明：此表為 1923 年數據。

資料來源：《日》8334–1923–t12.8.4–5，〈日月潭電力及消化〉。

實施的前四天，臺北榮町商人谷口巖首先表示反對，理由是若以「五小時」為計算單位，則新制與舊制價格相同，如臺電欲防止白天電力的浪費，則應將輸電線分晝夜雙線架設，而不是強迫商家接受「從量制」，二十盞以上用戶多是零售業者、小工廠、醫院、旅館、餐廳等，皆屬長時間使用者，以舊制較為有利。〔註73〕

〔註70〕《臺灣總督府公文類纂》15 年保存，第 7281 冊，文號 2，（1924）大正 13 年
　　　　6 月 30 日，〈臺中師範學校自修室兼寢室其它電燈設備工事〉。
〔註71〕《南新》8251-1925-t14.2.5-5，〈電力規程變更〉。
〔註72〕《南新》8288-1925-t14.3.14-5，〈日月潭之復活〉。
〔註73〕《南新》8300-1925-t14.3.26-3，〈電燈計量制反對理由〉。

　　新制實施後，臺南市新制用戶從原先五十戶增加到一百七十戶，由於臺電以二十盞做爲新制門檻，不少用戶將燈數降爲十八至十九盞，以規避新制，「白天需點燈者，逐爲開窗引進光線，降低用電量。」供需雙方根本差異在於對市場結構的解讀不同，臺電的解讀被市場認爲是「迂于實際」，因爲「一般家庭，有電燈十盞以上者，不過一部份上流家庭而已。」〔註74〕

　　當年臺灣電燈用戶中，擁有十盞以上用戶不過 2,200 戶，總燈數不過 65,000 萬盞，其概況如「表 12」。因此新制適用戶數最多不過 2,200 戶，對整個市場影響極微，全臺用戶 74,187 戶中，十盞以上用戶僅佔 2.96%；全臺燈數 279,749 盞中，十盞以上用戶燈數僅佔 23.2%。因此，「從量制」對市場結構改變有限，但臺電主動引導市場結構轉型的用心，由此可見。但若要讓新制產生決定性變化，需把新制門檻降到「四盞」，對此，臺電並非不知，但一來資金有限，二來基本費若太高，失去誘因將無意義，莫怪輿論質問臺電說：「未知臺電方面，果有此勇氣否。」〔註75〕

　　一直到 1930 年代後期，表燈費率對大用戶才提供較大誘因，三十盞以上電燈選擇表燈費率至少比包燈便宜 50%以上。〔註76〕每個電表單價二十四圓全部由臺電吸收，用戶每月四十錢的租金要六十個月（五年）才能回收。〔註77〕整個臺灣在 1935 年底以前，表燈用戶僅佔所有用戶的 8.7%，但表燈用戶燈數卻佔總燈數的 35%，平均每位表燈用戶燈數 11.3 盞，包燈用戶 2 盞，相差五倍。其次，就用電量而言，表燈佔 13%，包燈佔 18%，相差不大，但表燈用戶平均每燈亮度 45w，比包燈平均亮度 32w 要高出 40%。〔註78〕表燈與包燈的資源差距，正反映兩種截然不同的消費層，臺灣表燈用戶平均燈數比日本要高二至三倍，顯示表燈在臺灣推行的障礙（進入門檻太高）與資源高度的「集中性」。

　　從表燈推行過程可看出臺電對引導市場的企圖心，供需的互動雖經過修正，但對市場的誘因依舊不大，而且資金有限的臺電只鎖定市場的營業用戶

〔註74〕　《南新》8310-1925-t14.4.6-5，〈今の處百七十軒〉。

〔註75〕　《日》8334-1923-t12.8.4-5，〈日月潭電力及消化〉。

〔註76〕　《臺灣總督府公文類纂》第 11494 冊，（1940）昭和 15 年 3 月 19 日，〈電燈料支付ニ關スル件〉。

〔註77〕　《臺灣總督府公文類纂》15 年保存，第 7379 冊（1928）昭和 3 年 8 月 22 日，〈醫學專門學校診療室電燈設備工事〉。

〔註78〕　《臺灣電氣協會會報》第 8 號，昭和 11 年 12 月（1936 年 12 月），〈臺灣電力株式會社最近の營業概況〉，頁 25。

（商家）爲推廣對象，而商家多技術性規避新制，市場並未因新制而有顯著的成長，而是在市場結構合理化上較有斬獲。另一方面，新制還讓臺灣社會「節約能源」的種籽開始萌芽。

（肆）供需雙方的互動模式

1910 年代的東京市因爲「東京鐵道」、日本電燈兩公司提出更低的費率，刺激以往獨佔市場的東京電燈不得不跟進降價，服務品質也因競爭獲得改善，電力公司以往關注政商關係經營的重心轉移到市場服務，由於三家廠商競爭的緣故，稱爲「三電競爭」。也由於搶客戶太激烈，甚至有免費使用的優惠，造成用戶不斷更換服務廠商的現象。〔註 79〕臺電則因長期獨佔市場，供需雙方互動模式通常以組織內的「順應」、「交換」、「合作」三種模式呈現，類似東京這種「買方市場」的情況在臺灣從未出現過。

（1）**順應模式**：根據統計，作業所及臺電每施設一盞電燈，連同施工費到用戶器具，平均單價爲二十至四十圓之間。〔註 80〕以每盞電燈每年十二圓收益，回收期要二到三年，因此若該地不在臺電既定擴張區域內，其互動則不屬順應模式，反之則是。

再從申請電燈單位的經費核銷上，可直接看出敷設一盞電燈的平均單價。根據 1924 年臺電臺中所承包臺中師範學校自習教室及寢室的電燈設備來看，平均每盞電燈敷設成本 17.3 圓（不含外部輸電線經費）。〔註 81〕1928年臺電承包醫學專門學校診察室電燈工程，平均每盞電燈敷設單價 42.5 圓。〔註 82〕與臺中師範學校相較，平均每盞電燈價差二至三倍，其原因是臺電依用戶要求，用料不同所致，一般用戶不比機關團體，平均燈數較少，因此每盞電燈敷設單價當在三十圓以上。

1917 年南投民眾希望從后里將輸電線延伸到該地，但因「預算關係，不能驟實。」〔註 83〕但當日月潭計劃確定後，該地即劃入擴張計劃中。〔註 84〕

〔註79〕 《阪谷芳郎：東京市長日記》（東京：財團法人尚友俱樂部，2000 年 3 月出版），頁 638、640。

〔註80〕 臺電，《營業報告書》（1），（1919）大正 8 年，頁 15。

〔註81〕 《臺灣總督府公文類纂》15 年保存，（1924）大正 13 年 6 月 30 日，〈臺中師範學校自修室兼寢室其它電燈設備工事〉。

〔註82〕 《臺灣總督府公文類纂》15 年保存，（1928）昭和 3 年 8 月 22 日，〈醫學專門學校診療室電燈設備工事〉。

〔註83〕 《日》6002-1917-t6.3.16-6，〈南投電燈問題〉。

屏東高樹庄向臺電申請電燈，也因在臺電計劃擴張區域而如願。〔註85〕臺中大甲街、月眉庄、後里庄及豬仔腳庄電燈業務，也因劃入臺電既定計劃而如願。〔註86〕同樣大甲郡下的大肚庄及龍井庄，「久申請敷設電燈」，但只能等到臺電有經費才施工。〔註87〕1930 年，臺電因進行基隆到澳底的北海岸輸電線工程，沿線的萬里庄與金山庄，也都因劃入計劃區域而得以使用電燈。〔註89〕

　　1930 年代，彰化花壇庄中心地區已有電燈，但鄰近的白沙坑居民得以使用電燈是在二年四個月後，相差的時間長短操之於臺電手中。〔註89〕臺中豐原觀音山麓，雖然該地保正只籌募到一百多盞電燈，但臺電還是同意施工，著眼「文化」的附加價值。〔註90〕不管民眾如何努力爭取，終究取決於臺電的態度與預算安排。

　　（2）交換模式：通常出現在不屬於臺電既定供電區或離輸電網較偏遠的地區，這些地區若想使用電燈，需要提供條件交換，讓供需雙方有利可圖，因為獨佔體制下，臺電需要這些客戶的急迫性很低。鹿港街民「自願捐贈營業處房屋及土地，市價約三千圓。」獲作業所同意施工，初期規模一千盞。〔註91〕臺中大屯郡太平庄居民吳子瑜，「捐贈臺電三千圓，購買電桿與電線之用。」臺電向車籠埔居民開出的條件是：「太平庄使用量需一百五十盞，車籠埔需一百一十盞，加上庄民要負擔勞力才同意。」〔註92〕彰化二水「召募達預定燈數，臺電同意施工。」〔註93〕屏東林邊庄捐地之外再加五百圓捐款，竹仔腳地區集資一千圓，臺電才同意施工。〔註94〕

　　日治時期最小使用單位不是「庄」，而是比「庄」更次一級的自然聚落，規模約數百戶，臺電能接受的最低門檻約四百到五百盞電燈。鹿谷街因募得

〔註84〕　《日》6134-1917-t6.7.26-3，〈南投電燈問題〉。
〔註85〕　《日》11678-1932-s7.10.12-4，〈高樹庄電燈架設四百盞〉。
〔註86〕　《日》5842-1916-t5.10.4-6，〈中部電燈擴張〉。
〔註87〕　《日》10009-1928-s3.3.5-4，大甲，〈電燈架設〉。
〔註89〕　《日》11007-1930-s5.12.5-4，〈基隆海岸部落全部點電…〉。
〔註89〕　《日》11595-1932-s7.7.20-4，〈花壇白沙坑交涉點燈〉；10736-1930-s5.3.7-8，
　　　　　臺中，〈花壇點燈〉。
〔註90〕　《日》11183-1931-s6.6.1-4，豐原，〈新設電燈〉。
〔註91〕　《日》5258-1915-t4.2.7-1，〈鹿港電燈認可〉。
〔註92〕　《南新》7680-1923-t12.7.15-4，〈地方たより〉。
〔註93〕　《日》10945-1930-s5.10.4-4，〈架設電燈〉。
〔註94〕　《南新》8062-1924-t13.7.31-2，〈屏東電力の擴張〉。

一千五百盞燈數，臺電不但同意施工，並負擔全部經費三萬圓。〔註95〕非臺電既定區域內的城鎮，需要提供交換條件，才有可能獲臺電同意，至於交換條件爲何，要視該地距離、規模、附加價值與臺電需求而定。

（3）合作模式：合作模式意義有二，一是指單一地區力量不足以使用交換模式時，聯合鄰近地區以增加談判籌碼，二是指單一地區提供人力配合作業所施工。

北斗、霧峰等地雖屬臺電供電區內，「但小村落恐不容易實現。」〔註96〕南投民間鄉也因規模太小，屢次申請，俱無下聞。〔註97〕這些都是市場規模太小，距離太遠，臺電無利可圖、經費有限，無法接受申請。這是獨佔市場的副作用，因爲如果有第二家廠商加入競爭，市場自然會滿足各地的需求。

嘉義義竹庄申請電燈數量太少，故與布袋庄聯合交涉，「果得臺電承認。」〔註98〕臺南東石郡六腳庄部落長達一年的申請與陳情，皆未獲回應，隔年便組織「電燈申請共成同盟會」希望能縮短交涉時程。〔註99〕臺電新申請地區由各營業處電工班負責，有的沿線擴散，有的則爲單點施工，完全視臺電的業務規劃而定。一般而言，如果供料順利沒有延遲的話，最短一至二個月就完工，最長不會超過六個月。

以上三種互動模式中，不管那一種都是賣方市場，有違一般市場機制的原則，顯示臺電只願消費者「由上而下」給予被動的滿足，而不願在政策上鬆綁，給消費者「由下而上」的選擇機會。

小　結

1930 年起，臺電逐漸吸收日本經驗，顯示在長期獨佔體制下，臺電與市場的互動趨於僵化，需要借重日本經驗來強化營運效率。

就監督機制而言，總督府電氣課對臺電的支持遠比監督要來得多，監督也不易突破彼此綿密的人際網絡與人情包袱，具體例子是臺灣長期供電不符「電氣事業法」規定電壓，卻不見官方對此重大問題有所介入（還有電燈交

〔註95〕《日》12471-1934-s9.12.20-8，竹山，〈鹿谷電燈〉。
〔註96〕《日》6936-1919-t8.10.6-3，〈中部電燈增設〉。
〔註97〕《日》10735-1930-s5.3.6-1，〈是是非非〉。
〔註98〕《南新》10070-1930-s5.2.3-6，義竹，〈建設電燈〉。
〔註99〕《日》10811-1930-s5.5.22-5，〈電燈をつけてくれと〉。

換費問題）。另一方面，市場因獨佔無法形成回饋機制，常要倚重經營者的理念貫徹，但從「增燈增燭」與「竊電檢查」來看，基層常將上層交付的任務視為壓力，或用偏差手段去完成目標，結果往往與當初的動機背道而馳，壓力逐層轉遞的結果往往讓理想無法完全落實。臺電雖然有獨佔的優勢，但從電費調降的互動來看，此一優勢在 1920 年代就不復存在，龐大的規模經濟卻不能滿足市場需求，遑論與日本相較，臺灣用戶的要求都還在極合理的範圍內而已。

繳費制度的改革與收費員制度的產生，都朝著更便民的方向前進，但臺電也為增加短期資金流通率，將收費員底薪降低，以制度迫使收費員提前收繳，因此表面上看起來是收費員對用戶的偏差行為，實際上是臺電制度設計下的必然結果。

最後就申請電燈的互動模式而言，如果靜待臺電逐年擴張市場，極有可能成功，這是互動模式中的「順應」，另外二種是提供金錢、土地與臺電「交換」，或提供勞力與臺電「合作」。大體上，臺灣是賣方市場，供需互動模式正好與日本相反，可謂利弊互見。

第二節　臺電股票與社會

1919 年臺電股價的起伏，是當時非理性的集體擴大，投資人咸信投資行為是「價超所值」，失去戒心，不斷追高，直到一夕崩盤。有識者觀察到臺灣投資者純粹投機居多，不似朝鮮投資股票多屬長期持有。〔註100〕

日本證券市場第一次投機始於 1904 年的日俄戰爭，臺灣則以臺電股票公募為嚆矢，雖然市場資訊貧乏，一般投資人徘徊作業所說明會與銀行各式財務報表間，仍無法看出數字背後的市場失序，負責臺電股票公募的土木局庶務課長小西恭介認為民眾買賣的不是股票，而是「認購書」（股條），而且臺灣人對股票「大多隨聲附和，妄為投機。」本質上是種賭博行為。〔註101〕

第一次世界大戰期間，「穀物騰貴，地價高漲，臺灣人始綽綽然有餘裕。」加上銀行融資，使得「臺人申請動輒數千數萬股，資本皆仰給銀行之融資，

〔註100〕杉野嘉助，《臺灣商工十年史》（臺北：臺北印刷株式會社，1919 年 12 月發行），頁 73。

〔註101〕《南新》8377-1925-t14.6.11-7，〈株式投機と臺灣（一）〉。

外加自身傾囊之所餘也。」〔註 102〕銀行未從資金面加以控管，反而鼓勵多多申貸以取利息，不但缺乏社會責任，更有助長投機之嫌。

臺電股票熱潮是從 1919 年 6 月臺電事務所成立到同年 9 月結束，股價從十幾圓漲到最高六十圓，歷時四個月，依其發展特徵可分三期：

（1）第一期（6 月 10～13 日）：此期是向銀行認購，很多民眾用人頭頂替，或用「乳名」申請，甚至冒用印鑑，希望提高中籤率，「各地方銀行，人山人海，可謂空前絕後好人氣。」〔註 103〕

（2）第二期（7 月 1 日～8 月 20 日）：股票自 7 月 1 日起陸續交到民眾手中，每張 12.5 圓的股票，市價爲 25～43 圓，於是買空賣空，以訛傳訛，一張股票轉手數十次，創造賺取仲介費的「布袋客」。由於法律上並不承認股條交易，加上違反善良風俗，不得要求賣方償還，此時期以臺北市「布宗商店事件」爲代表，該店以每股繳三圓保證金，賣出 7,400 股，不法獲利 20,000 餘圓。

（3）第三期（8 月 20 日～9 月 30 日）：8 月底時，股價屢創新高的臺電股票開始鬆動，資金轉往穩健的銀行股，臺電股票只能維持平盤，「故不甚受歡迎也」，加上 8 月 20 日「布宗商店」無法點交股票的利空衝擊，宣告臺電股價的幻滅。此後除了 9 月 6 日至 7 日短期超過三十圓外，「賣者輻湊，降至二十八圓以下。」〔註 104〕

本節將先勾勒股票投機的基礎及大環境背景，其次討論臺電事務所處理股票的決策過程，以及股票發放後臺灣西部各大城市的「區域特徵」、「集體性格」，最後是股票投機的落幕與省思。

壹、臺電股票公募的準備工作

臺電事務所掛牌運作後，電話量異常增加，事務所還爲此增設電話，滿足投資人的詢問。〔註 105〕事實上在「臺灣令」中已經提供投資者許多基本面的訊息，投資者對臺電屬性應不陌生，但坊間流言蜚語，誤解甚大，不敵民眾的「口耳傳播」，加上下村宏表示，公募股票「擬于臺灣分配多數。」〔註 106〕

〔註 102〕 《日》6870-1919-t8.8.1-5，〈株熱及臺人利害〉。

〔註 103〕 《日》6791-1919-t8.8.22-5，〈株熱之警鐘〉。

〔註 104〕 《日》6908-1919-t8.9.8-3，〈電株市價保持〉。

〔註 105〕 《日》6807-1919-t8.5.30-6，〈事務所及電話〉。

〔註 106〕 《日》6809-1919-t8.6.1-6，〈水電委員會〉。

更讓民間躍躍欲試，等待公募 60,000 股的來臨（日本公募 90,000 股）。〔註 107〕
等待期間，更傳出總督府下令官員認購，「而不應一切民間希望申請等事。」
讓股價再次攀高，下村宏出面澄清說：「臺電對民間申請甚爲歡迎，希望者不
妨隨意預購。」〔註 108〕

圖 17　臺電股票公募廣告

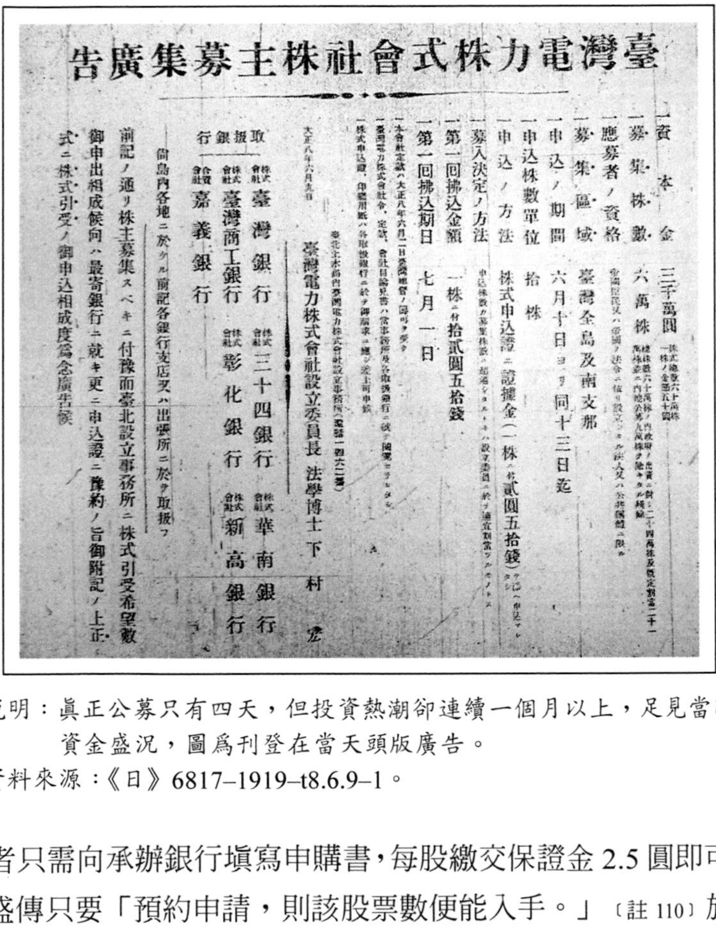

說明：眞正公募只有四天，但投資熱潮卻連續一個月以上，足見當時
　　　資金盛況，圖爲刊登在當天頭版廣告。
資料來源：《日》6817–1919–t8.6.9–1。

申請者只需向承辦銀行塡寫申購書，每股繳交保證金 2.5 圓即可。〔註 109〕
但民間卻盛傳只要「預約申請，則該股票數便能入手。」〔註 110〕於是以爲申
請一百股，就能分配到一百股，造成申請件數大增，申請書供不應求，南投
與埔里因申請書用完而延後收件。正式申請第一天，蓄勢待發的民眾就群集

〔註 107〕　《日》6815-1919-t8.6.7-5，〈電會社臺灣六萬株〉。
〔註 108〕　《日》6803-1919-t8.5.26-4，〈總督敘談〉。
〔註 109〕　《日》6815-1919-t8.6.7-5，〈電會社臺灣六萬株〉。
〔註 110〕　《日》6819-1919-t8.6.11-5，〈電株初日人氣〉。

銀行門口，臺北市內「各銀行皆非常盛況，市中金融界異常繁忙。」〔註 111〕
臺南三十四銀行「群集喧囂，極端盛況」。〔註 112〕這種景象讓某位記者驚訝表
示：「本島應募之盛，前所未有。」臺北市還出現許多臨時放款的融資機構，
讓投資者資金不虞匱乏。〔註 113〕

　　事務所很快發現申請數逐日暴增，認定有投機者在炒作股價，總督府試
圖冷卻這種集體沸騰，奈何成效有限。〔註 114〕事務所每天加班到凌晨，將如
雪片般飛來的申請書建檔統計，臺灣高等法院書記長伊藤正介就表示：「私下
買賣股條已成無異議的慣例。」〔註 115〕

貳、臺灣西部城市投機情形與特色

　　臺電股票在臺灣各大城市造成的影響不一而足，全臺最熱衷者莫如臺南
市，認購額度超過全臺認購額的一半，全市不分貴賤，參與程度也比其它城
市要高。臺中方面，臺電股票吸引房地產資金轉移，甚至股票質押比例比地
契還高，間接抑制房地產飆漲。澎湖與宜蘭因資訊較緩，申購者少，未受崩
盤之累。

（壹）臺　北

　　臺北以「布宗商店」（以下簡稱布宗）吹響全臺投機的號角，該店總公
司在大阪，手法是先讓市場相信購買該店承銷的股票會獲利，並早在 4 月份
就刊登廣告，以保證 15～40% 獲利招攬顧客。〔註 116〕6 月，布宗設臺北分
店，聲稱要以「大阪股票市場的『信用』，為臺灣證券市場開一新紀元。」
布宗推出商品種類繁多，不僅代客操作，還有類似基金的投資模式。〔註 117〕

　　該店宣稱為照顧臺灣民眾，特請日本股東「割愛」7,000 股分享，並將申

〔註 111〕　《日》6819-1919-t8.6.11-5，〈電株初日人氣〉。
〔註 112〕　《日》6822-1919-t8.6.14-2，〈電力應募株〉。
〔註 113〕　《日》6826-1919-t8.6.18-2，〈東京電力應募額〉；6940-1919-t8.10.10-6，〈廣
告〉。
〔註 114〕　《日》6821-1919-t8.6.30-2，〈電力株好況〉；6822-1919-t8.6.14-5，〈募集電力
株好況〉。
〔註 115〕　《臺法月報》，第 14 卷，第 11 號，大正 9 年 11 月，頁 11，伊藤正介，〈本
島人間の權利株の賣買〉。
〔註 116〕　《日》6764-1919-t8.4.17-4，〈廣告〉。
〔註 117〕　《日》6826-1919-t8.6.18-1，〈支店開設披露〉。

購方法一併說明。〔註118〕當 7 月初每股市價二十二圓時,該店僅需十圓即可申購,有識者就認為:「商人以市價減半賣出,其中殊屬可疑,吾人不可不小心也。」布宗則言交貨日期是 8 月 20 日,並繼續接受申購,開給的都是一張沒有法律效力的收據。〔註119〕

抱著估且一試的角谷向布宗以每股十六圓申購一百股,雙方約定「隨時交貨」,但當角谷欲取股票時,該店卻推稱「股票在東京未送到。」〔註120〕證券商之間也常接到匿名電話,表示有股票數十至數百股願以低於市價一半出售,「具體與之交涉,則電話切斷矣。」或說有現存股票,待往商店時,又云目前無股票,「買者虛耗,辱罵一場而還。」〔註121〕辜顯榮的「大和行」曾一天接到數通電話,都是要賣股票的日本人口音,待行員表示要買時,則將電話掛掉。〔註122〕類似這種欺騙的傳聞,逐漸在商家間傳開,但因此受騙的也不少。

由於日本市價比臺灣高 10～20%,大稻埕商人「多在臺灣購買,日本銷售。」臺灣則以臺南價格最高,「商人以臺南較好價,有陸續帶往臺南交賣者。」〔註123〕日本熱潮雖勝於臺灣,但臺灣非理性成份則遠高於日本,不僅對投資定位不清,缺乏風險意識,對官員及學者的警語置若罔聞。布宗則再刊廣告,強調 8 月 20 日一定交貨,申購者可以安心云云。〔註124〕

8 月 6 日,布宗第三度刊廣告表示要把業務移轉給「宗基商店臺北分店」。〔註125〕沒隔幾天,布宗的支票相繼跳票,銀行終止與該店往來。〔註126〕但該店還繼續營業,「一面散播電力股票前途無望,一面邀人購買。」〔註127〕據調查,向布宗申購者約四千餘人,「皆不諳時勢之臺灣人也,證據金足足被徵去二萬餘圓。」布宗真正點交股票僅有 300 股(實際上應該點交 7,300 股)。〔註128〕

〔註118〕　《日》6848-1919-t8.7.10-1,〈臺灣電力株賣出廣告〉。
〔註119〕　《日》6851-1919-t8.7.13-2,〈聊か疑問の點あり〉。
〔註120〕　《日》6852-1919-t8.7.14-2,〈電株之妄言妄聽〉。
〔註121〕　《日》6850-1919-t8.7.12-6,〈蟬琴蛙鼓〉。
〔註122〕　《日》6852-1919-t8.7.14-2,〈電株之妄言妄聽〉。
〔註123〕　《日》6852-1919-t8.7.14-2,〈電株買賣消息〉。
〔註124〕　《日》6854-1919-t8.7.16-1,〈廣告〉。
〔註125〕　《日》6875-1919-t8.8.6-1,〈廣告〉。
〔註126〕　《日》6884-1919-t8.8.15-6,〈株店員不信用〉。
〔註127〕　《日》6891-1919-t8.8.22-5,〈布宗電株問題〉。
〔註128〕　《日》6891-1919-t8.8.22-5,〈布宗電株問題〉。

圖 18　布宗商店開設廣告

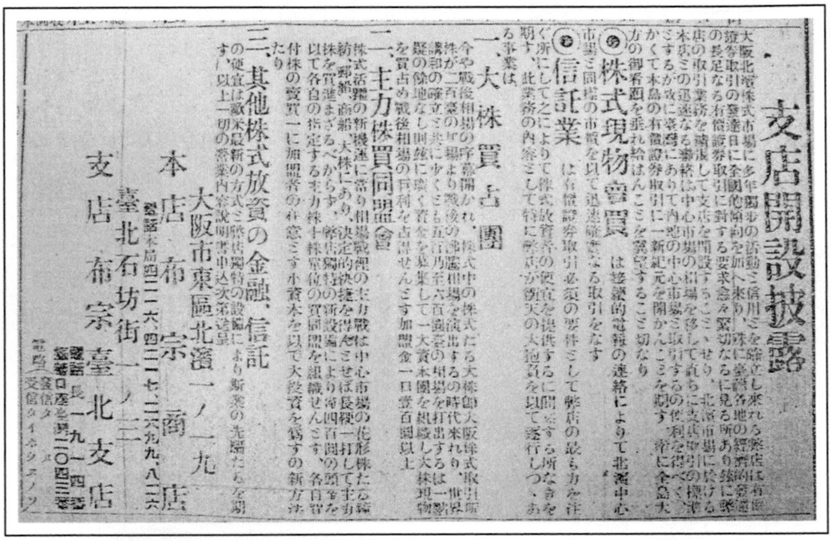

說明：從廣告中可看出，布宗商店提供多種股票商品供投資人選擇，最重要
　　　的是還保證最低獲利。開設時間正好在臺電股票公募廣告刊登後一星
　　　期。

資料來源：《日》6826–1919–t8.6.18–1。

　　點交期限當天，「預購之人群聚其店，要求點交股票。」布宗懇求展延
到下午，到下午仍無股票點交，「乃簽本票，以交諸人，爲一時彌縫之策。」
〔註 129〕

　　又沒幾天，警察局傳喚布宗商店負責人石原，「外界議論紛紛」，因爲有
人告石原侵佔罪，「因需詳細調查，故留置偵訊。」〔註 130〕臺電股票經布宗
事件後，「次第冷卻，人心趨於賣出。」〔註 131〕臺灣人經此教訓，算是學到
不少，但代價亦大矣。遞信局的卓周鈕表示，臺灣人大部份缺乏經濟學常識，
只有投機心，對股價危險性及景氣持續到何時沒有認識。〔註 132〕9 月 7 日，
布宗商店負責人被移送法院，從風光一時算起到被移送偵辦，不過六十天而
已。〔註 133〕

〔註 129〕　《日》6894-1919-t8.8.25-3，〈株界之波瀾〉。

〔註 130〕　《日》6897-1919-t8.8.28-5，〈株界近狀〉。

〔註 131〕　《日》6894-1919-t8.8.25-4，〈株屋橫領被留置〉。

〔註 132〕　《臺灣遞信協會雜誌》第 27 號，（1920）大正 9 年 8 月，卓周鈕，〈本島經
　　　　　濟界不況の原因と其救濟策に就て〉，頁 8～9。

〔註 133〕　《日》6908-1919-t8.9.8-4，〈株屋被送法院〉。

（貳）臺　中

臺電股票壓抑臺中房地產的成長，因為炒作土地獲利約 80%，而股票每次轉手獲利至少 10%以上，加上「股票向銀行擔保借款，可借 70～80%，比起土地只借 30%猶勝之，且土地借款登記不便，比之股票真不啻霄壤之別。」故臺電股票在臺中呈現「非常之人氣，強于投機心之臺灣人，益停止其土地買賣，而熱中股票矣。」〔註 134〕臺電股票風暴，抑制了臺中房地產的價格攀高，也算是一項非正式的貢獻。

臺中最熱衷臺電股票者莫如吳鑾旂，「臺中股票幾為之買占，且遣人北上收購之，約得 6,000 餘股。」〔註 135〕吳鑾旂除了有計劃收購臺電股票外，「其餘各股不可勝計，臺電股票，臺灣贊成委員之股票，皆流落其手。」〔註 136〕可見吳鑾旂投資策略開風氣之先，高獲利伴隨高風險，只是資料無法得知，他是以多少價格收購臺灣方面贊成委員的持股。連帶臺中地區糖業股票，也被臺電股票打敗，壓縮上漲空間。〔註 137〕

圖 19　臺北稻江金融公司

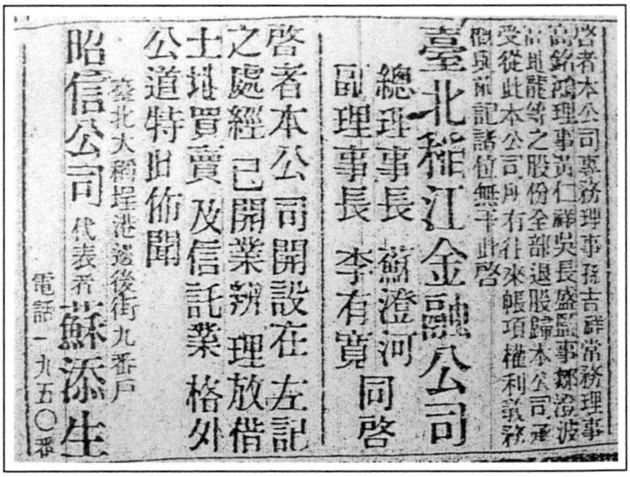

說明：除銀行放寬貸款條件外，民間金融單位也辦理購買股票的資金
　　　貸款業務，讓投機更加嚴重。
資料來源：《日》6940–1919–t8.10.10–6。

〔註 134〕《日》6859-1919-t8.7.21-5，〈中部電株買占〉。
〔註 135〕《日》6859-1919-t8.7.21-5，〈中部電株買占〉。
〔註 136〕《日》6860-1919-t8.7.22-6，〈電株彙聞〉。
〔註 137〕《日》6853-1919-t8.7.15-6，〈株界瑣談〉。

（参）澎湖、宜蘭

澎湖方面申購數 8,760 股，實際分到 320 股，扣掉某位臺電創設發起人250 股外，僅 70 股，「多不知有此好人氣，故申購者少。」宜蘭方面僅區長林澤蔡認購 250 股，其餘申請者不過數名，每位 5 股，合計不到 300 股，「蓋不能預料該股票有利可圖也。」〔註138〕

（肆）臺　南

全臺 709 萬認購股中，臺南市 309 萬股，佔 43%，原因是臺南的銀行放寬資金門檻，「不辨財產之有無，身份資格之上下，俱許以無限制放款，甚至言明『多多益善』。」民間熱潮已高，連承辦銀行也推波助瀾，「市內獵利之徒蜂起，爭先向銀行申請，一人印鑑用於三至四名申請者，一人申請使用三至四個名子。」〔註139〕穩賺不賠的是銀行，因為即便銀行先行墊款，未中籤的話銀行還能領回保證金，且各銀行保證金也沒有離開過銀行，無論如何銀行都是贏家。

就在銀行充份提供資金情況下，市內「到處皆交涉電力股票，儼然舉市若狂也。」〔註140〕為了增加增加中籤率，還有用「乳名」登記者，或謊報戶口名簿遺失，改以容易取得的區長證明申請，投機變通，不一而足。〔註141〕

實際分配後，臺南得到公募股票 6 萬股中的 3.3 萬股，佔全臺 50% 以上，「臺南市人資產成而敗，敗而成者不乏其人，數千股者不只數人，數百股者更難數其人。」〔註142〕市內街景也因股票出現變化：

> 多少買賣，多少利益，不知凡幾，市內數百輛人力車，皆坐介紹者而來，來而往，往而來，若穿校然。甚至賣真珠針之老嫗籃內，亦帶有股票，以招呼人買賣。〔註143〕

根據統計，整個臺南流動資金約 300 萬圓，間接帶動新式製糖公司股票的集資。〔註144〕得到利益的市民「即置田建屋，或花天酒地，市街景氣因股票餘波，遂有幾分起色。」〔註145〕

〔註138〕　《日》6853-1919-t8.7.15-6，〈水電株割當〉。
〔註139〕　《日》6840-1919-t8.7.2-4，〈赤崁特訊〉。
〔註140〕　《日》6840-1919-t8.7.2-4，〈赤崁特訊〉。
〔註141〕　《日》6860-1919-t8.7.22-6，〈電株彙聞〉。
〔註142〕　《日》6866-1919-t8.7.28-4，〈株券沸騰〉。
〔註143〕　《日》6866-1919-t8.7.28-4，〈株券沸騰〉。
〔註144〕　《日》6866-1919-t8.7.28-4，〈株券沸騰〉。
〔註145〕　《日》6891-1919-t8.8.22，〈株熱之警鐘〉。

（伍）高　雄

高雄的陳中和一人就登記購買三萬股，佔全高雄登記額的 55%。〔註 146〕當時任職報社的黃師樵表示，南臺灣股票都是北臺灣投機者帶來套利的。〔註 147〕春城也說：「衹做介紹人，幾句閒話，而得千金者，毫不稀奇。」〔註 148〕「高雄爲股票傾家蕩產的，數也數不清，何況全省，當時臺人對投機商業，毫無經驗，多被日人操縱也。」〔註 149〕

參、臺電釋股的分配原則與處理方針

臺電事務所統計前五天申購量，金額超過 700 萬圓，「應募之盛，古所未有。」〔註 150〕東京方面比臺灣更熱衷，金額達 2,200 萬圓，申購股數 3,860 萬股，以 90,000 股分配，中籤率只有四百三十分之一，整體中籤率更只有千分之三，臺電副社長角源泉說：「當初未料有如此狂熱盛況。」〔註 151〕

臺灣超過應募額 118 倍，日本超過 410 倍，公募如此順利，角源泉認爲是「天佑」，但角源泉也特別強調臺電公益事業而非營利事業，與「滿鐵」性質更不能劃上等號，「滿鐵」有政府保障十五年股利 6%，臺電則無，希望民眾申購時先認清臺電事業本質再申請。〔註 152〕日本方面，高木友枝與角聯袂開記者會澄清，「政府對臺電別無補給，申請者勿所誤解。」「臺電不以營利爲首要，而在供給低廉潤澤之動力。」〔註 153〕

面對角源泉解說，市場解讀爲臺電是反向操作，「總會後股價必昂。」投機的民眾聽不進理性的分析，且自我合理化投機的經濟行爲，加上大稻埕每天傳出某人獲利數千圓，臺電高層的解說，根本是對牛彈琴。〔註 154〕

〔註 146〕　《日》6775-1919-t8.4.28，〈打狗與水電株〉。
〔註 147〕　《臺北文物》，第 2 卷，第 3 期，大稻埕專號（臺北：臺北市文獻委員會，1953 年 11 月出版），黃師樵，〈大稻埕繁華記〉，頁 54。
〔註 148〕　《臺北文物》，第 5 卷，第 1 期（臺北：臺北市文獻委員會，1956），春城，〈五十年來北市見聞錄〉，頁 41。
〔註 149〕　《臺北文物》，第 5 卷，第 1 期，春城，〈五十年來北市見聞錄〉，頁 41。
〔註 150〕　《日》6824-1919-t8.6.16-3，〈電株申入七百萬〉。
〔註 151〕　《日》6826-1919-t8.6.18-2，〈東京電力應募額〉；6831-1919-t8.6.3-2，〈臺東電燈總會〉。
〔註 152〕　《日》6857-1919-t8.7.19-2，〈電株募集の經過（中）〉；6855-1919-t8.7.17-2，〈角源泉氏の苦心談〉。
〔註 153〕　《日》6832-1919-t8.6.24-5，〈電株分攤〉。
〔註 154〕　《日》6860-1919-t8.7.22-6，〈電株彙聞〉。

　　根據臺電估算（請參考「表 13」），臺電股票年利 6%，甚至第二年經費還會入不敷出，要到第七年才有 8%股利，故就獲利能力而言，並不突出。對於公募盛況，臺電「未必高興，因為申請者未必盡知臺電性質或收支預算內容，便認定臺電有政府保證，將來大有厚利。」根據股利分配辦法，獲利超過 8%時，股利分配以「官股二，民股一」為原則，最大贏家是總督府而非民股持有者。〔註 155〕總督府官員提醒民眾臺電性質「不以搏高利為目的，其供給務必廉價從事，故不能享有厚利，希望世人不要誤解。」〔註 156〕

表 13　臺電創立事務所預估前十年收益支出表暨日月潭計劃建設
　　　　經費表

項目 年度	收入（圓）	支出（圓）	股利（%）	收入-支出（圓）
第 1 年	5729800	3376218	6%	2353582
第 2 年	6984800	8205270	6%	-1220470
第 3 年	9986704	9776569	6%	210135
第 4 年	13008608	12026390	6%	982218
第 5 年	14134592	13045957	6%	1088635
第 6 年	14946212	13866870	6%	1079342
第 7 年	6981880	5281382	8%	1700498
第 8 年	7381880	5691689	8%	1690191
第 9 年	7781880	6086212	8%	1695668
第 10 年	8181880	6485682	8%	1696198

項　目	經費（圓）	百分比（%）
起業費	4800 萬圓	
創立費	7 萬圓	0.15%
事務費	153 萬圓	3.19%
水力工程費	2650 萬圓	55.21%
發電廠費	600 萬圓	12.50%
變電所工程費	175 萬圓	3.65%
輸電線工程費	830 萬圓	17.29%
雜項工程費	385 萬圓	8.02%

資料來源：《日》6804–1919–t8.5.27–5，〈電力會社預算〉。

〔註 155〕　《日》6815-1919-t8.6.7-2，〈株の申請殺到せる〉。
〔註 156〕　《日》6816-1919-t8.6.8-6，〈角氏之談電力〉；6817-1919-t8.6.9-3，〈電力預約株截止〉；6819-1919-t8.6.11-5，〈電株申請〉；6872-1919-t8.8.3-5，〈水電登記手續〉。

　　總督府憂心公募股票會流向大財團之手，奪取臺電經營權，有違臺電創設本意。〔註157〕事務所原本只有十幾人負責整理申請資料，過濾申請者的國籍背景，是否冒名頂替，資料是否完備，後來人手不足，陸續增加到二百多人，「每夜辦公至凌晨，皆少壯之人。」〔註158〕

　　事務所單單臺灣申購部份就複查二次，不容許絲毫差錯，加上要匯整日本認購部份，甚至延誤了作業所本身業務，像電費就因人手不足，延後收繳。〔註159〕由於每天湧入資訊太多，正確數據不斷變動，負責的小西表示：「吾人以為實際申請數必然減少，到截止後竟得七百餘萬股。」〔註160〕

表14　臺電股票認購比例表

申請認購股數	人　數	％	股　數	％
100 股以下	5277	39	158495	2
300 股以下	4420	32	609254	9
500 股以下	1006	8	317737	5
1000 股以下	1260	9	693619	10
1500 股以下	867	6	882090	12
10000 股以下	717	5	2324275	33
10000 股以上	154	1	2071000	29
總計	13701	100	7302016	100

說明：此表只統計臺灣部份。

資料來源：《日》6831–1919–t8.6.23–2，〈整理電力股株〉。

　　收件截止後，如何分配是最大難題，因為股東太多，缺點是「不堪其煩瑣」，優點是「小額申請者必喜」。〔註161〕若讓股份集中於大申購者手中，缺點是「無數小額申購者必群起而非難攻擊」，優點是管理方便。最後決定用「抽籤」方式選出幸運者，因為「抽籤有神主宰，倘或不中，當無不平之可言」，

〔註157〕　《日》6809-1919-t8.6.1-5，〈長官之談電力（續）〉。

〔註158〕　大園市藏，《現代臺灣史》（臺北：日本植民地批判社，1934 年 4 月發行），
　　　　　頁 285；《日》6828-1919-t8.6.20-6，〈水電延期〉；6832-1919-t8.6.24-5，〈電株
　　　　　分攤〉；6829-1919-t8.6.21-5，〈議攤電株與銀行〉。

〔註159〕　《日》6854-1919-t8.7.16-1，〈廣告〉。

〔註160〕　《日》6832-1919-t8.6.24，〈電株分攤〉。

〔註161〕　《日》6832-1919-t8.6.24-5，〈電株分攤〉。

以抽籤爲名，「將股東數減少，不致煩雜。」〔註162〕經過分組「抽籤」刻意降低股東數後，臺電股東數爲 12,000 人。〔註163〕此後隨著股票熱情的退潮，股東數逐漸減少，1920 年底就降爲 8,000 人，回歸常態。〔註164〕股東數在一年內減少三分之一，也創下另一種臺灣「經濟奇蹟」。

肆、物質主義彌漫的社會風氣

泡沫經濟帶動推昇的股價，讓不少人達成一夕致富的夢想，大稻埕也成爲臺灣精緻文化的代表，無論食衣住行的消費都讓人瞠目結舌。相互仿傚的結果讓社會變得更「逐利化」與「從眾化」，但影響更大的，是這種投機風氣改變了價值觀，破壞人與人的基本互信。

臺電股票認購人數最高到 13,700 人，佔全臺人數的 0.3～0.5%，根據「臺灣電力股票認購統計」分析，具有如下特徵：

（1）**臺灣人居多**：臺灣共有 822 位認股者，其中臺籍有 527 位，日籍有 295 位，顯示臺籍認股者比日籍踴躍的多，比例約爲二比一。

（2）**臺南第一**：全臺十二個統計區中，日籍認股者超越臺籍僅臺北、宜蘭、花蓮、臺東、澎湖；其它在桃園、新竹、臺中、臺南、嘉義、臺南、屏東，處處都見臺灣資本的熱烈盛況，其中臺南民眾最爲熱衷，臺籍認購者佔該區的 76% 強，臺南認購者更佔全臺總數的 37% 強，是「雙料第一」，花東地區則仍屬日籍認股者的天下。

表 15　臺電股票公募狀況（臺灣部份）

項目 地區	200 股以上			50 股以上			總　計			A	B
	臺籍	日籍	計	臺籍	日籍	計	臺籍	日籍	計		
臺北	12	26	38	10	38	48	22	64	86	26%	74%
宜蘭	1	4	5	14	14	28	15	18	33	45%	55%
桃園	3	0	3	0	0	0	3	0	3	100%	0%

〔註162〕《日》6832-1919-t8.6.24-5，〈電株分攤〉；6833-1919-t8.6.25-5，〈電力株割當〉。
〔註163〕《日》6835-1919-t8.6.27，〈電株抽籤〉；6840-1919-t8.7.2，〈調查應募者之國籍〉；6837-1919-t8.7.29-5，〈土木局移新府衙〉；6840-1919-t8.7.2-3，〈電株確定通知〉；6843-1919-t8.7.5-6，〈納電力株金〉。
〔註164〕臺電，《營業報告書》（1），（1919）大正 8 年，頁 4。

新竹	1	0	1	5	4	9	6	4	10	60%	40%
臺中	32	5	37	111	49	160	143	54	197	73%	27%
南投	8	1	9	39	18	57	47	19	66	71%	29%
嘉義	0	4	4	23	5	28	23	9	32	72%	28%
臺南	60	33	93	174	40	214	234	73	307	76%	24%
屏東	14	4	18	9	12	21	23	16	39	59%	41%
臺東	0	3	3	2	5	7	2	8	10	20%	80%
花蓮	0	7	7	1	11	12	1	18	19	5%	95%
澎湖	0	4	4	8	8	16	8	12	20	40%	60%
計	131	91	222	396	204	600	527	295	822	64%	36%

說明：「A」：臺籍認股者佔所有認股者百分比；

「B」：日籍認股者佔所有認股者百分比。此表為公募前總督府預先的調查數據，並非後來公募截止後的數據。

資料來源：《下村宏文書》第 87 號，〈臺灣電力株引受見違調〉。

圖 20 臺電股票公募狀況（臺灣部份）

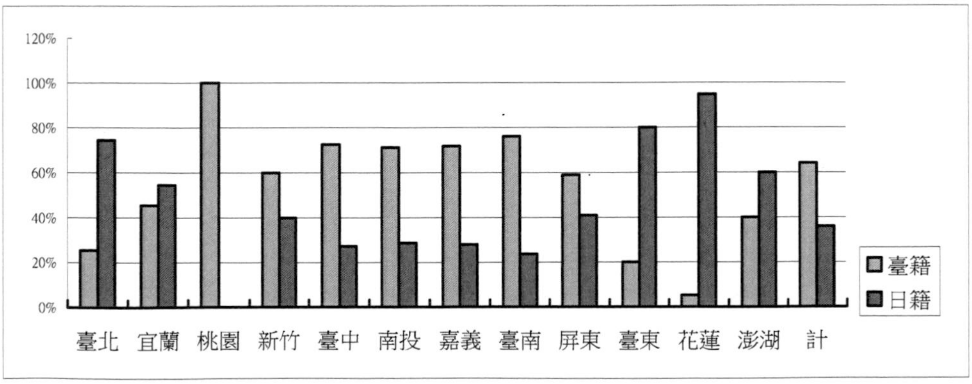

資料來源：根據「表 15」繪製而成。

（3）**不乏知名人物**：如臺銀董事長櫻井、副董事長中川小十郎，眾議院議員柵瀨軍之佐等，加上各家銀行董事長、各民營電力公司主管、公司行號負責人認購 200 股以上者，不勝枚舉。另外，臺中有壓倒性的臺灣人認股，包含霧峰林家、清水蔡家都有多人在名冊上。

（4）**參與職業別眾多**：認購者職業別包括組合長、茶商、校長、律師、助役、保正、庄長、公醫、雜貨商、各廳參事、牙醫師、製酒商、醬油商、

藥商、農夫、建築包商、米商、運輸業、報社、漁業公司、小地主、精米業等。日籍認購者資訊較一般人廣泛而快速，因爲他們的身份很多是大型公司（如三井、各製糖公司）在臺灣各分公司主管與幹部，或各大銀行分行的主管。

圖 21　臺電股票投機漫畫

說明：股價已開始下跌，臺灣人尚不知大難將至，仍處於投機的熱潮
　　　中無法自拔。圖爲遠方已經崩跌的股價，無法點醒二位正在談
　　　笑風生的投資者。
資料來源：《日》7129–1920–t9.4.16–7。

（5）**史上未有**：股票投機熱潮雖不自臺電股票開始，但論其規模，臺電股票公募仍算第一次，從人數統計來看，臺電股票在中、南部蔚成風潮，成爲時尚的經濟活動，而傳到臺南達到最高潮。

（6）**規模最大**：依該表計算，200 股以上有 222 位，每位認購 200 股，有 4.4 萬股；50 股以上有 600 位，每位認購 50 股，有 3 萬股。兩者合計 7.3 萬股，其統計約符合在臺灣公募股數，而且就認股數而言，「大戶」才是認購主力。

臺電股票讓臺人「舉財產，肆購買，介株鬼，神變化，致成金，競誇耀。」[註165] 年青人也開始突發奇想，「一、二不能獨立之青年輩，群囂囂稱其能，

〔註165〕　《日》7190-1920-t9.6.16-5，〈遊戲文字〉，雜說二。

思所有以效之，而不知其不顧主從親戚朋友之情誼，與夫手所籌設會社之前途。遂使關係之人，大吃其虧。」〔註166〕藉由親屬人際網絡的擴散，臺電股票破壞了人與人間的信任與依存感，助長社會價值扭曲化。

黃師樵表示，當時臺北市特種營業、餐廳、酒樓加起來超過200家，「日日元旦，夜夜春宵，無論那家酒館，座上客常滿，樽中酒不空，每夜燈樓買醉的遊客，擁擠不開，大稻埕的繁華，像個小上海。」〔註167〕

幾位教師目睹股票獲利可觀，不免一時心動，竟組「宏道公司」操作股票，加上門生故舊，「故纔開業，立獲巨利。」這些五十歲以上的教師，認為以往執教半生，還不如現在一通電話進款之豐，曾對人說：「早知賺錢如此容易，何必長年子曰詩云。」〔註168〕桃園街有楊、蔡、陳三人，「結交如兄若弟」，卻因臺電股票造成金錢糾紛與友誼變質。〔註169〕

景氣好時，每桌三十至四十圓花費亦不為奢侈，上海戲班數次應邀登臺演出，散場的人力車小費更高達一圓（平常車資的一倍）。〔註170〕泡沫經濟撐起來的夜生活，精彩卻不長久。

小　結

臺電股票熱潮的基礎是第一次世界大戰帶動日本及殖民地輸出增加所致，從6月到9月是臺電股票全盛期，但也不過是投機大潮流中的小插曲，兩者互相激盪，沒有臺電股票轟動上市，就沒有辦法帶動一連串公司股票籌資，甚至許多地方電力公司的成立也拜臺電股票建立信心所致。相對地，臺電股票只是第一波投機中的最高峰，因為整個股票熱潮是在1920年臻於高點，但以「臺電股票」加「布宗商店」手法，創造不少投機就業機會，或仲介，或錢莊，「日有數千圓，比之普通生理，獲利甚厚。」〔註171〕其次，臺電股票帶動的是「公司熱」，各公司皆炫其「資本之多，範圍之廣，事業之夥。」〔註172〕但實繳資金額不多，徒然膨脹，難免陷於1920年代初期的重整與合

〔註166〕《日》6897-1919-t8.8.28-5，〈株界瑣聞〉。
〔註167〕《臺灣文物》，第2卷，第3期，大稻埕專號（臺北：臺北市文獻委員會，1953年11月出版），黃師樵，〈大稻埕繁華記〉，頁55。
〔註168〕《臺北文物》，第5卷，第1期，春城，〈五十年來北市見聞錄〉，頁41。
〔註169〕《日》7323-1920-t9.10.27-6，〈楓葉荻花〉，一債權者。
〔註170〕《日》7279-1920-t9.9.13-4，〈楓葉荻花〉。
〔註171〕《日》6934-1919-t8.10.4-6，〈楓葉荻花〉。
〔註172〕《日》6940-1919-t8.10.10-6，〈楓葉荻花〉。

　　併，報紙稱此三個月臺電股票投機熱潮為「臺灣人大損失」實不為過，亦可視為臺灣與日本經濟、觀念逐步接軌的必然現象。

　　日本股票投機早於臺灣，故日人已有經驗，對股票性質與運作，認識遠較臺人周詳。但部份日人卻利用好景氣與臺人認識不足的倖利心理，抄作吸金，待價格上漲至天價後脫手離開，留下多數被套牢的臺灣人，臺人經此教訓，學到了知識，但也付出了慘痛代價。

第三節　臺電與臺灣工業化

　　「工業」一詞通常是指「將原料或材料施以加工，賦予經濟價值的行為。」〔註173〕而「工業化」就是不同國家「加工過程」差異的整體呈現，「工業化」不僅要求「量」的經濟規模，且「質」不能因「量」增加而遞減，於是提升加工技術成為工業化的重要課題。進入二十世紀初期，所謂「工業化」就是全球過渡到以電力為主要能源的生產方式，日本工業化自始至終都與擴張的軍事行動相結合，臺灣則在 1920 年代有以貿易為基礎的工業化，但隨著日月潭計劃延宕而錯失。

壹、臺電營收、用電量與臺灣工業化

　　1934 年，電燈營收佔總營收的 64%，此後雖然有遞減趨勢，但直到 1937 年中日戰爭爆發前夕，電燈營收還有 52%。而且電燈營收佔總營收比例雖然逐年遞降，但電燈營收仍年年保持成長，造成遞減的原因是工業用電部門成長速度比電燈部門要快，並非電燈部門營收衰退。

　　1938 年，工業用電營收首次超越電燈用電營收，營收值分別為 785 萬圓對 756 萬圓，這樣的趨勢一直為持續到 1940 年（但當年電燈營收仍佔總營收的 44%）。由「表 16」顯示，工業用電營收與電燈營收佔臺電總營收 95%，其它副業營收 5%，多年來臺電在轉投資方面，表現並未反映在營收上。其次，日治後期工業用電營收雖然超越電燈營收，但工業用電營收佔總營收平均值不過 42%，電燈營收為 53%，故就營收比重而言，整個日治時期的重心還是在電燈部門。

　　就用電量而言，1903 年日本工業用電僅佔電燈的 19%，1912 年增加到

〔註173〕吉野信次，〈我が工業の發達經過〉，《臺灣時報》，1927 年 3 月號，頁 12～17。

39%。就裝置容量而言，1912 年前多低於 1,000kw 以下，以 100～500kw 為大宗，佔 47%，5,000kw 以上大容量裝置廠商，只有 10 家，佔 3.6%。顯示市場擴張力量的主體是中、小型電力公司，而不是像臺電這樣的獨佔大公司。發電結構方面，1912 年日本 48.4 萬 kw 裝置容量中，水力發電機組有 20.4 萬 kw，佔 42%，火力約 39%。〔註174〕火力發電機組比例較臺灣高很多，臺灣則在水力發電比率上領先，這是臺灣能在 1910 年代初期，費率比日本低的原因，臺灣的優勢其實只是在一個大量資金供應小規模市場上奠定的。

1919～1944 年間，臺電工業用電量只佔裝置容量的 36%，若扣除 1934 年起刻意引進的製鋁工業，則數據會更低很多，顯示臺灣長期缺乏工業發展的區位條件（資金、產業群聚）。加上戰爭後期一昧增加發電容量，提昇軍需產能，留給臺灣的不僅是工業化的成果，更是幾座未完成的電廠開發案，而且這些電廠開發案（如大甲溪計劃）並非在戰後就銜接得上，有些在 1960～1970 年代才陸續完成，更顯示當初戰爭體制下電源開發的急迫性。

由「表 17」顯示，電燈部門用電量佔總裝置容量的比例不大，1919～1939 年間，電燈部門用電量僅佔裝置容量的 19%，而且隨著 1934 年日月潭計劃的完成，機組容量大增，電燈用電量更降到 10% 以下。電燈部門以不到 10% 用電量（整體平均值 19%），卻供獻每年營收 50% 以上，臺灣長期以電燈的營收補貼工業化所需養份，卻無法完成工業化的轉換，故臺灣用戶長期忍受高費率的狀況亦無法改變。

表 16　臺電「電燈收入」與「工業用電」收入比較

年　度	(A) 電燈(圓)	(B) 電力(圓)	(C) 總收入(圓)	(A)/(C) (%)	(B)/(C) (%)	(A)+(B) /(C)(%)
1934	6151718	2904205	9570083	64%	30%	95%
1935	6813883	3461367	10854604	63%	32%	95%
1936	7052543	4841532	12626566	56%	38%	94%
1937	7364371	5961289	14170831	52%	42%	94%
1938	7561099	7858631	16309073	46%	48%	95%
1939	7917652	9617590	18254770	43%	53%	96%
1940	8709530	10445784	19991381	44%	52%	96%
總和/平均	51570796	45090398	101777308	53%	42%	95%

說明：單位：圓。

資料來源：臺電，《營業報告書》（1919～1944）大正 8 年～昭和 19 年。

〔註174〕《日本帝國統計年鑑》第 33 回，（1914）大正 3 年，頁 305～307。

圖22 臺電「電燈收入」與「工業用電」收入比較

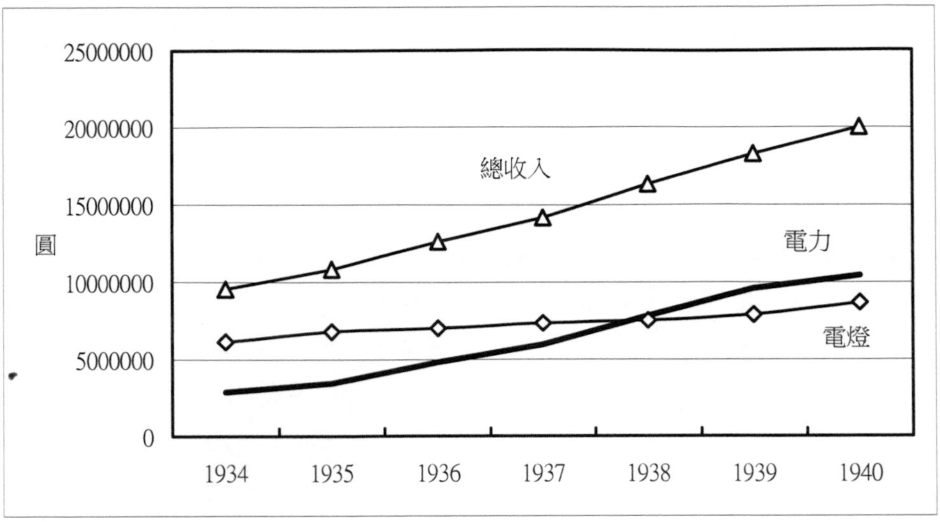

資料來源：臺電，《營業報告書》（1919～1944）大正8年～昭和19年。

表17 工業用電成長率

時間	（A）工業用電（kw）	成長率（%）	（D）工業使用電量（千度）	(D)／(F)	（B）電燈用電（kw）	成長率（%）	（E）電燈使用電量（千度）	(E)／(F)	（C）臺電裝置容量（kw）	（F）實際發電量（千度）	(A)／(C)	(B)／(C)	(A+B)／(F)
1918	5917												
1919	7479	21%											
1920	8140	8%	35653	72%	4738		20752	42%	20100	49628	40%	24%	114%
1921	8267	2%	36209	57%	6223	24%	27257	43%	22484	63609	37%	28%	100%
1922	8812	6%	38597	56%	6818	9%	29863	43%	24724	69381	36%	28%	99%
1923	11114	21%	48679	73%	7210	5%	31580	47%	26724	67043	42%	27%	120%
1924	11290	2%	49450	73%	7535	4%	33003	48%	28374	68071	40%	27%	121%
1925	11717	4%	51320	69%	7537	0%	33012	45%	30024	74049	39%	25%	114%
1926	12630	7%	55319	65%	7964	5%	34882	41%	30012	85265	42%	27%	106%
1927	14773	15%	64706	70%	8568	7%	37528	41%	31946	92524	46%	27%	110%
1928	16137	8%	70680	70%	9525	10%	41720	41%	33880	100588	48%	28%	112%
1929	21254	24%	93093	75%	10843	12%	47492	38%	43255	124485	49%	25%	113%
1930	23029	8%	100867	66%	11653	7%	51040	33%	63480	153071	36%	18%	99%
1931	24653	7%	107980	65%	12585	7%	55122	33%	85480	167305	29%	15%	97%
1932	32466	24%	142201	71%	13969	10%	61184	30%	85000	201381	38%	16%	101%
1933	36510	11%	159914	69%	15028	7%	65823	28%	87500	232708	42%	17%	97%
1934	40970	11%	179449	68%	24667	39%	108041	41%	191000	264400	21%	13%	109%

1935	52992	23%	232105	68%	26004	5%	113898	33%	288100	340590	18%	9%	102%
1936	79176	33%	346791	71%	27190	4%	119092	24%	288100	491290	27%	9%	95%
1937	116697	32%	511133	90%	28248	4%	123726	22%	331600	569353	35%	9%	112%
1938	127076	8%	556593	82%	29771	5%	130397	19%	372600	680947	34%	8%	101%
1939	131736	4%	577004	74%	30518	2%	133669	17%	440100	783118	30%	7%	91%
平均		13%		70%		9%		36%			36%	19%	106%

說明：1919～1933 年間的電燈用電數據由於是 cp 制，故以該年平均每燈亮度除以總亮度，再乘以 25k 得之，以便在 kw 的比較基準上比較。工業用電量以每天使用 12 小時計算，電燈用電量亦同。

資料來源：臺電，《營業報告書》（1919～1944）大正 8 年～昭和 19 年。《下村宏文書》第 90 號，〈臺灣電力興業株式會社五十年間豫算概況〉，頁 12。

　　就耗電量而言，電燈用電從平均 40%逐年降到 1939 年的 17%，工業用電則平均維持 70%以上，顯示每 1kw 用在電燈用電上的收益比電力要來得大，電燈用電佔臺電的資源少，卻提供最多的收益。因此，電燈部門可以說是臺電賴以維生的經常性收入，也是臺灣工業化的主要資金來源。在其它國家電力發展中，會有一段從電燈到電力的過渡，以電燈收入補貼低廉電力，藉以奠定工業化的產業基礎。但在臺灣，這個電燈過渡到電力的工業化階段，卻因爲日月潭計劃中挫而無法轉換，臺灣停留在電燈的時間從 1905～1930 年代，1934 年後才慢慢引進大型工業，工業用電收入才超越電燈用電。但這種工業化的發展模式是由政府主導，接近蘇聯的電力發展，本質上都不是市場自發性的需求。

表 18　臺電購電度數

公司 時間	(A) 臺灣 電興 （千度）	(B) 臺灣 合同 （千度）	(C) 臺灣 製麻 （千度）	(D) 臺北 市 （千度）	(E) 淺野 水泥 （千度）	(F) 計 （千度）	(G) 臺電總 發電量 （千度）	(F)/(G) （%）	(H) 工業+電 燈用電 量 （千度）	(H)/(F+G) （%）
1923	16344	2336	289	0		18971	67043	28%	80259	93%
1924	18671	3859	202	0		22735	68071	33%	82454	91%
1925	19202	2796	62	0		22062	74049	30%	84333	88%
1926	21788	308	0			22096	85265	26%	90202	84%
1927	21540	1127	41			22710	92524	25%	102234	89%
1928	21071	1412	265			22751	100588	23%	112400	91%
1929	9140	2145	406	0		11692	124485	9%	140585	103%
1930		1728	235			1964	153071	1%	151907	98%

年										
1931		312	40	2083		2436	167305	1%	163102	96%
1932		527	103	4133		4765	201381	2%	203385	99%
1933		1423	119	3867	2039	7452	232708	3%	225736	94%
1934		2849	1	3648	1281	7780	264400	3%	287490	106%
1935				3834	1085	4919	340590	1%	346002	100%
1936				3785		3785	491290	1%	465883	94%
1937		372		3516		3889	569353	1%	634859	111%
1938		5143		3788		8931	680947	1%	686990	100%
1939		7539		5588		13127	783118	2%	710673	89%
平均	127756	33876	1763	34242	4405	202065	4496188	4%	4568493	96%

資料來源：臺電，《營業報告書》（1919～1944）大正 8 年～昭和 19 年。

《下村宏文書》第 90 號，〈臺灣電力興業株式會社五十年間豫算概況〉，頁 12。

1920～1939 年間，工業用電與電燈用電合計後，平均佔實際發電量的 106%，這顯示臺電自身發電裝置已無法滿足市場需求，需要向民間電廠購電。

1923～1929 年間，臺電連續七年負載都超過 100%。其中最高 121%，最低 106%，平均 114%（請參考「表 18」）。因此 1920 年代後期，社會輿論強力要求日月潭計劃儘速復工，有其電力窘迫的數據基礎。

1923～1939 年間，臺電自發電量共 44.9 億度，向民間電廠購買電量 2 億度，佔 4%。臺電購電高峰出現在 1923～1928 年間，平均購電量佔自發電量的 28%，臺電營運至此，實有負當初總督府的種種保護與期望。1929 年後，臺電因合併天送坤電廠，購電比率才首次降到 10% 以下，後來隨著 1930 年初期火力電廠陸續增設及 1934 年日月潭計劃的完成，購電比率更降到 5% 以下，1935～1939 年間更維持在 1～2%。

臺電購電的優先對象是姐妹公司：臺灣電興，每年皆自該公司購買 900～2,100 萬度電量，佔全部購電量的 63%。事實上，臺電本來就是臺灣電興的最大股東，主導臺灣電興發展走向，忠實扮演輔助北臺灣供電的任務。

其次是臺北市，每年自臺北市電廠購電 200～558 萬度，佔全部購電量的 17%。排名第三的是臺灣合同，每年購進電量較不一定，有少至 31 萬度，也有多至 385 萬度者，佔全部購電量的 17%。排名第四的是淺野水泥，每年購電量 100～203 萬度，佔全部購電量 2%。敬陪末座的是臺灣製麻，每年購電量數十萬度不等，佔全部購電量的 0.9%。

1920～1930 年間，臺電主要購電選擇為臺灣電興與臺灣合同，但進入

1930 年代後，轉向臺北市購電量大增，臺灣合同則自 1930 年起即無合作計劃。但到 1937 年起，臺電自有電量又告不足，於是再向臺灣合同購電。

　　1923～1939 年間，臺電若以自有電量供應市場，所能提供電量僅有 44.9 億度，但市場需要爲 45.6 億度，不足 7,000 萬度（負載佔發電力的 106%），但若加入購電的電量後，則能提供 46.9 億度，扣掉市場需求還還剩下 1.3 億度（負載佔發電力的 96%）。

貳、無力開拓的市場：農村部門

　　1910 年代日月潭計劃蘊醸時，臺灣農業已發展近二十年，藉由新能源開發案，臺灣有機會從「農業臺灣」轉型爲具有價格與品質競爭力的「工業臺灣」。

　　1928 年彰化地區電力不足，其中以「製米佔最多，罐頭居次，鐵工、製麵等等，待申請之處尚有多數。」〔註 175〕臺電本來是要協助產業升級的能源單位，反成爲地方產業發展的阻礙，因爲臺電已無多餘電力供應。

　　1926～1931 年間，日本購買電力設備使用的農會從 110 個增加到 240 個，而且成本比向電力公司申請要便宜 20～30%。〔註 176〕反觀臺灣，除了糖業部門以外，農會從未被允許自行從事發電業務。

　　根據臺灣電氣協會估算，臺灣五萬甲良田約可開發 2.5 萬 hp，東臺灣農地抽水馬達也有 2.8 萬 hp 的需求，兩者相加已佔日月潭計劃二分之一的發電量。〔註 177〕再根據日本佐賀縣經驗顯示，使用抽水馬達灌溉不僅增加產量，品質也同步提升，平均每年增加 250,000 圓收益，減少 74,000 人次的人力勞動。日本宮城縣將蒸氣抽水設備改爲電力設備，隔年即降低三分之一生產支出。福岡縣使用電力灌溉，帶動附近地價增值 3,520,000 圓。〔註 178〕因此無論臺灣或日本，農村電氣化幾乎是擺脫經濟不景氣的唯一出路，帶來的助益不可勝數。但遺憾的是，1920～1930 年代的臺灣，輸電線普及率並不高（特別是地方「庄」級行政單位），農村隨處可見的是「龍骨車」而不是「抽水馬達」，

〔註 175〕　《日》10031-1928-s3.3.27-4，〈電頭漸告不足〉。
〔註 176〕　《日》11193-1931-s6.6.11-3，〈農村地方に自家用電氣獎勵〉。
〔註 177〕　《臺灣の水利》第 1 卷，第 2 號，（1931）昭和 6 年 5 月，池田雄之進，〈農村と電氣〉，頁 23～28。
〔註 178〕　《臺灣の水利》第 1 卷，第 1 號，（1931）昭和 6 年 3 月，青木生，〈電力に依る灌溉に就て〉，頁 39～42。

農村電氣化進展緩慢，甚至電燈都不是農村生活的基本單元。

1931 年底，高雄州大部份農民因經濟不景氣，「農作物價格下跌，農民極度疲弊，多停用電燈。」這表示電燈做為一個常態性的生活單元，使用成本還是偏高，以致農村家庭在收計減少情況下，優先取消電燈的使用。大部份農家回到煤油燈的時代，「兼用石油，利用夜明，聚家族于庭院前共進晚餐。」城市地區家庭也難逃不景氣衝擊，紛紛減少電燈使用數，「三盞縮爲二盞」。〔註 179〕1939 年，日本農村三十二萬臺機械中，依賴電力爲能源的有 44%，剩下的是石油發動機。〔註 180〕臺灣則因臺電無力開拓農村市場，費率缺乏競爭力，反讓石油發動機與小型直流機組大行其道。

其次，就當時照明標準而言，學校餐廳、浴室，以 64cp 燈泡爲主（廣泛照明），教室、自習室以 32cp 爲主（閱讀照明），廁所以 16cp 爲主（重點照明）。〔註 181〕一般家庭照明標準又比學校低，農村平均每戶亮度還不及一般學校標準，基本上，農村仍是個依習慣生活的單位，家庭空間未有明顯分工區隔，自然也缺乏使用新能源的誘因。

再以撲殺農業害蟲的「誘蛾電燈」爲例，使用電燈比傳統煤油燈有效距離更遠，而且不會產生水盆暗影，不受風雨吹滅影響。根據「日本農事電化協會」估算，每甲可增產純益八圓，若以日治初期臺灣土地調查的三十萬甲概算，每年可爲臺灣農業部門增收 240 萬圓，相當於 1920 年代初期臺電一整年的營收，可惜誘蛾電燈只在屏東做過小規模實驗，並未擴大實行。根據 1930 年代統計，日本農村電氣化使用電量爲 8.7 萬 kw（其中 6.7 萬 kw 是用在電動馬達），臺灣則僅有 4,788kw，僅日本的 5.5%，差異懸殊。另一方面，臺灣農村電氣化趨勢與日本相同，電動馬達運用佔裝置容量的 75～77%。〔註 182〕日本農村電氣化普及率高的原因除了農民電氣知識普及外，輸電網普及、電力公司電力過剩等都是主因。

1920 年代，臺電鳳山街散宿所主任森谷氏，勸農民使用電力抽水機，無

〔註 179〕 《日》11348-1931-s6.11.14-3，〈不景氣は電燈へも〉。
〔註 180〕 《臺灣農會報》第 3 卷，9 月號（1941 年 9 月），鄭國演，〈農業機械化と共同利用化の必要〉，頁 105。
〔註 181〕 《臺灣總督府公文類纂》15 年保存，（1924）大正 13 年 6 月 30 日，〈臺中師範學校自修室兼寢室其它電燈設備工事〉。
〔註 182〕 《臺灣の水利》第 1 卷，第 4 號，（1931）昭和 6 年 9 月，池田雄之進，〈農村と電氣（下）〉，頁 17～20。

人響應。十年後，環境改變，森谷勸當地保正陳清文率先使用一臺 10hp 電力抽水機後，農民眼見其利，「加入者如雨後春筍。」甚至吸引鄰近農家前來詢問申請方法。〔註 183〕這個經驗告訴我們農村電氣化需要一點時間，但最主要的是價格，特別是電力公司短期承擔虧損的能力。

可惜臺灣市場由臺電壟斷，臺電並非不想努力，而是財務困難，費率無法降低，更沒有承擔短期虧損的能力，加上敷設電線成本高，農民根本無力負擔，是故臺灣農村一直是臺電看得到卻得不到的市場。另外，日本土地的歸屬不似臺灣複雜，農民即電力需求者，臺灣則還有地主與佃農的關係，農民即使有心也要地主的配合。臺灣農業部門的電氣化，只在臺北市士林庄三角埔作過實驗，就像誘蛾電燈一樣，並未擴大推廣。〔註 184〕

1931 年，臺北三角埔共同耕作所的電氣化實驗（利用電力脫穀、製作精米），證明了可降低生產與人力成本，臺電與各郡役所當派員觀摩，臺電出席者多在課長級以上主管，但這個實驗並未擴大實行，原因是臺電「沒錢」。〔註 185〕

本文再以臺中州數據分析農村與都市的資源落差，更能看出農村電氣化資源的貧乏。根據 1925 年臺中州統計據數，電燈總戶數 37,370 戶，燈數 55,624 盞，平均每戶燈數 1.48 盞。臺中州三十三個行政單位中，每戶平均燈數高於平均值的只有員林、臺中、大肚、沙鹿、埔里、外車埕、彰化、溪州、豐原等九個單位，其中大肚 85 戶，外車埕 65 戶，戶數太少在統計上的領先幾乎沒有實質意義，只有臺中、彰化、員林稍具規模。其餘平均燈數低於平均值的地區，又可分為兩種類型，第一種是經濟規模太小，有待推廣，如外埔、大里、太平等地。另一種是規模稍大，但平均燈數仍低，臺人消費能力尚無力負擔，一方面電燈價格也未達到併發社會需求的基準，這類地區通常用戶達千戶以上，但每戶平均燈數卻不到「一盞」，如北斗、霧峰、清水、月眉等地。對電力公司而言，兩種類型都有待推廣，而且還有很大的市場可供開發，但陷入停工且資金無多的臺電已無力拓展。

〔註 183〕《日》11782-1933-s8.1.25-4，〈鳳郡下灌溉用石油發動機〉。

〔註 184〕《臺灣の水利》第 1 卷，第 4 號，（1931）昭和 6 年 9 月，池田雄之進，〈農村と電氣（下）〉，頁 17～20。

〔註 185〕《日》11217-1931-s6.7.5-5，〈農村電化の魁〉。

表19　臺中州電燈數分佈

市街庄	戶 數	燈 數	平 均	市街庄	戶 數	燈 數	平 均
員林	1050	2677	2.5	神岡	170	207	1.2
臺中	8000	18837	2.4	北山坑	200	225	1.1
大肚	85	178	2.1	鹿港	4098	3985	1.0
沙鹿	400	737	1.8	潭子	400	387	1.0
埔里	1429	2503	1.8	和美	498	517	1.0
外車埕	65	120	1.8	清水	1500	1330	0.9
彰化	4012	6831	1.7	月眉	1100	976	0.9
溪州	507	885	1.7	梧棲	800	722	0.9
烏日	400	657	1.6	南屯	340	316	0.9
豐原	1650	2467	1.5	霧峰	1100	889	0.8
草屯	700	984	1.4	太平	270	223	0.8
田中	631	859	1.4	大里	250	198	0.8
南投	1660	2080	1.3	外埔	70	59	0.8
竹山	800	981	1.2	后里	500	401	0.8
大甲	1380	1697	1.2	魚池	348	282	0.8
集集	600	691	1.2	北斗	1855	1101	0.6
二水	502	622	1.2				

說明：該表爲1925年數據。

資料來源：《南新》8579-1925-t14.12.30-4，〈臺中州の下電燈〉。

　　再將三十三個行政單位放在地圖上觀察發現，沿著鐵路沿線搭建的輸電線，沿線單位的電燈資源都較高也較多，山線資源因離日月潭工地較近，資源也享有較多，反之，海線地區資源則較少。整個日治時期，這樣的城鄉差距雖得到一定程度的改善，但並未有根本性的轉變。

　　承上，臺中州總亮度68萬 cp，平均每盞電燈亮度12cp（僅達當時學校廁所的照明標準），顯示1925年臺中州燈數少，亮度也不足，電燈雖引入臺灣已有數十年，但改變庶民生活的層面，尤其是質的方面，實在非常有限。當初總督府保護臺電獨佔市場以便普及資源的理想，並未反映到數字的提昇上，尤其當我們對照日本的數據時，更能突顯此點。而且日本電力市場大體還有重疊與競爭，臺灣則很早進入全面管制，兩地不同的電力政策造就不同

的市場構造，區域獨佔的臺灣反而不如市場競爭的日本，數字呈現與總督府期望背道而馳，臺灣市場先勝後衰與一成不變，其實與政策理念及落實大有關聯。

就「家庭電氣化」而言，臺灣多數民眾都屬於農業部門，因此大部份家庭也是農業家庭，臺電面對的是一個低消費能力的市場，這一點臺灣與日本相近，而且日本家庭數比臺灣多，但卻能創造 90%以上電燈普及率，臺灣只有 40%。不管如何，如果能將「家庭電氣化」銳意推廣，收益將會比單純擴大電燈市場要大得多，而且隨著電力應用的深化，產品分化會增加，長期的收益更加驚人。

1920～1940 年間，英國家庭用電量佔總用電量比例從 8%增加到 26%（如果加上商業用電更高達 38%），臺灣則從 28%降到 7%；工業用電方面，英國從 69%降為 49%，臺灣從 57%增加到 90%。〔註186〕對照臺灣與英國的用電量分佈發現，當英國工業用電率遞減時，臺灣反而在增加軍需工業的用電量；英國愈到後期，家庭用電量不斷增加，顯示普及率與商品多元化不斷增加的趨勢，臺灣家庭用電量比重則不斷降低。這樣的趨勢反映臺灣電力發展內涵的貧乏，遠不如英國，更遑論與美國的落差。

1928～1936 年間，美國工業用電佔總用電量 43%，家庭用電量從 11%增加到 15%，各部門用電量百分比雖然沒有顯著增加，但隨著總發電量不斷增加（833 億度增加到 1088 億度），家庭用電量也不斷增加。我們從臺、美每戶平均用電量即可看出臺灣工業化的落差，1936 年臺灣每戶用電量為 153w，平均每年每戶 670 度，以全臺 33 萬戶計，共 2.2 億度，生活水準還不及美國 1912 年的四分之一（美國為 8.1 億度），更只有同時期美國用電量的 1.4%。〔註187〕換言之，臺灣要七十四個家庭的總用電量，才抵得上美國一個家庭的平均用電量，美國 1912 年的家庭用電量，就已超越臺灣最高時期的總發電量。

1920 年代，臺電新設「調課部」，借重大阪推廣「家庭電氣化」的經驗加速市場開發。根據臺電評估，每個家庭要擁有電熨斗與電鍋，自費金額要 200～300 圓（當時每戶每年平均電費支出僅 20 圓），如果要加速普及的話，需比

〔註186〕 Colin Chant,ed.*Science,Technology and Everyday Life 1870-1950*（New York.：The Open University,1990），p.94.

〔註187〕 《臺灣電氣協會會報》第 12 號，昭和 12 年 11 月（1937 年 11 月），T・N 生，〈アメリカの發電量と需要家數〉，頁 63～64。

照電扇用「租貸」方式降低用戶成本，但具體措施尚在「研究中」。〔註188〕

就用戶使用成本而言，電鍋與電熨斗的單月成本比煤碳貴 20%，雖然「於衛生上十分良好。」〔註189〕但電燈普及率不到 40%的臺灣市場，要如何升級到電熨斗與電鍋呢？試問又有多少百分比消費能力足以負擔的家庭，會以「衛生良好」取代「使用成本」，捨傳統飯鍋而就電鍋呢？每戶每年平均 20 圓的電費支出，如何購買 200～300 圓的電熨斗與電鍋呢？臺灣市場還未達成熟狀態，臺電無法以價格創造需求，也無力承擔長達二至三年的資金回收期。

經過十年「家庭電氣化」的努力，臺電也不得不承認，臺電只能在都市地區不斷提高收入，對郊區（人口佔多數地區）「成績尚未至如所預期」，推究其因，頗為耐人尋味：

> 蓋臺電方針，與現在實行營業法，有大矛盾者。例如獎勵「家庭電氣化」，其費率暫且不論，電熨斗、電氣煙草盒各要一圓，此等一面獎勵，一面反而為一種限制。在上流家庭，原不計其多寡；在中流家庭，於家庭經濟上，為一大考慮問題。殊如臺灣一小天地，一時要處理十萬 kw 電力，需置基礎于多數民眾，乃得進行其計劃也。
> 〔註190〕

顯然臺電忽略「家庭電氣化」發展曲線的循跡性，又缺乏充沛資金與具體可行的市場策略，日本與歐美日漸深化的「家庭電氣化」，在臺灣並沒有產生質與量的變化，臺電提升「家庭電氣化」附加價值的利潤，遠不如市場擴大利潤來的顯著。

根據「表 20」統計，臺電用戶每年平均營收貢獻度呈現下滑的趨勢，顯示在臺電用戶數不斷提升的過程中，電力應用不夠深化，才會產生長期「質」無法跟著「量」同步提升的現象，加上市場對價格接受度還未達理想，用戶每年平均營收貢獻度從 1920 年的 19 圓上升到 1927 年的 21 圓，接著逐年下滑到 1933 年的 17 圓。若以用戶每月平均營收貢獻度計算，則是從 1.58 圓上升到 1.75 圓，接著逐年下滑到 1.41 圓。這樣的每月平均營收貢獻度，只夠支付二至三盞電燈，用戶無法獨力負擔電力應用昇級的成本。

〔註188〕　《南新》7039-1921-t10.10.13-3，〈餘力電氣の利用〉。
〔註189〕　《南新》7406-1922-t11.10.14-5，〈宣傳電力電熱器〉。
〔註190〕　《日》8334-1923-t12.8.4-5，〈日月潭電力及消化〉。

表 20　臺電用戶每年平均營收貢獻度

年度 \ 項目	總收入（圓）	總用戶數（戶）	A（圓）
1920	3598024	189519	19
1921	4641733	243551	19
1922	5585738	272725	20
1923	5835354	288397	20
1924	5675050	302194	19
1925	5908467	300941	20
1926	6491321	318543	20
1927	7017635	337718	21
1928	7542210	375651	20
1929	8322886	435198	19
1930	8668994	461723	19
1931	8661793	508458	17
1932	9324945	558772	17
1933	10283983	602581	17

說明：「A」：用戶每年平均營收貢獻度。

資料來源：臺電，《營業報告書》（1920～1933 年）。

　　1938 年，英國的電燈普及率僅有 65%（美國 80%），不及日本的 90%，但英國熨斗普及率高達 85%（美國 79%），比日本要高出許多，加上吸塵器 30%（美國 47%），洗衣機 5%（美國 52%），冰箱 3%（美國 52%）。〔註191〕英國家庭電氣化特別在電熨斗普及率上大有斬獲，而且還比電燈普及率高，是否英國人注重外表光鮮更甚於家庭照明，值得思考。另外，美國家庭電氣化表現在家庭事務上，許多大功率電氣產品普及率都超過 50%，壓倒性的優勢遠非其它國家所及。

　　就電力公司營收而言，電燈消耗功率不過 20w，電熨斗消耗功率為電燈的五十至六十倍（至少 1000w），美國就是靠這些高功率電氣產品建立豐沛的市場動能，貼補工業用電，獎助研發的成果再透過商品化擴大市場動能，資金、市場、研發三者形成良性循環。可惜臺灣的市場策略並沒有朝這個世界

〔註191〕　Colin Chant,ed.*Science,Technology and Everyday Life 1870-1950*（New York.：The Open University,1990），p.95.

趨勢去落實，日本甚至將電風扇視為奢侈性消費品，政策上並不鼓勵大功率電氣產品的使用，間接抑制了家庭電氣化的發展速度。〔註192〕1930 年代，臺電宜蘭所推廣電熨斗稍有成績，就獲總公司頒發 200 圓「慰勞金」。〔註193〕因為在臺灣，用得起電熨斗的家庭，實在太少了。

參、無力介入的市場：糖業部門

糖業部門為臺灣工業中第一大部門，根據日治末期統計，臺灣公司實繳資本額 5.4 億圓中，工業部門佔 3.3 億圓，其中糖業部門 2.2 億圓，因此所謂臺灣工業幾乎指的就是糖業部門。大久保留次郎表示，1940 年代以前，日本資本的臺灣投資除了糖業部門以外，幾乎沒有發展，「臺灣工業中，以蔗作為基礎的製糖工業佔過半，米與甘蔗更佔臺灣農業三分之二，臺灣經濟更受其左右。」〔註194〕

另一篇報導也說：「向來本島工業，除一部份製糖外，別無特別可觀者。」〔註195〕1932 年剛從日本到臺灣任職的臺電理事富山也說：「全島煙囪之少見，可見工業幼稚，故工場亦寡，島內除製糖工場外，則覺寡少。」〔註196〕因此，糖業部門是否採用電力化為主要產程，關係臺電經營的成敗，當初日月潭計劃鎖定的主要市場之一就是糖業部門。〔註197〕然而，臺灣糖業部門雖採用電力化生產，但供應者卻不是臺電，這是臺灣糖業部門與電力化最大的落差，1930 年代中期，工業產值 2.6 億圓中，糖業部門佔 1.5 億圓，但幾乎大部份糖廠的電力都不是由臺電提供。〔註198〕

1920 年代，臺電曾邀請德國專家到臺南糖業研究所考察，雖然電力新製程可讓糖業部門增加收益，但臺電卻無法提出讓糖業部門滿意的價格，吸引糖業部門改良製程與效率。〔註199〕當時改良的重點是利用電力增加糖份濃

〔註192〕 《臺灣電氣協會會報》第 11 號，昭和 12 年 5 月（1937 年 5 月），野田健三郎，〈家庭電化に就て〉，頁 46。

〔註193〕 《日》11393-1931-s6.12.29-8，〈宜蘭電力職員〉。

〔註194〕 小林英夫，《「大東亞共榮圈」の形成と崩壞》（東京：御茶の水書房，1992.5），頁 338、341；《日》11082-1931-s6.2.19-4，〈島內事業會社投資及收益調查〉；《南新》11130-1933-s8.1.7-3，〈臺灣の產業は工業へ轉換す（上）〉。

〔註195〕 《日》6795-1919-t8.5.18-6，〈電力補充問題〉。

〔註196〕 《日》11522-1932-s7.5.8-8，〈電力工事意外進步〉。

〔註197〕 《日》6134-1917-t6.7.26-3，〈水力電氣與製糖〉。

〔註198〕 《日》13263-1937-s12.2.26-2，〈臺灣の工業化と助成機關〉。

〔註199〕 《南新》8488-1925-t14.9.30-3，〈技師長は獨人〉。

度，據臺電理事大越大藏表示，德國專家實驗數據證明「甚爲有效」，「各糖社若以經濟上饒有利益，爭先利用，則電力必應接不暇，無虞或剩。」但此法只能增加糖蜜濃度 10%，微幅增加的產能不足以成爲誘因。而且此一專利是德國在戰爭期間研發，單在臺南實驗，臺電就要付給德國 30 萬圓，如果要購買專利權，還要 100 萬圓，以當時臺電財務及糖業部門來看，專利權形成難以跨越的資金障礙。〔註 200〕因此臺電雖然能向糖廠證明使用電力有利可圖，但卻不能明白告訴各糖廠，要投資多少金額引進設備，引進設備後多少年達到損益平衡，資金回收期又要多久。

　　1929 年，山本轍受邀調查臺灣糖業部門電氣化的可能與方法，如果日本能研發出自己的專利，則日月潭計劃就不愁無處消化。根據山本轍的調查指出，糖業部門裝置容量共 11,439kw，供應三十七座糖廠，每日壓榨能力 40,000 噸，其中最大裝置容量 1,000kw，最小 10kw，差距懸殊是電氣化的一大障礙。加上三十七個電氣化的糖廠中，單純用於照明就有十一個，照明兼生產有二十六個，電力在整個製程中，多集中生產的前段（如切斷甘蔗與抽水），新能源並未深入製糖的核心部份。〔註 201〕

表 21　臺灣糖業部門電力裝置容量

時　　間	裝置容量（kw）	發電設備數量（個）	平均每座電廠裝置容量（kw）
1907	349	2	174
1911	3046	17	179
1916	3442	24	143
1920	4919	31	158
1929	11439	37	309
1938	34230		

資料來源：《臺灣時報》第 29 號，1921 年 12 月，土木局庶務課，〈臺灣の電氣事業〉，頁 59～60。《臺灣遞信》紀年 2600 年紀念特輯號，（1940）昭和 15 年 3 月，山本轍，〈製糖電化の十年〉，頁 72。

　　製糖期爲每年 11 月到隔年 4 月，核心製糖期約 100～120 天，非製糖期

〔註 200〕　《日》8198-1923-t12.3.21-6，〈糖汁之電氣分解法〉。
〔註 201〕　《臺灣遞信》紀年 2600 年紀念特輯號，（1940）昭和 15 年 3 月，山本轍，〈製糖電化の十年〉，頁 72～73。

間，平均電力設備利用率低於 10%以下，但製糖期間則高達 90%以上，平均全年利用率 35%。更嚴重的是，製糖期正好是日月潭電廠的枯水期，此點是日月潭計劃始料未及的，如果要拿下糖業部門的能源供應，臺電勢必要使用規模經濟較低的火力電廠，如此則墊高成本，讓電價更缺乏競爭力。其次，以發電成本估算，松山電廠與高雄電廠每度成本爲 0.8～0.9 錢，但糖廠裝置容量 500～1,000kw 的發電設備每度成本僅 0.4～0.5 錢，臺電無法配合糖業製糖期及電價缺乏吸引力，是糖業部門電氣化的根本障礙。〔註202〕

糖廠以壓榨後的甘蔗渣循環利用，幾乎不需要燃料費，不似臺電受限於漲跌不定的煤炭價格。加上使糖廠發電設備的熱效率高達 40～60%，比臺電的 20～30%要高一倍，故發電成本可以比臺電再降低 50%。〔註203〕

1930 年代後期，糖廠才逐漸將電力引進核心製程中，因爲電力可以調整壓榨速度，滿足各種產程的要求。其次，糖廠動力通常以一臺供應全廠需求的「全系統」模式居多，漸改爲每項製程單機的多工系統，但對糖廠而言，淘汰傳統蒸汽設備，引進電力設備，仍有 100 萬圓以上的資金門檻要跨越。1935～1937 年間，糖業部門的電力分蜜機從 50 臺增加到 107 臺，基本上，這是戰爭動員（增產）的一環，不是眞正由下而上的需求。〔註204〕1937 年，昭和製糖的玉井工廠首度引進部份產程的電力設備，該廠「同步」調整製程速度的特色引發臺灣糖業界的高度注意。〔註205〕

總督府高估電力這項新能源在各部門應用速率的差異性，過於簡化及相信電力所帶來的進步性，忽略了各部門接受電力的速率不同，需要不同的行銷策略。臺灣糖業部門使用小型發電機，在維修與操作上較臺電供應更爲方便與彈性，且一旦採用電力系統，對糖業部門的原料掌握、機械控制、工廠管理都將來革命性的變革，如果利潤沒有增加很多，新舊之間將無法轉換。

由「表 21」可知，十三年間增加用電量最多的是製糖部門，但發電量規模都很小，未達全面產程電氣化以降低成本的經濟規模，平均每個糖廠裝置

〔註202〕《臺灣遞信》紀年 2600 年紀念特輯號，（1940）昭和 15 年 3 月，山本轍，〈製糖電化の十年〉，頁 74。

〔註203〕《臺灣遞信》紀年 2600 年紀念特輯號，（1940）昭和 15 年 3 月，山本轍，〈製糖電化の十年〉，頁 74。

〔註204〕《臺灣遞信》紀年 2600 年紀念特輯號，（1940）昭和 15 年 3 月，山本轍，〈製糖電化の十年〉，頁 78。

〔註205〕《臺灣遞信》紀年 2600 年紀念特輯號，（1940）昭和 15 年 3 月，山本轍，〈製糖電化の十年〉，頁 76。

容量僅 143～179kw，正因為規模小，故能不計較成本，也不需添購新設備，對糖廠而言，不用電力製程，只是無法擴大獲利，並不會降低既有收益。

最後也要指出，臺灣糖業部門比電力部門發展要早，故電力設備多半自給自足，毋需仰賴臺電。就後者而言，製程電氣化的投資與既有製程所能提供獲利率若不能拉大，則缺乏製程電氣化的誘因，加上輸日市場的週期與景氣波動，影響糖業資本投資製程電氣化的腳步。臺灣也在這種缺乏誘因情況下，1937 年才有第一座「電力製程」的玉井糖廠。〔註 206〕接著是昭和製糖的苗栗糖廠，1939 年才有第一座「全電力製程」的崁子腳糖廠（帝國製糖）。該廠耗電量約 1,800kw，其中三分之一用於壓搾甘蔗，每日最大產能 750 噸。平均更新設備的投資要 100 萬圓，是糖業部門更新設備的最大資金障礙。〔註 207〕

肆、重油發電部門

1920 年代，臺電高昂的費率不敵三菱財團低價傾銷的重油，受此影響，臺灣各製冰場紛紛改採重油發電機為能源。例如嘉義地區以電力製冰，每度電價成本 6.5 錢，但以重油卻只要 1.7～2.0 錢（只需臺電三分之一），換言之，臺電的費率沒有價格競爭力，扶助臺灣產業發展的創立宗旨也沒有落實。其次，使用重油的優點不只是價格而已，重油發電機直接帶動皮帶，不需要馬達，動力大小自由控制，也沒有規格與相容性的問題，可謂一舉數得。加上臺電供電品質不穩，無預警式的停電讓廠商蒙受損失，使用重油的話，就沒有這種問題，操作上也更方便。1920 年代中、南部興起一股重油發電機風潮，特別是新設工廠多採用重油發電機，造成臺電營收降低，迫使臺電提出更低廉的價格留住大用戶，能源市場也形成電力、煤礦、重油三足鼎立的態勢，臺電即使以成本較高的火力機組供電，也要守住既有市佔率。〔註 208〕

根據 1932 年統計資料顯示，全臺共有九十七臺重油發電機，總馬力 3,653hp，使用狀況請參考「表 22」）。九十七臺重油發電機中，有 40% 集中在製冰業，18% 用於電力事業，9% 用於各地水力組合，8.8% 用於製茶業，7% 用於精米業。其次，就每臺發電機平均裝置容量而言，水力組合最大，不僅發

〔註 206〕　《日》13221-1937-s12.1.15-3，〈電化された昭和玉井製糖所〉。
〔註 207〕　《臺灣電氣協會會報》第 15 號，昭和 14 年 5 月（1939 年 5 月），〈帝國製糖株式會社崁子腳製糖所電氣設備概要〉，頁 73～75。
〔註 208〕　《南新》9051-1927-s2.4.16-3，〈電力と重油の競爭〉。

電動機數量少，且每部發動機平均容量 165hp，其次是電力的 110hp，製冰業發電量雖佔第一，但平均每臺發動機僅 44hp，最小的歲是精米業，不僅發動機數量最多，且每臺平均僅 6hp。

　　根據臺電「勸誘係」研究指出，電動發動機使用成本遠比重油發動機低廉，但因臺電無力擴充輸電網，選擇重油發動機可能是別無選擇中成本相對低廉的結果。〔註 209〕

　　這種趨勢到 1930 年代中期，全臺 7,217 臺原動機中，使用電力驅動的有 5,320 臺，臺數佔 73%強，但若以馬力數計算，卻只佔 23%弱，電力在大功率原動機佔有率還是偏低。〔註 210〕

表 22　臺灣各產業部門使用柴油發動機概況

項目 總類	工場數 （家）	臺數 （臺）	馬力 （hp）	平均每部發動機馬力數 （hp）	平均每工場擁有發動機數量 （臺）	佔總發電量百分比 （%）
製冰業	27	33	1464	44	1.22	40.1%
電氣	5	6	661	110	1.20	18.1%
水力組合	1	2	330	165	2.00	9.0%
製茶業	6	6	323	54	1.00	8.8%
精米業	43	43	255	6	1.00	7.0%
製糖業	4	4	81	20	1.00	2.2%
造船所	1	1	20	20	1.00	0.5%
澱粉類	2	2	19	10	1.00	0.5%
合計	88	97	3653			

說明：該表為 1932 年數據。

資料來源：《南新》10861–1932–s7.4.11–3，〈デイゼルエンヂン〉。

小　結

　　1920～1930 年代，臺電發電機組已無法滿足市場需求，卻還要肩負帶動臺灣工業化的使命，一方面維持電力政策獨佔性，一方面轉向民間電廠購電

〔註 209〕　《南新》10861-1932-s7.4.11-3，〈デイゼルエンヂン〉。
〔註 210〕　臺灣總督府殖產局商工課，《熱帶產業調查書》（上）工業二關スル事項（臺北：該課，1935 年 8 月），頁 28～29。

滿足市場需求，因此臺電既是工業化的推手，也是工業化的阻礙。

　　從臺電營收與用電量觀察，臺電始終無法將營收奠定在工業用電的基礎上，整個電力市場結構還停留在電力發展的初級階段，而且整個 1920 年代，日月潭計劃復工討論常受日本中央政府改組而延宕，臺灣競爭條件逐年流失，等到 1930 年代後期，臺灣無論發展什麼產業，競爭的區位條件皆不如往昔，在電價、產業群聚、市場規模、原料取得、交通運輸、規模經濟、資金取得各方面，皆不如中國東北與新興的朝鮮地區。

　　佔臺灣人口大宗的農民，常受景氣波動影響，使用電燈的時間並不連續，且多半位於臺電一、二次輸電網之外，臺電無力、也無資金擴展市場，因此所謂農村電氣化一直是臺電實驗與宣傳的口號，實際上無法落實。臺電只能在既有市場（特別是城市地區），不斷增加每位用戶平均支出，犧牲供電品質提高既有市場的邊際收益（每年營收增加 5～10%）。對照英國、美國、日本「家庭電氣化」的發展數據，才會發現臺電對於市場的積極性不足，也才不會將臺灣低度發展的原因歸究由市場消費能力太低，僵化的電力政策才是造成臺灣電力發展遲緩的主因。

　　臺灣工業部門首位的糖業部門，其製糖高峰期竟與日月潭電廠枯水期重疊，加上臺電費率缺乏競爭力，糖業部門成立時間較早，利用蔗渣發電只需臺電價格的二分之一，更新設備的投入資金遠不如增加收益要來得多，不使用電力只是無法增加收益，並不會影響既有的營收。1930 年代的中國東北與朝鮮，有比臺灣更吸引日本資本投資的原料、電價、規模經濟等區位條件，日本有限的資金無法同時在三地投資，野口遵要設立年產 40 萬噸肥料工廠時，臺電曾向其探詢投資意願，但三菱表示要同時投資兩地，「恐有困難」。〔註211〕這就是臺電在 1930 年代的窘境，低廉的電價卻無法吸引資金前來，日月潭計劃峻工同時也宣告臺灣工業競爭優勢的結束，日本資本家的投資順序中，臺灣總在中國東北與朝鮮的後面。

〔註211〕《松木幹一郎》（東京：松木幹一郎傳記編纂會，1941 年 9 月出版），頁 253。

第四章　臺電組織結構與人事

第一節　臺電各項職務分析

電力政策得以推動原因除了「人」的因素外，組織型態的制定與運作也是一項觀察重點。本章將以臺電組織變革為中心，探討臺電如何因應變局，調整組織型態，特別是 1920～1930 年代的經濟衝擊，臺電如何讓組織追求利潤極大化，臺電又如何在人力市場上尋找合適的員工，如何保持組織活性；新員工加入臺電後，又如何在組織中將個人目標與臺電願景合而為一。

壹、臺電主管背景分析

日治時期臺電共有六任社長，每任社長的政治資源、專業能力、環境侷限各不相同，也各自發揮臺電不同的主體性，透過營運數據的評比，即可看出每任社長營運的偏重與差異。

其次，臺電社長、副社長以下，就屬理事位階最高，也是實際推動業務的一級主管，本章將探討政治任命理事與內部昇遷理事的差益，由於各理事與社長淵源不同，受倚重程度也不同，理事一方面是退休高官的政治酬庸，一方面也是專業技師備受肯定的最高職位。

（壹）臺電社長

臺電社長決定臺電營運大方向，加上臺電 80%～90%的市佔率，「臺電」二字幾乎是電力部門的代名詞。

臺電歷任社長資料請參考「表 23」，統計臺電二十六年間共有六任社長，

平均每位在任 4.3 年，而能超過平均任期的只有第一任社長高木友枝與第三任
社長松木幹一郎，兩人合計在任二十年，佔臺電存續時間的 77%。第二任的
遠藤達及第四任的加藤恭平皆在位不滿一年，第五任的林安繁不滿三年，第
六任的增田次郎不滿五年，以上四位任期加起來還不及高木友枝及松木幹一
郎的一半。

　　臺電第一任社長高木友枝專長爲醫學及公共衛生政策，第四任社長加藤
恭平畢業於東北帝大農學科，專長與電力事業較無淵源。〔註1〕是否具備電力
事業相關資歷才能勝任臺電社長一職，答案應從歷任臺電社長的營運數據上
觀察。

　　臺電第三任社長松木幹一郎被認爲是「長期浸淫政府部門的官僚出身，
卻沒有一身官僚習氣」的幹才。松木長期在日本遞信省任職，並曾擔任東京
市電氣局局長，兩度進出官場，歷遊印度與歐洲，協助後藤新平主持東京市
政調查會與「關東大地震」後的都市重建工作，並在民間公司（山下汽船）
擔任要職，是臺電歷任社長中，對電力事業本質與核心最有經驗與體認的社
長，又因其在任時間最長，故績效也最多，也是執行力最強的臺電社長。從
松木的例子可以顯示，在沒有「政治力」干預的前提下，社長的專業對臺電
營運有顯著的發揮。

表 23　臺灣電力歷任社長在任時間統計表

社　　長	高木友枝	遠藤達	松木幹一郎	加藤恭平	林安繁	增田次郎
專業背景	醫學		遞信省官員	臺拓社長	宇治川社長	大同電社長
在任起迄	1919～1929	1929	1929～1939	1939	1939～1941	1941～1945
在任時間	10 年	1 年	10 年	1 年	3 年	5 年
就職年齡	61 歲		58 歲		63 歲	
政黨取向		政友會	民政黨			
離職原因	任滿請辭	准予開缺	任上病逝	請辭	請辭	戰敗解散

說明：在任時間之計算，含前、後任交接該年，故與實際任期有些微落差。

資料來源：臺電，《營業報告書》（1919～1944）大正 8 年～昭和 19 年。

　　第五任社長林安繁出身日本「五大電力」之一的「宇治川電力」，其任內

〔註1〕　《臺灣人事態勢と事業界》（臺北：新時代社臺灣支社，1942 年 12 月發行），
　　　　頁 144。

完成臺灣西部市場的統一。林安繁生於 1876 年，日本金澤市人，1901 年畢業於東大法學部英法科，長期在大阪商船工作，後來轉入同樣是大阪地區的宇治川電力任職，並於 1924 年升爲社長，是日本電力部門的代表人物。〔註2〕

　　第六任社長增田次郎，1868 年出生，1941 年以 74 歲接任臺電社長，是臺電最年長的社長。增田早年在總督府任職，曾擔任後藤新平秘書，被稱爲日本電力部門的「元老」，與松木一樣屬於後藤色彩濃厚的社長。〔註3〕增田也當過日本「五大電力」之一的「大同電力」社長，並擔任日本政府爲加強控制電力部門成立的「日本發輸電會社」首任總裁，任內統一全臺市場，並迎接戰敗與臺電解散。增田次郎時期，臺電內部升遷理事不減反增，專業技師受拔擢理事者，計有下村秀一、增谷悠、塚本憲一郎三位。

　　日本在 1920 年代活躍的政黨政治，直接牽動臺灣總督的更迭，而臺灣總督的更迭又連動臺灣各州知事、府內局長級官員、大型公司社長的重新排列。如臺灣總督川村竹治未做滿一年即因濱口雄幸首相上臺被調職，臺電社長遠藤達也與川村一樣請辭。歷任臺電社長都是政治任命，有時社長的去留，不是根據營運表現，而是政黨政治支配下的人事更迭。

　　最後，就社長任期來觀察，發現自松木幹一郎以降，臺電隸屬於日本電力系統支配屬性被不斷強化，發展方向與軍方相結合，臺電主體性日漸降低。1930 年代後期，臺電不再注重市場，臺電的政策任務是扮演「日本帝國」南方的電源中心、加工中心與經驗輸出中心，協助軍方經營境外電力事業，並提高軍需資材的產能。

（貳）臺電副社長

　　依「臺電令」（臺灣電力株式會社令）第八條規定，副社長職掌爲「輔佐社長」，或社長因故不在任時的職務代理。第七條也規定，臺電可設副社長一名，由社長建議，但須由總督任命，任期與社長一樣是五年。〔註4〕但檢諸實際，臺電副社長並非「常置性」職務，在臺電二十六年中，有副社長的時間只有十五年，佔 58%。臺電副社長的專長與性質常與社長有互補與協助輔佐的脈絡可尋。

〔註2〕　《臺灣電氣協會會報》第 16 號，昭和 14 年 12 月（1939 年 12 月），〈臺灣電界時報〉，頁 61。

〔註3〕　《臺灣人事態勢と事業界》（臺北：新時代社臺灣支社，1942 年 12 月發行），頁 2。

〔註4〕　臺電，《營業報告書》（25），（1931）昭和 6 年，〈臺灣電力株式會社令〉。

表24 臺灣電力歷任副社長在任時間統計表

副社長	角源泉	遠藤達	山中義信	安達房治郎	田端幸三郎	松本虎太
專業背景	總督府土木局長		臺灣銀行理事		總督府殖產局長	總督府技師
在任起迄	1919～1923	1928～1929	1929～1931	1936～1937	1941～1942	1943～1944
在任時間	5 年	2 年	3 年	2 年	2 年	2 年
調動原因	請辭回日本	升任社長	期中請辭	期中請辭		

說明：在任時間之計算，含前、後任交接該年，故與實際任期有些微落差。所謂在任時間，
　　　係指含蓋的年度而言。

資料來源：臺電，《營業報告書》（1919～1944）大正 8 年～昭和 19 年。

　　臺電副社長除第一任角源泉是由總督府土木局局長轉任，任期達五年之外。其它副社任期平均只有二到三年，而且很多未滿二年。除了第一任副社長是政治任命外，大體上副社長一職，總督府尊重臺電社長的意見，未予干預。

　　第一任副社長角源泉，歷任總督府通信局長、土木局長，創下政務官轉任民間公司主管的先例（就位階而言）。1918～1919 年，角源泉曾率領大越大藏、國弘長重等技師勘察過日月潭，並向下村宏提出計劃，並轉任臺電第一任副社長。但隨著工程進行的不順利，角源泉也在 1923 年離開臺電，轉往日本報界發展。

　　第二任副社長遠藤達，創下臺電社長由副社長升任的首例，但也創下政黨輪替後「准予開缺」的首例。遠藤的奧援為川村總督，川村則在民政黨上臺後被更換，新總督也將以松木幹一郎取代了遠藤達。異動標準不是個人表現，而是政黨異同，雖常引發社會輿論的批判，但也從來沒有改變過總督的決定。

　　第三任副社長山中義信在高木友枝社長時代就被拔擢為理事，遠藤達時代被拔擢為副社長。山中原在日本銀行任職，1910 年轉任臺灣銀行，曾派駐倫敦數年，由於山中對外國金融事務嫻熟，使其成為歷任副社長中，最受倚重的一位。1929～1931 年間，臺電說服日本中央的數據，都由山中審核，松木社長滯留東京期間，臺電內部業務皆由山中主持，是名符其實的「副社長」。1931 年，臺電外債成立，山中自認階段性任務已完成，請辭離去。

　　第四任副社長安達房治郎由臺電理事升任，協助松木展開外債協調，並

扮演實際執行角色，任內引進製鋁工業，貢獻良多，1937年請辭。

　　第五任副社長田端幸三郎畢業於東京帝大法科，受下村宏提拔，長年任職臺灣總督府，54歲接任臺電副社長。〔註5〕

　　第六任副社長松本虎太與臺灣電力部門頗有淵源，松本1906年畢業於京都帝大土木科，專長為土木工程，曾任總督府工事部技師，也參與過電力部門的建立。為了研究海水與鋼筋混凝土的問題，由總督府派往英、美留學（一年六個月），返國後長期在總督府任職，1941年退休。〔註6〕1942年，增田次郎拔擢松本為理事，隔年升為副社長（兼建設部長），在1940年代由日本電力界派駐到臺電的主流中，松本出任副社長，可能與大甲溪計劃的達見堤堰需倚重松本的專長有關。

圖23　臺電最初內定社長柳生一義

說明：柳生1891年畢業於東大政治科，1899年以副董事長資格參與
　　　臺銀的創立，為人平實，專業頗受臺灣官界與財經界的肯定。
資料來源：《新臺灣》大正4年11月號，〈銀行界の代表者〉，頁87。

　　臺電副社長中，除政治任命的角與遠藤外，泰半以專業為多，如山中義

〔註5〕　《臺灣人事態勢と事業界》（臺北：新時代社臺灣支社，1941年12月發行），
　　　　頁3。
〔註6〕　《臺灣人事態勢と事業界》，頁166。

信出生金融界，安達房治郎專業更深受松木倚重，松本虎太具備土木專長，基本上臺電「副社長」一職，必需具備真材實料，且能與社長形成互補與輔佐的關係。

（參）臺電理事

日治時期的臺電共出現三十位理事，每位平均任期 3.7 年，任期最長的前三名分別爲大越大藏（十年）、永田隼之輔（九年）、能澤外茂吉（七年）。就任期平均密度而言，愈到後期，理事愈多，平均任期愈短，流動率愈大。造成這樣的主因是日本佔領地區增加，專業人材不足，只好由日本電力部門支援，加強臺、日人力交流的結果。

根據「臺電令」規定，臺電應受總督府監督；依照「商法」規定，總督府也是臺電最大股東。因此不論就「臺電令」或「商法」而言，總督府都有充份法源依據與足夠的持股數，合法地推薦臺電理、監事，這種權力操作具有「完全合法」的運作基礎。歷任總督將臺電理事缺視爲政治酬庸與政商旋轉門最佳管道，雖然看不到總督府與臺電決策背後的角力過程，但從 30 位理事任命過程，卻可得到許多啟發。一個專業的事業單位，究竟有多少人事自主權，對營運有何影響。

臺電理事可分爲三種類型，第一類以政治任命居大宗，有臺灣銀行出身者（如南新吾、山中義信），有總督府高官退休轉換跑道者（如臺北州知事宇賀四郎），有總督府高層派系傾軋後，人事安排出路者（如總督府文書課長能澤外茂吉），有日本政府要求總督府，爲政府裁併政務官安排出路者（如遞信省電務局局長富山敏行）。當然，亦有臺電事業伙伴派任者（如三井財團推薦的永田隼之輔）。

第二類是由臺電內部拔擢者（如大越大藏、國弘長重、增谷悠、松本虎太），這類理事多半是總督府技師出身，具有工程專業的背景。

第三類是每位社長上任後，各自拔擢的門生故舊（如後藤曠二），這批人會隨著社長更迭，淡入（或淡出）決策核心。

臺電理事背景之多元龐雜，正反映各方勢力的匯合，尤其是政治力介入的結果，本文也發現政治力介入並非一無是處，尤其像臺電這種經常與總督府溝通的單位而言，退職政務官的「人脈」往往有很多好處，若總督府推薦的理事能扮演臺電與總督府溝通橋樑，每年每位一至二萬圓的薪資支出，對臺電是物廉價美的「投資」。

　　臺電既然要接受總督府的政治人事任命，就必須爲其安排職務，但畢竟職缺不是臺電本身的需要。歷任臺電社長爲安排理事的督導單位，在專業與職缺無法兩全下，不免產生「所學非所用」的排斥現象，如1931年臺電組織大調整，無工程背景的安達理事督導技術掛帥的建設部，技術專業的國弘理事卻監督業務部即是一例。〔註7〕

　　臺電歷任理事背景請參考「表25」。

　　（1）南新吾：南新吾是臺灣銀行兼臺電理事，也是臺電史上唯一的「兼任理事」，四年後即請辭。南新吾1897年畢業於東大法科，與主張「天皇機關說」的美濃部達吉是同學，並與美濃部達吉有姻親關係。1910年以前，一直在三井物產內任職，1912年進入臺灣銀行擔任理事，離臺後在東大擔任法學教授課程。〔註8〕

　　（2）大越大藏：大越大藏是總督府早期唯一的「電氣技師」，也是臺北地區電力系統的規劃者，與第二位電氣技師國弘長重有「北大越，南國弘」之稱。大越也是在位最久的理事，也是唯一在任內病逝，因公殉職的理事；也是少數過於肥胖，探勘日月潭需要坐轎，易流汗的技師。同時，大越也是「發言謹愼」的理事，習於沉默的結果，反而避開許多權力與人事的爭鬥漩渦。

　　（3）國弘長重：國弘長重的資歷僅次於大越大藏，大越任上病逝後接替其理事遺缺。當年日月潭計劃就是大越與國弘向民政長官下村宏提出的，其中國弘實際踏查的部份比大越還多，故被稱爲「日月潭計劃的母親」，在總督府「東京帝大」爲主流的技師部門中，國弘「京都帝大」的背景顯得特別醒目。國弘對電力部門草創初期業務體系的建立，貢獻良多，是少數兼通「市場行銷」與「電氣專業」的全才。

　　（4）林將治：林將治也是技師出身，日月潭第二電廠興建時擔任土木部長，電廠建成後，被松木拔擢爲理事。

　　（5）松尾秀雄：松尾秀雄是臺電技術課長，也曾參與日月潭計劃復工，由林安繁拔擢爲臺電理事，也算是內部拔擢。

　　（6）松本虎太：松本虎太生於1879年，畢業於京都帝大，32歲擔任總督府臨時臺灣工事部技師，1910年代曾派往歐洲留學，62歲擔任臺電理事，

〔註7〕　《日》11264-1931-s6.8.21-5，〈電力總會と豫想さる新陣容〉。
〔註8〕　《新臺灣》大正4年11月號（1915年11月），〈銀行界の中心人物〉，頁65。

負責大甲溪電源開發的土木工程。

（7）下村秀一：下村秀一是臺電 1930 年的「北中部電氣配給主任」，前項職務是「技術課送配電係主任」，算是臺電內部升遷的理事。

（8）增谷悠：增谷悠曾在 1931 年日月潭計劃復工時擔任臺電「建設部送電線建設課長」，並參與復工前的調查，日月潭計劃取水口從姐妹原改為武界的就是增谷悠的主張，日月潭計劃完工後擔任臺電土木課長，也是臺電內部拔擢的理事。

（9）塚本憲一郎：塚本憲一郎是 1930 年代臺電營業課長，非屬技師出身，但也算臺電內部拔擢理事（業務系統），且是由 1944 年增田時代拔擢的理事。增田上任後，就提拔前述三位內部昇遷理事。

（10）後藤曠二：後藤曠二以臺電參事輔佐松木，並擔任技術部長，屬於松木帶進臺電的核心幹部，並於後來拔擢為臺電理事。1939 年松木病逝，後藤也辭去理事返日，並參與《松木幹一郎》傳記的編纂工作。

（11）南政吉：南政吉是臺電創立時的庶務課長，屬於臺電業務系統出身，也是臺電內部升遷的理事。

（12）宇賀四郎：宇賀四郎是由臺北州知事轉任臺電理事，屬於政治酬庸，當初是總督府提名宇賀，交換臺電松木提的安達房治郎。宇賀上任後，也充分發揮「政治理事」的專長，扮演臺電與總督府之間的溝通橋樑，不僅如此，宇賀也真正為臺電做了不少事，在某次日月潭工災中處理得當，無一傷亡，是臺電少數有做出實績的「政治理事」。

（13）能澤外茂吉：能澤外茂吉是由總督府文書課長轉任，據聞是總督府高層派系傾軋後的人事安排。

（14）富山敏行：富山敏行則是日本政府組織精簡後，超額的局長級官員。富山敏行原是日本遞信省電務局局長，但該局被合併後即無出路，因此日本政府向總督府要求安排出路，總督府則要臺電消化此一分配名額。

（15）山本恪：山本恪生於 1889 年，1911 年畢業於熊本高工土木科，擔任過臨時發電水力調查局技手，長年任職九州送電會社，53 歲接任臺電理事。

（16）中村太郎：中村太郎生於 1886 年，畢業於東京帝大法科，曾擔任日本發送電會社總裁室秘書，57 歲擔任臺電營業部長兼社長室秘書，同年擔任臺電理事。

（17）土居政次：土居政次生於 1886 年，畢業於東京帝大英法科，26 歲

進入臺灣銀行任職，54歲擔任臺電理事兼經理部長，56歲改兼臺電資材部長。

　　（18）平澤越郎：平澤越郎生於1880年，畢業於東京帝大政治學科，經歷大多在日本銀行與金融界，60歲擔任臺電理事，62歲改兼經理部長。〔註9〕

　　日月潭計劃完工後，臺電轉投資項目愈來愈多，臺電社長身兼多家轉投資公司董事，最後因轉投資公司數目太多，社長分身乏術，只好加派臺電各理事到相關企業擔任董、監事，如1937年，理事野口敏志擔任福大公司監事、後藤曠二兼臺灣自動車（汽車）會社董事，日治後期的臺電，理事兼職慢慢成為常態。〔註10〕

表25　臺灣電力歷任理事在任時間統計表

理　事	（1）南新吾	（2）大越大藏	（3）永田隼之輔	（4）高田元治郎	（5）山中義信	（6）國弘長重
專業背景	三井物產臺銀理事	作業所電氣課長	三井物產檢查課長	臺灣總督府殖產局長	臺灣銀行	作業所電氣技師
在任起迄	1919～1922	1919～1928	1919～1927	1922～1923	1928～1931	1929～1931
在任時間	4	10	9	2	4	3
異動原因	主動請辭	任內病逝	請辭		請辭	任滿請辭
理　事	（7）南政吉	（8）宇賀四郎	（9）安達房治郎	（10）富山敏行	（11）能澤外茂吉	（12）後藤曠二
專業背景	臺電庶務課長	臺北州知事		遞信省電務局局長	總督府文書課課長	臺灣電力參事（技師）
到任年齡			50歲			
在任起迄	1929～1933	1931～1935	1931～1935	1932～1935	1934～1941	1935～1939
在任時間	5	5	5	4	8	5
異動原因				請辭		任內請辭
理　事	（13）野口敏治	（14）林將治	（15）田端幸三郎	（16）平澤越郎	（17）土居政次	（18）松尾秀雄
專業背景	臺北州知事	臺灣電力土木部長	總督府殖產局長	橫濱儲蓄銀行董事	臺灣銀行參事	臺灣電力技術課長
在任起迄	1936～1939	1937～1940	1939～1940	1940～1944	1940～1944	1940～1944
在任時間	4	4	2	5	5	5

〔註9〕《臺灣人士鑑》（興南新聞社出版，1943年），頁280、298、337、374、412。
〔註10〕臺電，《營業報告書》（37），（1937）昭和12年，頁5。

理　　事	（19） 井阪孝	（20） 永井專三	（21） 松本虎太	（22） 中村太郎	（23） 山本恪	（24） 下村秀一
專業背景			總督府土木技師	日本發送電會社總裁室秘書	九州送電會社建設所長	臺灣電力配電係主任
在任起迄	1940～1942	1940～1941	1942	1942～1944	1942～1944	1942～1944
在任時間	3	2	1	3	3	3
理　　事	（25） 龍口陸造	（26） 增谷悠	（27） 宮木廣大	（28） 高橋六藏	（29） 北村厚	（30） 塚本憲一郎
專業背景	臺灣電力土木課長	臺南州知事				臺灣電力營業課長
在任起迄	1942～1944	1943～1944	1943～1944	1943～1944	1944	1944
在任時間	3	2	2	2	1	1

說明：在任時間之計算，含前、後任交接該年，故與實際任期有些微落差。所謂在任時間，
　　　係指含蓋的年度，而非實際任期長短。1945 年因無營業報告書，故不列入計算。
資料來源：臺電，《營業報告書》（1919～1944）大正 8 年～昭和 19 年；《臺灣人士鑑》（興
　　　南新聞社出版，1943 年），頁 224、278、280、298、314、337、375、386、412。

貳、臺電《營業報告書》分析

　　臺電五十一期《營業報告書》包羅萬象，此處僅以股東人數、股東大會
地點與薪資結構等三項數據加以分析。

（壹）股東人數

　　臺電股東人數的變化也是觀察臺電營運狀況的指標之一。1918～1919 年
的臺電股票認購熱潮，讓股東人數從成立前夕的 12,000 人，到成立當年跌到
8,333 人，顯示股票熱潮過後，不少股東轉讓持股，投機的激情也逐漸回歸基
本面。

表 26　臺電股東人數

年度	股東數	增加率	年度	股東數	增加率	年度	股東數	增加率
1918	11036		1928	6385	-4%	1938	6581	-1%
1919	8333	-32%	1929	6508	2%	1939	9383	30%
1920	7890	-6%	1930	6991	7%	1940	8311	-13%
1921	7406	-7%	1931	6855	-2%	1941	8167	-2%

1922	7090	-4%	1932	7145	4%	1942	7947	-3%
1923	7056	0%	1933	7244	1%	1943	8101	2%
1924	6995	-1%	1934	6962	-4%	1944	9012	10%
1925	6850	-2%	1935	6858	-2%			
1926	6705	-2%	1936	6830	0%			
1927	6616	-1%	1937	6627	-3%			

說明：股東人數應營業報告書每半年統計 1 次，故以每年下半年統計數據為準。

資料來源：臺電，《營業報告書》（1919～1944）大正 8 年～昭和 19 年。

　　一直到 1928 年為止，臺電股東人數以每年平均-6%速度減少，而且伴隨日月潭計劃的中挫，小股東見臺電股票無利可圖，而且與當初投資落差太大，紛紛轉讓持股，到 1928 年股東人數只剩下 6,508 人。松木接掌臺電後，1929年合併臺灣電興，股本增加，股東數也首度出現 2%的正成長。

　　1931～1938 年間，松木社長有效改善臺電財務結構，市場對臺電認同度也慢慢增加，日月潭第一、第二電廠陸續完工，各項營運數據也有改善，於是股東人數的遞減趨勢減緩，僅以每年平均-1%速度減少，到 1938 年有 6,581人。

　　1939 年股東人數增加到 9,383 人，較去年成長 30%，這是臺電最高的增加率，主因是臺電大幅增資，認購者增加很多所致，此後又快速減少，到 1944年，股東人數為 9,012 人。統計 1919～1944 年間，臺電股東人數平均成長率為-1%。

（貳）臺電股東大會召開地點

　　臺電股東大會可分為「例行股東大會」與「臨時股東大會」二種，本文僅以「例行股東大會」為樣本，依照「臺電令」規定，例行股東大會在每年二月及八月召開，而且要在二星期前向股東發出通知。

　　臺電股東分處臺、日兩地，除了 1921、1928、1940 年都在臺電總公司召開以外，每年股東大會輪流「冬季在臺北，夏季在東京」開會已成多年的「慣例」，一來讓與會者避開冬季日本低溫與夏季臺灣懊熱，二來兼顧臺電臺、日股東權益，三來增進臺、日股東的交流，可謂一舉多得。

表27　臺電例行股東大會召開地點

年度	上半年	下半年	年度	上半年	下半年	年度	上半年	下半年
1918			1928	A	A	1938	A	D
1919	A	B	1929	D	A	1939	A	D
1920	B		1930	A	D	1940	A	A
1921	A	A	1931	D	A	1941	D	A
1922	D	A	1932	D	A	1942	A	D
1923	D	B	1933	D	A	1943	C	D
1924	D	A	1934	D	A	1944	C	D
1925	D	A	1935	D	A			
1926	D	A	1936	D	A			
1927	E	A	1937	A	D			

說明：「A」：臺電總公司（臺北）；「B」：臺北鐵道旅館（臺北）；「C」：臺北公會唐（臺北）；
　　　「D」：日本帝國鐵道協會（東京）；「E」：帝國生命保險協會（東京）。
資料來源：臺電，《營業報告書》（1919～1944）大正8年～昭和19年。

　　臺電五十一次可考的例行股東大會（1920年下半年缺）中，共有五個開
會地點，地點的選擇有一定的慣性，除非社長更替或戰爭末期，否則不會輕
易更動，各期開會地點請參考「表27」。

　　例行股東大會在臺電總公司（臺北）召開的有二十五次，佔49%。其次
在「臺北鐵道旅館」（臺北）召開的有三次，佔6%，資料顯示「臺北鐵道旅
館」只在臺電創立前幾年被選爲股東大會地點，此後皆無記錄。另外，在臺
北公會堂（臺北）召開的有二次，佔4%，這二次都集中在大戰末期，原因是
臺電總公司與總督府距離太近，且在後期已成爲美軍轟炸目標，危險性大增。
總計五十一次中，在臺灣召開三十次，佔58%。

　　若選在日本召開，則以「帝國鐵道協會」（東京）頻率最高，共二十次，
佔39%。比較特別的是1927年上半年在「帝國生命保險協會」（東京）召開，
是五十一次中唯一的一次，原因不明。

　　臺電股東人數雖有數千人，但每期股東大會實際參加股東僅約20～30
人，最多不超過40人（以委任狀讓參加股數過半），每次股東大會很少超過
一小時，多半在二十到三十分鐘結束。股東大會所提議案，如增資、該期決
算結果、股利分配、理事、監事改選等提案，幾乎都是「無異議通過」或「全

權委由社長決定」，展現議事的「高效率」，根據採訪過股東大會的記者表示，開會過程十分「無聊」。

　　臺電股東大會還有一項特色，就是會有總督府派出的「監理官」列席（一般而言，監理官由總督府財務局官員兼任），但很少有實質干預行動。總督府雖然有絕對支配權（監理官依法代表總督府，可以命令臺電隨時提出營業報告，或調閱資料），但由於會前皆與總督府有共識，會議都是「行禮如儀」般進行。而且總督府實際上對臺電幫助很多，除人事權外，極少干預，即使要干預，也隨時可進行，不必選在股東大會。股東大會決定的，多半是總督府與臺電已事先協調好的政策，只是藉由股東大會賦予「合法性」而已。

（參）股權與股價變動

　　臺灣電力部門的股價，基本上與市場僅有微弱的連動關係，其原因如下：

　　（1）臺電第一大股東是總督府，持有臺電 1,200 萬圓股票，不會在市場賣出。因此臺電雖然以「民營」的形式存在，但卻是一家實質「官營」的電力公司。

　　（2）除總督府外，三井、臺銀等事業體也因配合總督府政策需要，不會在市場上賣出臺電股票。

　　（3）小股東所持有股數極少，而且股票交易要由總督府「核准」而不是「備查」，這在臺電及各電力公司營業報告書中都有股權轉移的記錄，每筆都要經過「核准」，因此臺電股票不太可能有大規模的流通。

　　（4）股價變動率極微，通常每個月變動率也不大，消息面與基本面也無法很快從股價中反映。

　　（5）民營電力公司大部份持股都由一、二位負責人持有過半股份，如嘉電的赤司初太郎，竹電的永野榮太郎，持股都超過 50%以上，使股權結構長期維持在穩定狀態。

　　（6）臺電所需資金大部份不是透過股市募資，而是靠政府金援與國外長期貸款，或由銀行團認購的公司債挹注，從股市集資的資金，僅佔小部份。

　　雖然如此，電力公司的股價還是一個不可遺漏的觀察指標，臺電也曾提高股利，希望拉抬股價，以利增資及提高市場的認購意願。

（肆）薪資結構

　　作業所時期，以低人事成本，達成每年營收 160 萬圓目標，比起 1911 年

的 67 萬圓多了 2.4 倍。若將作業所人事成本與通信局做比較可以發現（請參考「表 28」），作業所員工只有 61 位，每年人事費 6.6 萬圓，平均每位年薪 1087 圓；通信局員工 537 位，每年人事費 45.1 萬圓，平均每位年薪 840 圓。因此就平均資薪而言，作業所待遇比通信局要高，就營收與人事支出比例而言，作業所營運數據較爲突出。

臺電正式員工稱爲「職員」，非正式員工稱爲「傭員」，後者人數平均比前者多一倍以上。從 1919 年臺電薪資結構分析可知，社長年薪 12,000 圓，副社長 10,000 圓，理事 8,000 圓，每年臺電支付這四位幹部就要 46,000 圓。再加上監事、囑託、技師、主事、技手、雇員，人數 234 人，年薪總支出 21.3 萬圓，該年臺電員工有 1019 人，扣掉可考的還有 785 人。

這 785 人職務包含正式編制與非正式編制員工，其職稱有醫師、書記、藥局長、工手（以上屬正式編制），守衛、電工、工夫、庫手、小使、給仕、職工、瓦斯工、司機、火夫、雜役夫（以上屬非正式編制）。平均月薪從 10 ～25 圓，本文取平均值 17.5 圓計，每人每年 210 圓，785 人共 16.5 萬圓，連同前面管理階層計算，臺電該年人事薪資支出爲 37.8 萬圓，佔總支出 21%（隔年臺電總支出爲 179 萬圓）。〔註11〕

同樣是職工與雜役，如果是非正式員工，只能領日薪，正式員工則領月薪，管理階層則以年薪計算（另有本俸 46～60% 不等的加給），這種薪資就像一個金字塔結構，愈往上層，門檻愈高，人數愈少，薪俸額也呈現倍數增長。

表 28 作業所與通信局編制人員與薪給比較

單　位	敕任官	奏任官	判任官	總　計	薪給總額（圓）
作業所	0 人	4	57	61	66349
通信局	1	15	521	537	451395

說明：作業所人員編制於 1911 年訂定，該表爲 1916 年編制。

資料來源：《臺灣時報》第 25 號，大正 10 年 8 月，下村宏，〈松本卓爾君遺稿の『海外管見』〉，頁 64。

〔註11〕臺電，《營業報告書》（2），（1920）大正 9 年，頁 26。

表 29 臺電薪資結構

職　稱	本俸年薪	加給年薪	計	月　薪
社長	12000			1000
副社長	10000			833
理事	8000			667
監事	800			67
囑託	2400			200
技師	2530	1164	3694	308
主事（事務官）	2270	1044	3314	276
技手	600	360	960	80
雇員	300			25
車夫	120			10
職工	240			20

說明：技師、事務官在原總督府體系內屬「奏任官」，技手屬「判任官」。技師、事務官每
　　　年加給本俸 46%；技手則加給 60%。單位：圓。該薪資為 1919 年數字，不代表後
　　　來的薪資，也不含歷年調薪與通貨膨脹。
資料來源：臺灣總督府，《日月潭水力電氣事業豫算書》，頁 5～6。

表 30 臺電薪資總支出

職　稱	年　薪	人　數	小　計
社長	12000	1	12000
副社長	10000	1	10000
理事	8000	3	24000
監事	800	3	2400
囑託	2400	12	28800
技師（技師長）	3694	9	33246
主事（事務官）	3314	10	33140
技手	600	36	21600
雇員	300	159	47700
計		234	212886

說明：年薪含本俸與加給。單位：圓。該薪資為 1919 年數字，不代表後來的薪資，也不
　　　含歷年調薪與通貨膨脹。
資料來源：臺灣總督府，《日月潭水力電氣事業豫算書》，頁 5～6。

在總督府原規劃中，臺電社長年薪原為 6,000 圓，副社長 5,000 圓，技師分二級，一級技師 4,000 圓，二級 3,500 圓。但不知何故，社長與副社長薪資都加倍，技師反而降低到 2,530 圓。〔註12〕

表31　臺電薪資支出佔總支出比率

項目 年度	總收入 （圓）	總支出 （圓）	員工數 （人）	薪資 （圓）	（A） 百分比	（B） 純益 （圓）	（C） 薪資B （圓）	（D） 百分比
1919			1019	378000				
1920	3598024	1645816	1153	427763	26%	1952208	440596	27%
1921	4641733	2327559	1611	597681	26%	2314174	633542	27%
1922	5585738	2706235	1386	514206	19%	2879503	560485	21%
1923	5835354	2708215	1268	470428	17%	3127139	526879	19%
1924	5675050	2786051	1124	417004	15%	2888999	479555	17%
1925	5908467	2897333	1167	432957	15%	3011134	510889	18%
1926	6491321	2968153	1203	446313	15%	3523168	540039	18%
1927	7017635	4284301	1246	462266	11%	2733334	573210	13%
1928	7542210	5204461	1177	436667	8%	2337749	554567	11%
1929	8322886	5157304	1480	549080	11%	3165582	713804	14%
1930	8668994	4944937	1337	496027	10%	3724057	659716	13%
1931	8661793	4442593	1586	588406	13%	4219200	800232	18%
1932	9324945	6561872	1804	669284	10%	2763073	930305	14%
1933	10283983	5850133	1958	726418	12%	4433850	1031514	18%
平均					15%			18%

說明：（A）百分比：根據 1919 年公布薪資結購計算歷年薪資佔該年總支出百分比。

　　　（C）薪資 B：設定每年 3%調薪與通膨。

　　　（D）百分比：根據 1919 年公布薪資結構加上歷年調薪及通膨後佔該年總支出百分比。

1934 年起，總支出與總收入數據不易計算，勉強計算有過於主觀導致失實之可能，故不列入。

資料來源：臺電，《營業報告書》（1920～1933）大正 9 年～昭和 8 年。

若以臺電 1919 年薪資結構為計算基礎，平均每位員工年薪 371 圓，再加上每年 3%調薪與通膨計算。

〔註12〕《下村宏文書》第 90 號，〈臺灣電力會社設立參考書〉，無頁數。

「表31」是根據臺電1919年公布薪資所換算的數據，加上歷年調薪後的呈現。首先，臺電公布營業報告書中，人事費包含在「本社費」項目下，且與實際數據多有誤差，讓人誤以為人事費佔總支出比重不高。以1925年為例，臺電「本社費」僅19萬圓，佔總支出6.6%，但實際計算後發現該年人事費為51萬圓，佔總支出18%，因此若依營業計算書計算，金額誤差為2.6倍，佔總支出比率誤差為2.7倍。

造成誤差的原因是臺電會計將人事費平均散佈在其它項目，「本社費」只包含總公司人事與營業費用，各發電廠人事費併在「電氣事業費」中，也因如此的差異，不易讓人察覺臺電人事的增加與編制龐大的事實。因此如何控管人事費，做最有效的利用，是歷任臺電社長改善財務結構惡化的首要課題。

臺電員工數1919年的1,000餘人增加到1942年的5,000餘人，1921年日月潭計劃推行最高峰，員工數達1,611人，但隨著工程停擺及陸續裁員，逐年遞降到1925年的1,167人。人事經費也從1921年佔總支出的27%，降到1925年的18%，顯示高木友枝社長在日月潭計劃受挫後，一連串人事瘦身政策奏效，1926～1929年間，員工數增減幅度不大，約在一百到二百人之間擺盪。

第二個明顯變化是松木幹一郎社長上臺後，臺電業務出現明顯擴張，但員工人數卻從1929年的1,480人降為隔年的1,337人，佔總支出比率由14%降為13%。第二次是1931～1932年間，臺電正在進行日月潭工程之際，員工數由1,586人增加為1,804人，但總支出比率反從18%降到14%。雖然本文數據只統計到1933年，但仍可看出松木出掌後的臺電，在業務不斷擴張中，員工數增加，薪資成本增加，但佔總支出卻能下降，而不是用「減薪」方式，證明了松木的眼光與經營手腕。松木的方法是，擴大總收入來降低人事成本，證明了電力事業只有保持與市場「積極性」的接觸，才是經營獲利的不二法門。

高木友枝社長時期（1919～1928年），薪資佔臺電總支出平均19%，松木社長時期（1929～1933年）則能控制在15%（而且員額更多），松木幹一郎對電力事業本質的洞悉與掌握，完全反映在人事經費的控管上。

小　結

從臺電主管背景分析來看，臺電的主體性愈低，所得到的資源愈多，每位臺電社長都要在市場與政治力之間，尋找對臺電最有利的平衡點。

　　臺灣總督府對臺電的人事主導權，集中於理事階層，總計三十位理事中，總督府強力運作者不到三分之一，且由總督府推薦之理事，未必對臺電沒有幫助（如臺北州知事轉任的宇賀四郎就是扮演臺電與總督府的橋樑），所謂「人事干預」也未必是負面因素。對於臺電這種經常要與總督府保持密切業務互動的單位而言，接受總督府推薦人選是有幫助的，但也不可否認，在幾次雙方僵持的政治協商中，臺電必須學會妥協的智慧，才能在臺電設定的營運目標上，繼續前進。

　　臺電副社長與監事的任命，幾乎尊重臺電自己的決定，其中監事為臺電內部的政治酬庸任命。至於副社長，則視臺電歷任社長需要安排，多半為金融長才者出任而非技術部門，以便與社長形成互補與輔佐的關係。

　　臺電股東大會性質，似為臺電與總督府達成共識後，為其共識賦予程序效力的工具。從參與人數、過程、提案、動議、表決結果來看，參與規模遠不如臺電股東數那麼熱烈，甚至被記者用「無聊」來形容。就股東大會召開地點而言，充分兼顧臺日股東權益、兼有促進交流，選擇合適氣候地點開會的安排。

　　薪資結構方面，本文發現臺電在 1920 年代困頓時期，人事費高達總支出 27%，預期繁榮的心理下大量聘人，造成人事支出不斷墊高。但就整個時期平均而言，人事費約佔總支出的 18%，且自第三任社長松木幹一郎上任後，人事成本從 18%降到 14%，顯示在不同理念主政下，相同資源可以有更高的產出。從臺電經驗中也可看出，擴大市場與營收，才是墊付高支出的正途，而非裁員與減薪，但整體而言，龐大而高齡化的人事成本，是臺電獲利無法提高的主因。

　　臺電人事成本隱藏在其它會計項目中，從《營業報告書》中無法掌握，需利用多方史料交叉比對才有計算的根據，《營業報告書》雖然珍貴，卻不可盡信，因為裡頭藏有不少「數字」與「格式」上的陷阱。

第二節　臺電組織結構調整

壹、裁　員

　　「組織調整」是「裁員」文言文的說法，對臺電員工而言，當初進入這家資本額數千萬圓的大公司（而且最大股東就是臺灣總督府），堪稱人人稱羨

的「鐵飯碗」，但曾幾何時，竟要面臨中年失業的恐懼。

圖24　臺電人事組織大調整

說明：松木幹一郎出掌臺電第一件事，就是調整組織架構，使其更能
　　　反應市場驅力，具體措施就是裁員。
資料來源：《日》10797–1930–s5.5.8–3。

　　臺電人事精簡共有兩次，第一次是高木友枝社長時代因日月潭計劃停工
而裁員，第二次是松木社長為了讓人力資源重新配置而裁員。能夠通過這兩
次裁員倖存的員工，對工作本質會有全新的體認，而從裁員的歷史經驗中，
可以看出個人要如何強化競爭優勢，避免陷入中年失業危機。就勞資關係而
言，裁員難免引起怨懟，但還是有勞資雙方都能接受的交集，一方面保障被
裁員工權利，一方面也讓臺電能永續經營。

（壹）第一次裁員（1922～1923 年）

　　日月潭計劃啟動第三年就已進入實質停工狀態，由於前二年不斷增聘的
員工墊高了人事成本，高木友枝被迫對組織實施精簡政策。1923 年，高木友
枝召集臺電高層商討後，決定三項裁員要點：

　　（1）先裁「年資深、薪資高、無專業技能」的員工。

　　（2）專業工程師儘量不裁，尤其是參與日月潭計劃核心的工程師，否則
一旦將來景氣好轉，這些人都已離開，想要再找另一批人進入狀況，難上加
難，造成「才力流失型」的裁員。

（3）臨時約聘人員雖不比正式人員，但實力與上進心卻不輸給正式員工，但在「裁員」大刀一揮下，非正式人員卻面臨「劣幣驅逐良幣」的結果，「該走的不走，該留的不留」，因此這波裁員要避免拘泥科層體制規範，留下對臺電有實質幫助的員工。〔註13〕

表 32　臺電員工服務年資統計表

職　稱	10 年以上	5 年以上	總　計	說　明
技師	70	63	133	土木課長庄野技師等
書記、技手	73	53	126	
雇、工手	47	51	98	
傭人	132	193	325	
總計	322	360	682	

說明：該表為 1929 年統計。
資料來源：《日》10596–1929–s4.10.17–4，〈電力會社創立十周年祝賀〉。

裁員的風聲很快從總公司向各營業所傳開，口耳相傳更深化被裁員的恐懼，員工戰戰兢兢，等待裁員名單的公布。同年 7 月，臺電財務結構逐漸惡化，能掌握的現金只剩 900 萬圓，「若繼續工程，每月要開銷 140～150 萬圓，若按照預定工期，告峻要 7,000 萬圓，由此觀之，勢必停止。」〔註14〕如果不精簡人事成本，臺電只剩下破產一途。

人事精簡首當其衝的是臺電「建設部」與「營業部」，預計書記以上裁員 80 餘人，雇員傭員下 640～650 名，合計要裁員 700 餘名，而且不久就會公布名單，臺電員工「如聞晴天霹靂，莫不戰戰兢兢。」〔註15〕同年當月，第一波名單公布，裁掉建設部的員工 50 餘名，傭人 100 餘名，共 150 餘名。〔註16〕被裁人員，依服務年資，每滿半年可領一個月薪資的「慰勞金」及返鄉旅費。〔註17〕

同年 12 月，第二波裁員名單公布，由於臺電事業性質特殊，裁員前所未聞，員工稱為「大藏首式」。第二波裁員 130 名，其中技師 3 名，醫師 1 名，

〔註13〕　《南新》7320-1922-t11.7.20-2，〈問題の電力會社〉。
〔註14〕　《南新》7320-1922-t11.7.20-2，〈問題の電力會社〉。
〔註15〕　《南新》7320-1922-t11.7.20-2，〈問題の電力會社〉。
〔註16〕　《南新》7323-1922-t11.7.23-11，〈電力會社の人減〉。
〔註17〕　《南新》7327-1922-t11.7.27-7，〈騷ぎ出した日月潭〉。

主事 1 名，書記、技手 29 名，雇員 19 名，日薪雇員 6 名，傭人 71 名。觀此名單，被裁者以低層的事務與雜務從業員居多，真正臺電核心人員被裁者寡，其中技師、主事被裁者，多屬自願離職，轉赴日本發展為多，並非真正被裁員。〔註18〕總計第一波與第二波裁員總數約 300 名，還不到臺電目標 700 名的一半，主因是高木友枝社長「寬厚治社」，沒有繼續執行裁員政策所致，而且第一次裁員也沒有配套性措施，純粹是為了減少支出的「消極性裁員」。

臺電人事結構中，服務十年以上者比比皆是（請參考「表32」），這主要是臺電是獨佔大企業，又有總督府保障其市場地位，工作穩定所致。1929 年「臺電十週年紀念」活動特別表揚資深員工，由遠藤社長贈送金、銀鐘錶做為紀念，並由庄野技師代表致謝辭，會後高呼「臺灣電力會社萬歲」後結束，對照臺電 600 多位員工中，幾乎「人人有獎」。〔註19〕從統計數據來看，臺電服務十年以上員工有 322 人，五年以上 360 人，共計 682 人，佔臺電當時員工總數的 46%。這些按年資升遷加薪的員工，逐漸成為人事費沉重的負擔，臺電每年支出中，人事費比率愈來愈高，人事結構明顯老化，即使是替代性高的傭人，也有 325 人服務五年以上，因此能夠進入臺電，幾乎沒有中年失業危機。對臺電內部而言，這是個有人情味、結構穩定的組織，但面對市場競爭，臺電則呈現一個低效率、高齡化的事業體。

（貳）第二次裁員（1932 年）

1932 年，松木在臺電外債通過後，開始將注意力放在調整組織效率上，一方面擴編組織架構調查日月潭計劃後續事宜，一方面裁員降低支出，汰弱留強。據查，臺電當時課長以下職員約 500 餘名，電工以下含傭人數約 1,480 餘名，耳聞可能裁員風聲傳開，臺電職員莫不上緊發條，戰戰兢兢，呈現臺電創立以來難得一見的「高效率」。〔註20〕

「裁員」要有一定遵循標準才不致引起恐慌，據悉臺電的標準是年滿 55 歲以上退休，讓下層人員得以向上流動。現存員工實施「停年制」，薪級不再依年資晉升，而需參考工作表現訂定薪資標準。〔註21〕

第一波裁員預計有 450 名，佔臺電總員工數 10%。〔註22〕對於電工工夫

〔註18〕《南新》7834-1923-t12.12.16-11，〈電力會社で百三十名を馘首〉。
〔註19〕《日》10615-1929-s4.11.5-4，〈臺灣電力社十年祝賀〉。
〔註20〕《南新》10159-1930-s5.5.4-2，〈臺電の苦肉の策に〉。
〔註21〕《南新》10164-1930-s5.5.9-2，〈社員停年制實施值下さる〉。
〔註22〕《南新》10164-1930-s5.5.9-2，〈停年者を含めて〉。

以下傭人，約 900 名，第一波裁 90 餘名，「離職者比普通時期，加多其薪資。」〔註23〕松木讓離職員工有更多的資金，延長待業時間，避免生活陷於困難。

臺電高雄所因降價每月減收 4,000 圓以上，高雄市內政府機關電費減少約一成，因為業務減縮，高雄所要裁 150 人，不少員工目睹大環境無法改變，主動提出辭呈，高雄所所長五百木說：「自發辭職者之多，從來罕見。」〔註24〕因為即使不辭，薪資會降低，工作條件受限，往後願意降格以求，也不一定能如願。

被「裁員」的員工會接到「通告」，請辭的則被內部稱為「勇退社員」。對於「勇退社員」的「多年功勞，概至情盡禮」，都受到社長以下幹部懇切的慰問與盡可能給予物質上的報酬。這並不是松木第一次人事改革的經驗，松木早於日本「鐵道省」服務期間，就有一次處理 2,000 人裁員的經驗，雖然是不得已，但盡力做到對離職員工精神與物質上的照顧。職是之故，松木深知被裁員工的處境，此次處置「並無何不公平，被裁者甘為會社犧牲，其中不乏與臺電一起成長者，實感概無限。」〔註25〕離開的人固然感傷，但留任員工莫不上緊發條，後來的「增燈增燭」計劃得以成功，莫不是松木為臺電注入了市場導向、服務精神的臺電文化所致，可見同樣是裁員，也可以做到「勞資雙方兩無憾」，關鍵在裁員的動機是否能讓員工感受，以及主事者的態度是否出於善意與誠懇。

比較高木友枝與松木的執行力，顯然後者優於前者，勝出的原因不是裁員人數的比較，而是「松木式」的裁員有更多的配套措施，既能達到降低支出，又能將反彈降到最低，松木的執行力，是讓臺電更有競爭力的主因。

貳、組織調整

臺電的組織分為「總務部」、「營業部」、「建設部」，稱為「三部制」，這是臺電的傳統，但隨時間推衍，傳統漸漸無法迎合需求，反遭市場不斷批評。〔註26〕另一方面，各部由理事兼任部長，但 1930 年代起，總督府推薦理事愈來愈多，傳統的「三部制」運作讓臺電社長無法主持社務，而到了必須調整的時候。

〔註23〕 《南新》10169-1930-s5.5.14-4，〈臺灣電力淘汰〉。
〔註24〕 《南新》10171-1930-s5.5.16-6，〈電力降價高雄出張所〉。
〔註25〕 《日》10797-1930-s5.5.8-3，〈電力改革と犧牲者〉。
〔註26〕 《實業之臺灣》第 12 卷，第 11 號，一株主投，〈電力會社改造論〉，頁 52～53。

（1）**建設部**：該部全名為「臨時建設部」（故又稱為「臨建部」），是為了興建日月潭電廠工程的施工單位，本來日月潭計劃完成後就該解散，但因工程延宕十六年才完工，使一「臨時編制」意外成為正式編制單位。

（2）**營業部**：該部（又稱業務部）掌管全臺各縣市營業所，及一切與營業相關的技術支援。所以該部下有「技術課」，負責輸、配、送線路與用戶的安裝及一切維修。

（3）**總務部**：該部職掌臺電所有文書預算、器械購買、決算等一切關於「錢」的事務。〔註27〕

（壹）「三部制」到「主查制」

臺電設立之初，是以社長指派理事兼各部部長的形式運作，此稱為「三部制」，但在 1930 年代，總督府介入臺電任事情況日漸增加，二年內連派三位「政治理事」空降，「三部制」運作已出現「外行領導內行」的現象。因此，松木社長重新訂定理事分管業務與各課的互動關係，既降低政治力對臺電的干預，又可維持以往「三部制」時代社長直接指揮之優點，維持臺電運作獨立性。另外，再設「總經理」（支配人）一職，總理發電供應事項，分掉理事的部份職務，並直接對社長負責。

由於「臺電令」中並沒有硬性規定理事負責什麼業務，因此依照慣例，理事分管業務都是由社長指派。臺電第一代領導階層由高木友枝領導，副社長角源泉（兼總務部長），理事永田隼之助（兼營業部長），理事大越大藏（兼建設部長）。三位理事分管三部業務，並以名正言順的「部長」職銜領導該部各課業務。〔註28〕此時期的臺電領導模式，稱為「三部制」，呈現一種穩定的狀態，直到 1932 年。

1932 年臺電組織又有重大變革，原本由社長分派管理業務的「理事兼部長模式」改變，松木決定讓臺電安達、宇賀、南、富山等四位理事各依專長分擔主管事務，「以圖事務簡捷」。〔註29〕按照松木構想，安達理事為重役室「主查」，宇賀為經理部「主查」，富山為業務部「主查」，南理事臨時建設部「主查」。〔註30〕如此一來，理事與各部的關係鬆脫了，理事不再兼部長，而

〔註27〕　《日》11264-1931-s6.8.21-5，〈電力總會と豫想さる新陣容〉。
〔註28〕　《南新》7834-1923-t12.12.16-11，〈電力會社で百三十名を馘首〉。
〔註29〕　《南新》10898-1932-s7.5.18-3，〈臺灣電力の事務簡捷〉。
〔註30〕　《南新》10917-1932-s7.6.6-3，〈主查理事の割當〉。

只是類似監督的「主查」，嚴格而言不是各課的直屬長官，臺電稱此模式爲「主查交辦制」。但不管是「部長制」或「主查制」，臺電社長絕對性的分派權力是不變的。而且這個制度對於 1930 年代總督府頻頻指派「空降理事」而言，可實質架空理事的職權，社長可以越過理事，配合「總經理」制度，直接指揮各課運作。

圖 25　臺電「課長中心主義」組織圖

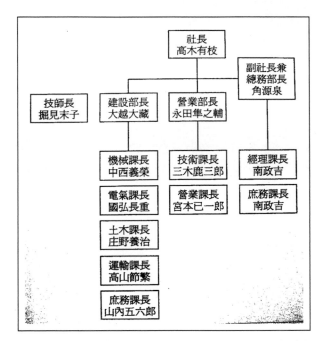

> 說明：臺電創始的建設部、營業部、總務部，皆由副社長兼任或理事兼任，
> 　　　奠定理事兼部長的分管方式，稱爲「三部制」。另外各部下各設多課，
> 　　　建設部五課最多，其次爲營業部兩課，總務部兩課，共九課。值得注
> 　　　意的是這個組織有兩個庶務課，分在總務部與建設部。因此臺電組織
> 　　　是一直是可以調整以適應市場需求的。
> 資料來源：《日》10354–1929–s4.2.15–3。

　　松木認爲經過調整後，雖然還是「三部制」，但理事業務都由承社長之命「督導」各部，他稱此新型態爲「主查交辦制」。〔註31〕

　　臺電理事因爲是總督府任命，性質上比較像是「政務官」，與基層歷練升至課長級的「事務官」不同，臺電正因爲有嫻熟事務的各課課長，才能讓臺

〔註31〕《日》11526-1932-s7.5.12-5，〈電力會社の昨今〉。

電維持基本的運作。儘管理事一換再換，平均任期不到四年，但業務與拓展計劃皆不受影響，表現傑出的課長如果有一定學經歷配合，升任理事的機會其實也很高。

臺電理事的業務，其實各課都已在進行，並可直接向總經理與社長報告，理事的領導工作，其實社長與總經理即可負責，理事在臺電組織結構中雖有「承上啓下」的作用，但功能發揮多少卻不易檢證。因此當 1932 年臺電爲安插總督府新增一名理事，不得已將理事編制從三名擴充爲四名時，就被民眾質疑爲何總督府安置大量理事，卻又默許這些理事以各種理由不在臺灣呢，甚至只有一名理事在臺灣辦公，民眾說這是「無法理解」的問題。〔註 32〕

隨著 1940 年代戰事吃緊，「主查制」也因松木病逝而回歸傳統理事兼部長的「三部制」，唯新增業務太多，出現許多「新單位」。第一，爲因應日益難以取得的建設材料，臺電新設「資材部」，並由宮木理事兼任部長；第二，因應臺電支援香港、廣東、南洋各佔領區電力系統運作，臺電新設「統裁」一職，由高橋理事兼任，負責海外分公司與電力的營運；〔註 33〕第三，1938年爲有效調度資金，還成立「臨時資金調度部」專門處理業務擴張與公司債發行事宜。〔註 34〕這些新單位都在日本戰敗前一至二年才出現，存在時間不長，實際影響臺電運作不大。

（貳）臺電中間階層的人力資源流動

日本從「東京帝大」工學部開始，先由外國教授擔任主力，慢慢培養本土人材，並從培養工學博士與技師開始，配合教育組織的擴充，擴大專業隊伍，提供工業化所需人力資源，臺灣也是日本海外輸出的人力市場之一。

人材的培育無法速成，日治時期電力部門的中、高階人材多以日人擔任，是基於現實也是實際的需要。1890 年代，東大電氣科每年只有二至三名畢業生，到 1896 年才有一次十六名畢業的記錄。〔註 35〕臺電理事大越大藏、國弘長重因爲畢業在世紀之交，故能官拜理事，到了二十世紀初，專業隊伍逐漸擴大，技師只能從基層歷練，並擇優拔擢。整個日治時期，日本教育體系共

〔註 32〕　《南新》10826-1932-s7.3.6-3，〈重役不在勝な〉。

〔註 33〕　《臺灣日報》15168-1944-s19.2.26-2，〈臺灣電力總會終了〉。

〔註 34〕　《臺灣電氣協會會報》第 14 號，昭和 13 年 12 月（1938 年 12 月），頁 107。

〔註 35〕　日本電氣事業史編纂會，《日本電氣事業史》（東京：電氣之友社，1941 年 12 月發行），頁 325。

培養了 5,000～10,000 名的專業人材，爲電力部門提供基本的人力資源。

　　1931 年日月潭工程發包告一段落後，臺電展開新一波中階主管調動，更動標準除參考年資以外，松木更「親自面談」，從談話中瞭解每位主管的業務、識見與談吐，做爲將來升遷的參考，松木的「下鄉之旅」有別以前社長行禮如儀的刻板活動，眞正貼近第一線瞭解營運狀況，各營業所所長自然不敢怠慢，紛紛上緊發條，爭取最好的表現。〔註 36〕受拔擢營業所長的遺缺，也儘量「就各營業所與總公司內拔擢人才」，學歷已達薪級最高的僱員，「因將來無可向上，擬乘此時解聘之。」〔註 37〕

　　另外，臺電每年舉行各營業所長與總公司課長間的「座談會」（打合會），讓內外主管增加交流的機會，避免隔閡造成政策脫節，這種會議會在總公司召開，爲期二天。〔註 38〕配合中階主管內外輪調，凝聚臺電內部向心力，增進人力資源的運用效率。

　　（1）**總工程師（技師長）**：總工程師並非常置性職務，但同一時間只有一位。1919～1924 年間，技師長爲堃見末子（東京帝大土木科畢業），此後1929、1933、1935 年各有技師長的記錄。技師長爲臺電內部工程單位的最高決策者，提供社長專業諮詢，以訂定發展方向，但其行政位階，似乎低於理事及建設部長，影響力十分有限。

　　（2）**營業所長**：營業所位階高於服務處（出張所），這個職務最先是臺北所的主管名稱（1921 年），後來擴大爲各營業所的最高主管。〔註 39〕由於臺北所有「臺電第一所」之稱，所長通常由最資深的「出張所長」擔任，以對各所做出領導性的作用。除了 1921 年有二位營業所長外，同一時間只有一位，臺中、臺南、高雄所所長皆由技師擔任，這是電力部門草創初期，技術需求比營業需求位階要高的正常現象。〔註 40〕

　　（3）**服務處主任（出張所長）**：除了臺北所最高主管爲營業所長外，其它各所最高主管都是「服務處主任」（出張所長），負責一個（或二個）縣市的電力、電燈業務。服務處除了要配合總公司推行「增燈增燭」專案，也要進行竊電檢查與取締，無論營業所或服務處，都是臺電外勤的第一線單位。

〔註 36〕《日》11297-1931-s6.9.23-5，〈營業所の視察は大改革の前提か〉。
〔註 37〕《南新》10911-1932-s7.5.31-2，〈社員の整理〉。
〔註 38〕《日》11115-1931-s6.3.24-3，〈電力會社打合會〉。
〔註 39〕《日》7011-1921-t10.9.14-2，〈電力業務改善〉。
〔註 40〕《後藤新平文書》R-42，〈電氣事業沿革〉，無頁數。

因此，總公司課長與服務處主任，有時會互調，以增加閱歷經驗，才不致在沒有基層歷練下，做出與市場脫節的決策。全臺服務處主任員額約四到六名，佔臺電正式員工數不到 1%，而且自 1930 年代起服務處全部升格為營業所，兩者差異愈來愈小。

表 33　臺電「課長級」人事異動

單　位	主　管	說　明
基隆營業所長	法學士川上定司	不變
臺中營業所長	大友貞吉	不變
臺南營業所長	福井恭三郎	新任
高雄營業所長	五百木宗則	新任
瓦斯營業所長	今井近助	新任
修理工場長	三木鹿三郎	兼任（技術課長）

說明：此為 1921 年 9 月異動狀況。

資料來源：《日》7011-1921-t10.9.14-2，〈電力業務改善〉。

　　營業所長選擇範圍很大，可以從業務部門中挑選具有東大法科背景主官升任，也可以從東大工科畢業的技師群中拔擢，以達「內外交流」的目的。一般而言，營業所長皆由業務部門出任，不會跨到工程單位，但有時技師也會被調到營業所擔任所長，藉以增加業務部門的歷練，如 1931 年高橋磷技師調為高雄營業所所長就是一例。

　　1921 年 9 月，臺電為改善營運效率，廢除營業部庶務課，新設技術課、臺北營業所，原庶務課課長宮本已一郎轉任臺北所所長，營業部營業課長三木鹿三郎轉任技術課長，營業課長由法學士水上清次郎接任，這次輪調即可看出業務與工程系統交流的痕跡（請參考「表 33」）。

　　1934 年 8 月，臺電業務部技師高橋磷升任基隆營業所所長，業務部主事金森林一升為宜蘭營業所所長，原基隆營業所所長菊池武夫調回總公司擔任業務部長，原宜蘭營業所所長大倉政治調回總公司業務部。〔註 41〕類似這樣的人材流動，讓人力派任維持彈性，保持與市場互動的組織活性，內外調動增強當事人資歷的完整性，很難說是調升或降調。〔註 42〕

〔註 41〕　《日》12359-1934-s9.8.29-1，〈臺灣電力の人事異動〉。

〔註 42〕　《日》11235-1931-s6.7.23-5，〈新陣容の電力幹部の移動は〉。

　　對地方而言，營業所長調動是地方大事一椿，要好好慶祝，甚至地方首長也要出席。畢竟，營業所長悠關好幾個城市的電燈與電力供應，例如 1934 年臺電基隆所長菊池武夫與總公司業務部高橋磷技師的交接，就在基隆公會堂盛大慶祝。〔註43〕

　　（4）**服務站主任（散宿所主任）**：服務站是臺電最基層的業務單位，服務站主任職等相當於總公司的書記，故服務站主任通常由資深書記擔任，平均任期長，調動頻率低，以求對市場有最完整的瞭解。如 1934 年 7 月，臺電竹山散宿所主任竹山氏「在職已久，這次決定退休後，接任者尚未決定。」〔註44〕又如 1930 年員林街某次停電，經當地臺電營業處主任茶園氏不斷與總公司交涉，決定停電那個月減收三天電費，「街民皆謂運動奏效，欣然認納。」〔註45〕基層主管的努力，讓臺電市場認同度提高許多。

　　（5）**顧問**：1938 年，臺電因應新工業政策需求，有必要與日本中央加強聯繫，於是新聘兩位顧問，一位是金融顧問平澤悅郎，另一位是技術顧問野口寅之助，受聘者都具有在中央政府任職的背景，像平澤是日銀總裁結城氏推薦，野口則是遞信省電氣局水力課長退休官員。〔註46〕

圖 26　臺電基層外勤施工

說明：基層的工手與電工，從這張 2003 年臺電在花蓮市更換低壓輸電線的
　　　施工即可想像。「邊學邊做」一直是臺灣電力部門的常態。
資料來源：作者自行拍攝。

〔註43〕《日》12375-1934-s9.9.14-4，〈會事〉。
〔註44〕《日》12314-1934-s9.7.15-4，竹山，〈主任異動〉。
〔註45〕《日》10928-1930-s5.9.16-4，〈電燈料降三夜分〉。
〔註46〕《日》13754-1938-s13.7.5-2，〈臺灣電力が顧問を任命〉。

（6）**工程師（技師）**：技師是臺電內部最專業的專業社群，具有年輕、專業、高學歷的特徵，而且不少臺電理事都是從技師長年歷練，在專業累積到相當程度後調升為管理階層。臺電理事如大越大藏、國弘長重、下村秀一、松尾秀雄、林將治、增谷悠等，都是技師出身，且都是由臺電內部昇任理事者（非空降），因此技師可說是通往理事的必經之路。1919～1939 年間，技師最多二十五位，最少八位，佔臺電正式職員的 2～4%，可謂臺電的菁英份子。

技師即使未當上理事，內升課長或外放所長的機會都很大，是個「進可攻，退可守」的職務，而且技師負責規劃，並指導數名技手施工，還要親身到現場搜集資料，並不是件輕鬆的工作。技師既然獲得授權，也要對其規劃負責，接受專業的檢驗。作業所時期，技師常出國考察，以便臺灣與世界接軌，東京帝大工科畢業生，一直也是臺電技師的最大族群。

隨著臺電組織擴大，東京帝大工科畢業生已無法擔任技師，1936 年起，新進工程師要從低一階的「技師補」做起，再擇優升為技師，無形間從技師昇到課長的時間拉長了，這似乎是科層體制擴大下，不可避免的結果，這在「技手補」、「主事補」、「書記補」都有相同的人事現象。

（7）**課長**：臺電組織號稱是「課長中心主義」，課長的重要性不言可喻，課長可由技師擔任，也可由業務系統的東大法科畢業生擔任。無論由那一種系統派任，都可專職也可兼任，完全視情況而定，社長與總經理也可越過理事，直接指揮各課協調運作。

（8）**工手**：工手也算臺電正式職員，人數最多 118 人，最少 12 人，佔正式員工比例約 4～20%。想要考進臺電擔任工手，對臺灣人是不容易的事情，技手與工手專業知識可能不比技師精深，但基層實務經驗絕不低於技師，而且多半要經過證照考試才能勝任。〔註47〕

（9）**技手**：技手的隊伍比工手略多，人數最多 171 人，最少 36 人，佔正式員工比率約 10～20%，根據日治時期任職臺電的劉坤土表示，當年有資格擔任「技手」以上的多半是日本人。〔註48〕一般單位申請的案子，只要由一名技手率領電工就可以獨當一面了，如 1924 年負責臺中師範學校電燈安裝的技手小野季雄，1928 年負責醫學專門學校電燈工程的技手太田良三等等。

〔註47〕蔡慧玉編，《走過兩個時代的人--台籍日本兵》（南港：中央研究院臺灣史研究所籌備處，1977 年 11 月出版），頁 61～62。
〔註48〕蔡慧玉編，《走過兩個時代的人——台籍日本兵》，頁 61～62。

〔註49〕

（10）**參事**：參事是松木上臺後新增的職務，一直維持到 1939 年皆有記錄，其屬性介於「囑託」與「顧問」之間，但更能參與機要與決策，至於程度多寡，端視社長彈性運用與安排。臺電參事最多十位，最少一位，歷任臺電參事中，最有名者首推後藤曠二，後藤受松木拔擢爲參事，並一路升到到總經理、理事，媒體曝光率凌駕其它理事之上，但在松木任上病故後，後藤也淡出臺電，返回日本發展。此後臺電參事中，很少見到像後藤這樣出名及受重用者。

（11）**建設部長**：該單位全名爲：「臺電臨時建設部」。這個職務到 1939 年爲止，只有兩個人擔任過，第一位是大越大藏，以理事兼建設部長；第二位是日月潭計劃復工時從日本借將而來的新井榮吉，建設部在日月潭計劃竣工後裁撤，新井也回到日本發展。

根據作業所時代記錄，總員工 694 名中，總部佔 377 名（54%），地方營業所與總公司員工比率約各佔其半，但若以工作性質來分，約有 60～70%員工屬於第一線外勤人員。

表 34　臺電人事組織（正式職員部份）

	社長	副社長	理事	監事	顧問	技師長	課長	營業所長	出張所長	技師	技師補
1919	1	1	3	3	3	1	7		1	8	
1920	1	1	3	2	3	1	8		4	9	
1921	1	1	2	2	3	1	8	2	5	13	
1922	1	1	3	2	3	1	8	1	4	10	
1923	1	1	3	2	2	1	8	1	4	10	
1924	1		2	3	2	1	3	1	4	8	
1925	1		2	2	2		2	1	5	9	
1926	1		2	2	2		2	1	5	8	
1927	1		2	2	1		2	1	5	8	
1928	1	1	1	2	1		2	1	5	9	
1929	1	1	2	2		1	5	1	6	16	
1930	1	1	2	2						17	
1931	1		3	2						25	

〔註49〕《臺灣總督府公文類纂》15 年保存，第 7379 冊，（1928）昭和 3 年 8 月 22日，〈醫學專門學校診療室電燈設備工事〉；15 年保存，第 7281 冊，（1924）大正 13 年 6 月 30 日，〈臺中師範學校自修室兼寢室其它電燈設備工事〉。

年									
1932	1		4	2				24	
1933	1		3	2		1		24	
1934	1		4	2				13	
1935	1	1	2	2		1		13	
1936	1	1	3	2				21	12
1937	1		4	2				23	
1938	1		4	2				20	22
1939	1	1	3	2				24	27
1940									
1941									
1942									

（續）

	主事	主事補	書記	書記補	技手	技手補	藥局長	囑託	雇員	工手	醫師	建設部長
1919	2		66		36			12	159	14	2	
1920	4		79		56			14	161	13	2	
1921	5		100		75		1	8	209	24	2	
1922	6		89		65		1	16	142	52	2	
1923	5		85		50			11	141	21		
1924	4		85		37			12	147	32		
1925	4		91		36			12	165	29		
1926	6		98		41			12	136	57		
1927	5		97		40			15	134	55		
1928	6		103		49			15	149	59		
1929	4		140		77			23	125	75		
1930	11		140		79				96	73		
1931	10		149		101				101	82		
1932	11		152		106				123	90		
1933	12		148		106				146	103		
1934	12		139		80				166	89		
1935	14		125		79				178	118		
1936	18	17	132	208	97	137						
1937	17		129	183	99	178						
1938	17	23	138	166	133	205						
1939	18	19	155	173	171	207						
1940												
1941												
1942												

（續）

	修理工廠長	收費員	參事	見習社員	計	雇員%	工手%	技手%	技師%	主事%	課長%	出張所長
1919					319	50%	4%	11%	3%	1%	2%	0%
1920					361	45%	4%	16%	2%	1%	2%	1%
1921					462	45%	5%	16%	3%	1%	2%	1%
1922					407	35%	13%	16%	2%	1%	2%	1%
1923					346	41%	6%	14%	3%	1%	2%	1%
1924					342	43%	9%	11%	2%	1%	1%	1%
1925					361	46%	8%	10%	2%	1%	1%	1%
1926					373	36%	15%	11%	2%	2%	1%	1%
1927					368	36%	15%	11%	2%	1%	1%	1%
1928	1				405	37%	15%	12%	2%	1%		1%
1929		35			514	24%	15%	15%	3%	1%	1%	1%
1930		36	3	2	463	21%	16%	17%	4%	2%		
1931		39	3	13	529	19%	16%	19%	5%	2%		
1932		39	3	5	560	22%	16%	19%	4%	2%		
1933		48	2	17	613	24%	17%	17%	4%	2%		
1934		46	2	1	555	30%	16%	14%	2%	2%		
1935		50	1	6	591	30%	20%	13%	2%	2%		
1936		56	1		706			14%	3%	3%		
1937		56			692			14%	3%	2%		
1938		55	4		790			17%	3%	2%		
1939		54	10		865			20%	3%	2%		
1940					1165							
1941					1427							
1942					1719							

資料來源：臺電，《營業報告書》（1919～1942）大正 8 年～昭和 17 年。

（參）臺電基層人材的晉用

　　臺灣培養的工業人材，無論在質與量上，都無法滿足電力事業日漸提升的專業門檻，早期由資深員工帶領的「師徒制」不敷使用，而且容易讓訓練不足、專業不足的員工曝露在危險中（平均每年十一人因公殉職）。〔註50〕臺灣電力部門長期缺乏完整的人材培育與在職進修管道。

〔註50〕　《日》10615-1929-s4.11.5-4，〈臺灣電力社十年祝賀〉。

圖 27 臺電電氣講習所

說明：派到講習所的學員享有權利也有義務，課程以實務爲主，理論
　　　爲輔，以增強第一線所需人材。
資料來源：《臺灣電氣協會會報》第 9 號，頁 56。

　　1912 年，總督府成立「工業講習所」，附屬於學務部下。該所第一期招
生有 411 人報考，錄取六十人（錄取率 15%），三年後只有五十一名順利畢
業，其中「電工科」畢業生僅僅七名，顯示正規工業教育的人數無法滿足市
場需求。〔註 51〕而且根據參觀過工業講習所的人表示：「該所職員不定，設
備不周，專任職員二名外，餘悉託囑託之手，誠教育界最恨事也。」〔註 52〕
電工科畢業生只能擔任技手以下工作，直到 1919 年工業講習所改爲臺北工
業學校爲止，畢業生共 400 餘名，即使全部進入臺灣電力部門，人數都不敷
使用。〔註 53〕

　　臺電依新進員工學歷，決定晉升與薪級上限，因此學歷是決定生涯發展
的「基礎條件」，因爲即使很努力工作，到後來也會遇到學歷的瓶頸，臺電徵
才時，也會先從各大「名校」篩選當屆畢業生。

　　臺電每年 3 月從全國各大學、高等專門學校、中等學校相關科系畢業生，
挑選「成績優良」畢業生進入臺電，這是對個人實力的肯定。以 1937 年爲例，

〔註 51〕　《日》5405-1915-t4.7.8-2，〈工業講習所畢業〉。

〔註 52〕　《日》4604-1913-t2.3.30-4，草方，〈工業講習所を觀る（三）〉；4624-1913-t2.4.
　　　　　20-5，〈工業所招生之續報〉；4606-1913-t2.4.1-5，〈工業講習所概況（一）〉。

〔註 53〕　《臺灣電氣協會會報》第 16 號，昭和 14 年 12 月（1939 年 12 月），若槻道隆，
　　　　　〈臺灣の工業教育に就いて〉，頁 6～7。

臺電從臺南高工電氣、土木、機械科取四名，從山梨、仙臺高工取三名，這批高工畢業生進入臺電只能從基層或技手、工手開始做起。大學畢業生方面，則從東京帝大、九州帝大、大阪帝大、日本大學共取七名，這一批大學畢業生能從技手或技師補開始做起，總計高工與大學共錄取十四名，全歸「技術部」管轄。另外，臺電還從臺灣各中等學校錄取十三名，總計當年有二十七名「臺電新鮮人」。〔註54〕一次錄取二十七名，已是「臺電求才史」中很高的一次，若非戰時業務擴張，平常是沒有這麼多缺額的。

　　愈是不景氣的時代，臺電招考競爭就愈激烈，根據負責徵才的松下七二表示，每年畢業生 1,500 名中，有三分之二想就業，臺電開風氣之先，在 1932年首次招考女性職員，標準是參考在校成績及筆、面試，根據應試者背景分析，應試者多半來自小康家庭。〔註55〕

表 35　臺南高工第二屆畢業生就業概況

科　別	就職公司名稱	人數	說　明	就業率
機械工學科 （畢業生 26 名）	臺灣鐵工所	2 名	10 名日籍，1 名臺籍，共 11 名	42%
	臺北瓦斯	1 名		
	昭和製糖	1 名		
	古河工業	1 名		
	神戶山陽工作所	1 名		
	鹽水港製糖	1 名		
	鐵道部	1 名		
	臺灣農具會社	1 名		
	南滿電氣	1 名		
	越智鐵工所	1 名		
應用化學科 （畢業生 24 名）	臺北瓦斯	1 名	共 7 名	29%
	基隆雲泉商會	1 名		
	臺南會社	1 名		
	衫原商店	1 名		
	高雄某會社	1 名		
	金瓜石	1 名		
	其它	1 名		

〔註54〕　《日》13283-1937-s12.3.18-3，〈臺電の新採用〉。
〔註55〕　《日》11600-1932-s7.7.25-6，〈その採用方針に就いて〉。

電氣工學科	昭和製糖	1 名	臺籍 1 名，共 5 名	19%
（畢業生 26 名）	遞信部	2 名		
	金瓜石	1 名		
	臺灣電燈（嘉義）	1 名		

說明：此爲 1934 年數據。

資料來源：《日》12460–1934–s9.12.9–3，〈待望の景氣工業臺灣に反映〉。

1930 年代起，工業人材的需求開始加遽，臺南高工也新增「電氣科」。〔註 56〕根據臺南高工畢業生就職狀況分析（請參考「表 35」），其中製鋁工業就職者約一至二名，另外各製糖公司也有數名。就畢業科別而言，機械科就業率最高（42%），其次爲化學科（29%），最後才是電氣科（19%），電氣科就業率還低於整體就業率（整體就業率爲 30%）。〔註 57〕當年畢業生想覓得工作並不容易，其中少數人還需赴外地工作，但也有不少日本人畢業後，選擇留在臺灣。

由於臺電有 60～70% 人員屬於外勤工作，這樣的工作不一定要高學歷或深厚的理論基礎，但絕對需要豐富的經驗累積，後者靠得是各電力公司的「師徒制」。基本上，小學校畢業後就可以進入電力部門工作，因爲大部份工作所需的專業，都是在工作中學習的，如 1930 年代後期自臺南高工畢業的謝敬德，只從臺電「臨時工」做起，憑藉努力，十八歲考取「電氣事業主任技術者資格檢定合格證書」（第 23193 號），二十歲成爲臺電正式員工，二十三歲擔任臺南所的變電股長。〔註 58〕根據臺電員工劉坤土表示，當時有資格擔任「技手」以上的多是日本人。〔註 59〕「師徒制」配合長期的實務，一直是臺灣電力部門得以維持運作與確保人力品質的關鍵，甚至在不斷重覆的經驗啓發下，時有創見與發明。〔註 60〕

〔註 56〕 《南新》10093-1930-s5.2.26-8，〈臺南高工長濱氏來南〉。

〔註 57〕 《日》12460-1934-s9.12.9-3，〈待望の景氣工業臺灣に反映〉。

〔註 58〕 謝敬德，《臺電生涯文集》（作者自刊稿），頁 1。

〔註 59〕 蔡慧玉編，《走過兩個時代的人——台籍日本兵》，頁 61～62。

〔註 60〕 《南新》10848-1932-s7.3.28-3，〈スート掃除器發明〉。如長期在臺電松山火力電廠服務的工手阿部末吉，發明「水管式煤煙掃除器」，臺電認爲此一發明相當有效率，頒給阿部末吉 50 圓獎金。據此設計，每月可節省 300 圓煤炭費，臺電並鼓勵阿部末吉提出專利申請。

圖 28　新竹電燈電工徵人廣告

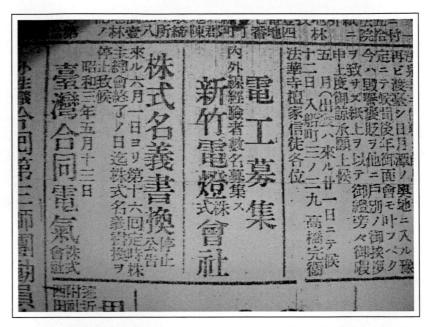

說明：臺灣電力部門所需的基層人材，長期靠「師徒制」培養，因爲
　　　正規學校教育培養的工業人材，無法滿足市場擴張的需求，也
　　　反映總督府工業教育質與量的不足。
資料來源：《日》12194–1934–s9.3.16–3。

　　所謂「師徒制」就是由資深員工或技手以上員工，「每日施以一至二小時
常識智育，爲期六個月，修畢者擬予相當待遇，故皆熱心學習。」〔註61〕配
合實務方式，培養臺灣電力發展所需的人材。但到了 1920 年代後期，「師徒
制」已無法滿足法律上的要求，因爲電力部門沒有公會的認證制度，後期從
業者必須通過「證照考試」才能執業。1927 年，日本遞信省制定「電氣工事
人取締規則」，「今後電工要通過基本考試才能任職，沒有執照則不能從事。」
〔註62〕但在新法實施後九年，臺電才有專責的第一線培育機構。

　　1936 年，臺電內部成立「電氣講習所」，輪調第一線員工再教育，每期三
個月，每期學員三十人，年齡必須在二十五歲以下，學歷至少要小學校畢業，
並經營業所長推薦才有資格，並需二名同事擔任「保證人」，畢業生必須在現
職（或指定場所）繼續服務三年才可離（調）職，該所上課時數共 325 小時，

〔註61〕　《日》7500-1921-t10.4.22-5，〈新電工教習〉。
〔註62〕　《日》9713-1927-s2.5.14-5，〈學者になる電燈會社の工夫〉。

特別側重在技術部份，故技術課程達 240 小時，業務課程僅 80 小時，教材範本以「大阪電氣士養成所」教材爲基礎略加修改而成。〔註63〕

日本電力部門基層員工的養成過程，發現臺灣約落後日本十年，日本新進員工的教育、在職進修次數、頻率，都比臺電要來得長而密集，東京電燈新進員工甚至要實習一年才能面對客戶，中國合同電氣甚至每週安排一次在職進修，不斷強化服務的信念，降低停電率，臺電的內部訓練無論就質與量而言，尚無法與日本相比。〔註64〕

1920 年代後期起，新的基層員工必需參加一連串的國家證照考試，鍛造個人在職場屹立不搖的存在價值，形成「師徒制」＋「個人努力」＋「證照考試」三者合一的職場競爭生態。

（肆）財團法人「臺電共濟會」

臺電員工福利與工作表現有直接關係，第三任社長松木幹一郎除了要求績效外，也創設「共濟會」增加員工福利。共濟會資金是從每位員工薪資按一定比例扣除，並從每期利益金中保留 20 萬圓，做爲員工彼此「親睦救濟」、退休、離職的福利金，新員工也能藉入會得到基本生活上安定的保障。當時臺電 783 名正式員工中，有 426 名員工薪資等同市公所雇員級待遇，松木認爲如果能加強員工福利的話，對臺電經營上也會有正面的幫助。到了 1941 年爲止，共濟會共發出 99.5 萬圓（大部份是退休慰問金），其中一半由共濟會資金提供。爲了讓共濟會永續經營，每位參加者按月從薪資中扣除一定比例會費，比起松木到任前的福利組織，共濟會規模更大，參與面更廣。〔註65〕但根據臺電第一回《營業報告書》顯示，「臺電共濟會」這個組織並非松木首創，而是 1919 年即有此「以慰藉爲目的」的員工福利組織。〔註66〕只是松木時代，加以擴大及深化而已。

「臺電共濟會」的存立宗旨，「爲長久營業，照顧傭人階級，圖救護疾病傷害暨其他事故諸目的，籌設一共濟組合，該傭人及電工、工夫、小使、給仕等。」共濟會資金來源，「每月均要扣款若干，目前臺電傭人約五百人，加

〔註63〕　《臺灣電氣協會會報》第 9 號，昭和 11 年 5 月（1936 年 5 月），〈臺灣電力株式會社電氣講習所概要〉，頁 56～57。
〔註64〕　東京市政調查會，《本邦電氣供給事業ニ關スル調查》（東京：該會，1932 年），頁 286～287。
〔註65〕　《松木幹一郎》，頁 228～230。
〔註66〕　臺電，《營業報告書》（1），（1919）大正 8 年，頁 5。

薪約一成，以若干爲共濟組合存金，以期安全。」第一筆款項先由臺電出資，以後每人每月扣薪資的千分之三撥入互助金中。〔註67〕

根據《臺灣總督府公文類纂》記載，共濟會以財團法人形式登記，理事長由臺電副社長角源泉擔任，理事有南政吉、宮本已一郎、山內五六郎等，並於1919年8月18日獲總督府批准設立，辦公室就在臺電總公司內。最初，共濟會資產只有3,000圓，慢慢靠薪資扣款才逐漸匯集成龐大的財團法人。〔註68〕

根據共濟會章程第一條規定，理事長爲該會法律對外代表，理事業務內容由理事長分配，該會雖設有評議會與評議員，但卻由理事兼任，只是讓每位理事多一種身份而已，意義不大。該會另設會長一人，由臺電社長擔任，理事長及理事由會長評議會決定，評議員由會長決定。〔註69〕

除此之外，1927年1月，臺電又幫728名傭員向「千代田生命保險會社」投保每人500圓意外險，保費由臺電全額支付，提供更無後顧之憂的工作環境，員工也能安心工作。〔註70〕

1939年，「臺電共濟會」進一步擴大爲「臺電厚生會」，每個月從薪資扣除千分之六十，其中千分之五十供退休基金孳息，剩下的轉入一般福利金。〔註71〕按照新制，員工可在軍需通膨的時代，領到較多的退休金，以對抗通膨造成貨幣購買力的降低。

小　結

臺電組織結構調整的力量通常是來自國際政治與經濟，而不是市場，這是當時臺電的特色。以裁員爲例，第一次裁員是面臨1920年代世界泡沫經濟的破滅，第二次裁員是因應1930年世界性通貨緊縮，二次世界經濟變化讓臺電想藉裁員降低成本支出。

〔註67〕《日》6870-1919-t8.8.1-5，〈創設共濟組合〉。
〔註68〕《臺灣總督府公文類纂》15年保存，（1919）大正8年8月18日，〈財團法人臺電共濟會設立許可（高木友枝）〉。
〔註69〕《臺灣總督府公文類纂》15年保存，（1919）大正8年8月18日，〈財團法人臺電共濟會設立許可（高木友枝）〉。
〔註70〕《日》9602-1927-s2.1.23-2，〈傭員へ保險〉。
〔註71〕《臺灣電氣協會會報》第16號，昭和14年12月（1939年12月），〈財團法人臺電厚生會の設立に就て〉，頁49～50。

臺電促進內部組織活化的方式，是將總公司課長與各縣市營業所長互相輪調，增加市場第一線經驗，以俾將來制定營運方向時，不致與市場脫節。

臺電是個專業與實務合而為一的事業單位，外勤第一線的人員佔臺電總員工數的 60～70%，這些龐大的人力需求，在臺灣正規教育體系中無法覓足。因此早期的人力訓練是以資深員工帶資淺員工「邊做邊學」的「師徒制」傳承，或者直接聘請日籍員工以縮短訓練時程。直到 1930 年代起，工業教育才被重新重視，但質與量都趕不上市場的需求，而且愈到後期，基層員工執行業務需要有國家證照，形成「師徒制」+「個人努力」+「證照考試」三合一的職場競爭生態。想要力爭上游，就要在體制內增強個人競爭力，即使臺電想多雇用臺籍員工，也有緩不濟急的迫切性。

第三節　臺電人物群像

壹、社長群像

高木友枝接任社長時為六十一歲，松木幹一郎為五十八歲，日治時期臺電年歲月中，高木與松木各佔十年，二位社長相當程度上代表整個臺電的決策風格，是故論及臺電，不能忽略這二位社長。

（壹）高木友枝

「高木友枝時代」（1919～1928 年）強調臺電「公益」屬性，希望每位臺電人都能念茲在茲，思考政府為何要以龐大資金成立臺電的目的，不要因為臺電是獨佔事業，就對顧客有傲慢之心。高木友枝塑造的企業精神，帶領臺電渡過泡沫經濟，走過財政緊縮，苦撐待變的高木友枝與其說是臺電社長，不如說是一位諄諄善誘的慈祥長者。

高木友枝到臺灣前已是日本知名的醫學專家，特別在傳染病預防及近代醫學的建立，貢獻良多，1902 年，四十五歲的高木友枝接任總督府臺北醫院院長，展開長達二十八年的公職生涯。〔註72〕

明石總督上任前夕，曾與高木友枝約在九州博多某家餐廳會面，席間，

〔註72〕　《日》1190-1902-m35.4.23-2，〈新任臺北醫院長高木友枝氏〉；1190-1902-m35.4.23-2，〈人事會事〉。

明石總督要高木友枝徵詢臺銀董事長柳生一義擔任臺電首任社長的意願，未料柳生以資金有問題婉謝後，高木友枝自己反成為「勸進」的對象，而且在臺電設立前三個月，才被告知要出任臺電社長，打亂了高木友枝原本要退休生涯規劃。根據高木友枝自己表示，對於接任臺電社長一事，感到很突然，所幸臺電有作業所時代的堅實基礎，他才能放心出任社長一職。〔註73〕高木友枝雖然在醫學有傑出表現，但對電力卻一竅不通，1919 年 5 月底，明石在私宅約見高木友枝，敦請出任臺電社長，下村宏也對高木友枝展開勸進，六十一歲的高木友枝經種種考慮，決定接受新職。〔註74〕

高木友枝時代，工程部份幾乎都授權大越大藏與堀見末子規劃，但因工程都採高標準施工，經費漸感不足，財務方面則委託永田隼之輔負責調度，高木友枝僅在臺電發展的大方向上，囑意引進德國阿摩尼亞（Ammonia）工業，可惜成果極為有限，加上高木友枝的謙遜風格，自稱領導臺電十年，未把基礎打穩。〔註75〕

高木友枝認為臺電第一義是公益，第二義才是營利，「員工之觀念，必因官民合辦而生差別矣，時或以官之威信對諸顧客，時勢既不容有斯慣俗。」〔註76〕高木友枝希望臺電誕生後，員工心態也要跟著調整，「毋使顧客懷抱惡感，則大幸矣。」但公私之間要如何拿捏呢，他說：

> 當以普通商人態度對待顧客，在窗口或到顧客之家，絕對須當懇切
> 叮嚀，切不可抱政府之保護，而分其責任於政府之心。質素儉約，
> 尤不可忽，一物之用，寸陰之勞，不可徒費。〔註77〕

高木友枝自承對電力部門「全無經驗，忝為社長，唯有盡力。」〔註78〕但高木友枝特別要求的公益精神，似乎口號多於實踐，缺乏執行力的結果，徒流形式，特別在市場滿意度上，幾乎交了白卷。

〔註73〕《臺灣工業界》第 1 卷，第 2 號，大正 8 年 6 月（1919 年 6 月），高木友枝，〈電力會社社長就任に就て〉，頁 21。

〔註74〕《日》11394-1931-s6.12.30-1，〈日月潭工事の思出ばなし〉。

〔註75〕《日》11394-1931-s6.12.30-1，〈日月潭工事の思出ばなし〉。

〔註76〕《日》6874-1919-t8.8.5-5，〈電力社與民業〉。

〔註77〕《日》6874-1919-t8.8.5-5，〈電力社與民業〉。

〔註78〕《日》6874-1919-t8.8.5-5，〈電力社與民業〉。

表36　作業所移交臺電前的市場規模

種類＼項目	數　量	戶　數	馬　力　數
電燈	169725 盞		6462hp
電力（電動機）	1069 臺	900 戶	10026hp
電扇	5328 臺	4579 戶	

說明：此爲 1919 年初數據。

資料來源：臺電，《營業報告書》（1），（1919）大正 8 年，頁 11。

　　高木友枝承繼的是作業所這個年營收 100～200 萬圓的事業體（請參考「表 36」），卻要負擔 6,000 萬圓的日月潭計劃，巨大的資金落差恐怕連總督府也無力完成（事實上也是因爲這樣，才有臺電的誕生）。

　　高木友枝時代謙遜、節約、服務重於業績的領導風格，爲臺電在 1930 年代留下 800 萬圓的法定積立金，日月潭計劃雖未在高木友枝手中完成，但臺電的財務結構卻沒有因計劃中挫而繼續惡化，反有些微的改善。〔註 79〕

　　另外，高木友枝時代也確立了社長、副社長、理事主持政策，各課課長才是第一線操作者的「課長中心主義」，此一原則下，成爲臺電運作不墜的張本，甚至理事有一半以上是由課長中拔擢。同時，高木友枝也確立了理事兼部長運作的「三部制」（建設部、總務部、營業部），後來松木時代略有調整，但大體精神均得以維持。〔註 80〕

　　1922 年，日月潭計劃實質停工，臺電損失 200 萬圓，資金無著；隔年，日本發生「關東大地震」，中央政府承諾臺電的融資跳票；又隔年，副社長角源泉返日參選議員，高木友枝損失一位有嫻熟政治手腕的副手。〔註 81〕高木友枝面對一連串打擊，對外表示臺電需要一年時間休養生息。〔註 82〕但就在此時，臺電內部出現雜音，理事高田源治郎（曾任總督府殖產局長）在東京向媒體發表悲觀看法，認爲停工是因爲龐大發電量即使完成也無處消化，這使得副社長角源泉不得不站出來爲臺電政策辯護：「日月潭計劃停工

〔註 79〕　《日》11111-1931-s6.3.20-3，〈日月潭眞價（九）〉。

〔註 80〕　《日》10354-1929-s4.2.15-3，〈準備時代の計劃と電力會社〉。

〔註 81〕　《日》7891-1924-t13.2.11-3，高木友枝，〈臺電と外資輸入〉。

〔註 82〕　《南新》7334-1922-t11.8.3-3，〈高木社長より株主へ〉。

為不景氣之結果，決非無消化問題。」種種辯駁，無法遏止社會輿論對臺電無情的批判。〔註83〕輿論只看成敗，對臺電公佈的數據計算毫無興趣，甚至外傳鐵道部長新元將取代高木友枝，高木友枝應該為日月潭計劃停工下臺負責。〔註84〕

股東大會後，高木友枝雖然續任，卻無法扭轉社會對臺電負面觀感的累積，1927 年，部份股東不滿停工造成權益受損，在股東大會上對高木友枝暴力相向，這是在臺灣享有高知名度的高木友枝前所未有的經歷，也是政府高官轉為企業經理人必須面對的嚴肅課題，溫和的高木友枝對此表示：「亂暴之徒而出威力者，我固無可奈何，惟述與覺悟俾得諒解而已，日月潭計劃將來必有復活之日。」〔註85〕

1920 年代，日本、德國、美國、英國的工業化都進入蓬勃發展的加速期，臺灣投資環境卻逐漸惡化，電價昂貴更引起產業界的批評，甚至高木友枝姓名都被拿來揶揄一番，說電價費率就像高木友枝人格一樣「清高」云云。〔註86〕伴隨 1929 年理事大越大藏的病逝，總工程師堃見末子去職，理事永田準之輔請辭，第一代領導階層只剩高木友枝一人，但種種不堪與冷嘲熱諷，卻未因此而停止，高木友枝自己也宣稱，臺電營運已實質進入「消極狀態」。〔註87〕同年，高木友枝第二任期任滿請辭，除了自謙自己無法將日月潭計劃完成外，還說自己「年逾古稀，將就閒地，以了餘生。」〔註88〕其實日月潭計劃的蘊釀並非高木友枝所主導，但高木友枝卻承擔了最多的社會批判。

高木友枝時代確立了臺電組織及其運作模式，並利用公司債增加現金流量，渡過最艱困的 1920 年代，市場雖有成長但無積極表現。高木友枝承接的是一個自 1915 年即無新機組加入的電力事業體，難度已經不低，加上政策要去完成一個超大電源開發案，這一切如果都由臺電社長高木友枝承擔，反而容易忽略了當時大環境的影響。

〔註83〕《南新》7334-1922-t11.8.3-5，〈電力延長辯明〉。
〔註84〕《南新》8189-1923-t13.12.5-9，〈電力社長更迭〉。
〔註85〕《南新》9041-1927-s2.4.6-6，〈日月潭必為復活〉。
〔註86〕《新高》210-1930-s5.2.5-3，〈高き電力注目に值する〉。
〔註87〕《臺灣時報》大正 15 年 2 月號（1926 年 2 月），高木友枝，〈日月潭電力と其の消化問題〉，頁 39。
〔註88〕《日》10490-1929-s4.7.2-4，〈高木電力社長勇退〉。

（貳）松木幹一郎

松木幹一郎是臺電歷屆社長中最積極、最勇於任事的一位，任期十年，讓臺電市場擴張一倍（電燈與電扇），電熱增加三倍半，工業用電增加六倍。〔註89〕

松木也是最重視「研發」的社長，舉凡各種新能源開發案、市場行銷，甚至營收與價格的損益平衡，都是奠基在精密的研發基礎上。任何措施實施前，都經過內部研發部門的集思廣義，因此在松木領導下，臺電營收大幅增加，可說是致力研發的成果。

1920 年代後期，日本政黨政治日趨成熟，黨同伐異也牽動臺電社長更迭。1928 年，政友會的川村竹治接任臺灣總督，隨即換上政友系的遠藤達接掌臺電，不到一年，田中內閣（政友會）下臺，濱口內閣（民政黨）上臺，臺電社長也換上民政系的松木幹一郎接掌。〔註90〕基本上，臺電社長除高木友枝是由總督府自行任命外，皆難擺脫日本政黨的影響，尤其是內閣的更迭。

松木畢業於東京帝大法科，長年在遞信省任職，後藤新平擔任鐵道院總裁時，松木是鐵道院總裁官房的秘書課長。1911 年擔任東京市電氣局長，因其有問必答的風格，在議會頗受尊重與好評。離開官場後，曾挽救江河日下的「山下汽船」，1923 年「關東大地震」後，再度跟隨後藤新平參與東京市災後重建。〔註91〕年輕、專業、資歷豐富，並承襲後藤新平的精神，是松木接掌臺電最大的資產。松木的出線，讓臺灣記者對日月潭計劃又充滿希望，因為「如政府欲中止日月潭工程，則不採用如斯大人物擔任社長。」〔註92〕

1929 年，松木獲大學同學、時任民政黨內閣藏相的井上準之助向首相濱口雄幸推薦，並得臺灣總督石塚英藏同意後上任。〔註93〕

〔註89〕《松木幹一郎》（東京：松木幹一郎傳記編纂會，1941 年 9 月出版），頁 200。
〔註90〕《日》10500-1929-s4.7.12-4，〈日月潭水力工事〉；10547-1929-s4.8.28-3，〈高木前社長に敬意を表す〉；10505-1929-s4.7.17-4，〈總督更迭後府內人事大異動〉；《新高新報》210-1930-s5.2.5-3，〈高き電力注目に値する〉。
〔註91〕《松木幹一郎》，頁 237；《日》10665-1929-s4.12.25-4，〈臺灣電力社長更迭新社長松木幹一郎氏〉。
〔註92〕《日》10755-1930-s5.2.27-4，〈日月潭工事諒必斷行〉。
〔註93〕《日》12449-1934-s9.11.28-8，埔里，〈社長銅像〉。臺電幹部在日月潭放水塔後面高地，設立松木社長銅像，以資紀念。

圖 29　日月潭計劃復工與松木幹一郎

説明：自松木接掌臺電後，社會輿論對松木期望很大，也都預期在松
　　　木任內日月潭問題會得到解決。
資料來源：《日》10892–1930–s5.8.11–4，〈臺日漫畫〉。

一、接掌臺電的第一步

　　松木認為電力事業雖是「國家事業」，但臺灣的電力事業卻不是日本海外
殖民的「拓殖事業」，因為電力事業有其自身的特殊性格。〔註94〕松木認為電
力是上天賜予的資源，臺電要加以善用，以增進人類福祉為目的，自能與大
自然達到協調的境界；反之，若是放棄或暴殄天物，則會自作自受。總之，
萬事繫於人心，要以最嚴肅的態度，發揮科學的精粹精神。〔註95〕這一席話
對臺電員工而言，頗有形而上的哲學意味，但也闡明「態度決定成敗」的關
鍵，臺電想要成功，必須先從整頓「態度」開始，這對久習低潮的臺電文化，
無異是暮鼓晨鐘。

　　松木任內，不只提升臺電的服務品質，提高電力普及率，努力開發電源
而已。更衡量臺電收支，發放合理股利，員工薪資將不再是論資排輩地齊頭
式平等，而要依其功過，識別才幹與力量，做適材適所的人力配置，以新組
織、新氣象，努力拓展市場。由於松木長年在日本任職，故其觀點相當程度
代表一種乍見臺灣電力政策反思後的「日本觀點」。〔註96〕

〔註94〕《日》10811-1930-s5.5.22-3，〈電力事業は拓殖事業ぢやない〉。
〔註95〕《松木幹一郎》，頁182～183。
〔註96〕《松木幹一郎》，頁180。

松木是個「行動派」社長，在東京的時間比在臺灣來得多，松木以積極的行動力，成功突破官僚體制的低效率，展現東京朝野間跨黨派的說服力。

二、精密詳盡的基礎調查

松木善用日本電力發展的經驗、專業與人材，爲臺灣電力事業把脈，尋找兼顧「安全」、「快速」、「節省」的最佳方案，並安排最頂尖的工程專家，重新展開日月潭計劃的「基礎調查」，因爲松木相信唯有精密調查，才能做爲決策的有用參考。

松木聘請當時大井川電力董事兼總工程師的新井榮吉（土木）擔任臺電建設部部長，聘請群馬水電土木課長石井林次郎（土木）擔任建設部建設所所長，聘請群馬水電董事宮口竹雄（電氣）爲臺電高級顧問，加上過去在東京市調會的得力部屬後藤曠二擔任臺電參事。透過松木的安排，臺灣電力經驗在 1910 年代輸出日本後，重新獲得日本經驗的挹注，並有效縮短了復工的進程，日本群馬水電更借調不少人力，協助日月潭計劃的調查。〔註97〕

除此之外，松木又聘請東京帝大教授、工學博士平林武調查地質，聘請工學博士山中秀三郎調查發電，聘請工學博士物部長穗調查結構，聘請奧村擔任臺電總工程師，設計武界工地，碎石工廠，空中輸送索道路線系統（奧村曾設計日本第二大的野澤水力電廠），加上遞信省技師野口寅之助、宮口竹雄等，合計不下十位學者專家，組成龐大的基礎調察團隊，比起 1910 年代調查的輕率，不可同日而語。〔註98〕

在松木充份尊重專業的情況下，臺電僅以 8 個月時間就完成調查報告，這份報告將日月潭計劃總經費從原先的 8,000 萬圓壓低到 6,800 萬圓，並獲得總督府支持，全力向日本政界展開遊說工作。〔註99〕

三、日本產官學界的質疑

1930 年 9 月，「再調查」報告書經總督府核准，松木第一階段工作初步完

〔註97〕《臺灣遞信協會雜誌》第 137 號，（1933）昭和 8 年 6 月，AB 生，〈日月潭工事見物遇感〉，頁 14。

〔註98〕《松木幹一郎》，頁 184；《南新》10058-1930-s5.1.23-4，〈平林氏の手で完了す〉；《日》10533-1929-s4.8.14-3，〈結論に於て相違しない〉；10532-1929-s4.8.12-3，〈日月潭水電工事は日本で第三位〉；《臺灣遞信協會雜誌》第 137 號，（1933）昭和 8 年 6 月，AB 生，〈日月潭工事見物遇感〉，頁 10。

〔註99〕《松木幹一郎》，頁 187～188；《日》12322-1934-s9.7.23-3，〈竣成迄の經過と將來〉。

成。〔註100〕但這份報告上呈大藏省與拓務省後，卻招來更多的質疑，因爲當時日本產業的整體規劃中，臺灣已有被「邊緣化」的趨勢。

　　松木的假設是先建電廠，再想辦法消化，但日本各界質疑的是，市場不明確，爲何要耗巨資建廠？這種基本看法的差異，讓日月潭計劃成爲各說各話，加上整個 1930 年代，臺灣做爲工業基地的優勢條件正在衰退，無論就市場規模、交通、運輸成本、原料遠近、產能大小、商品競爭力、產業鏈整合度而言，臺電除了能提供「交叉補貼」的低價招商外，中國的東北（煤），與朝鮮的鴨綠江（水力），對日本財團的吸引力更遠超過臺灣。若非松木的力挽狂瀾與局勢的變化，配合臺灣「帝國南方航空母艦」的戰略目標浮現，兩相結合，否則日月潭計劃是否眞能帶動臺灣工業化，還是個問號。實際上，財團是躊躇再三，在戰略需求上，不計利潤，配合國策，才開始進駐臺灣設廠。日月潭計劃與臺灣工業化，始終存在銜接上的「時間差」，這一點往往被研究者忽略，而視爲理所當然。

四、前瞻的經營理念

　　松木前瞻的經營理念來自於電力事業的洞悉，正當社會輿論對日月潭計劃第一期工程感到憂心時，松木已在臺電內部開始研究第二期，甚至第三期的計劃內容，因爲松木認爲，電力事業的利潤，必須不斷「再投資」，才能讓利益生生不息，帶動臺灣工業起飛。〔註101〕他還認爲「電力所獲得之利益，必勿使流溢於日本，而始終流轉於臺灣之事業，方得貫徹創設臺灣電力本來之面目，蓋臺人爲此電力，向來損失實不少也。」〔註102〕這段話充分顯示松木是最具有「在地意識」的臺電社長，但面臨日本各界壓力時，往往不是這麼回事。

表 37　臺電出勤時間

季　節	上　班　時　間	時　數	月　數
9～10 月	AM9：00～PM5：00	8 小時	2 個月
11～隔年 3 月	AM9：00～PM4：00	7 小時	5 個月
4～5 月	AM9：00～PM5：00	8 小時	2 個月
6～9 月	AM8：00～PM3：00	7 小時	4 個月

資料來源：《日》13479–1937–s12.10.1–2，〈時差撤廢と各社出勤時限〉。

〔註100〕　臺電，《營業報告書》（23），（1930）昭和 5 年，頁 14。
〔註101〕　《松木幹一郎》，頁 201。
〔註102〕　《日》10819-1930-s5.5.30-4，〈電力與本島事業〉。

　　日月潭施工期間，臺北、高雄各設一座火力電廠，此舉被外界認為，「連日月潭十萬 kw 都不知要如何消化，還去建立火力電廠，是『雙重』的浪費。」〔註103〕但事後證明，松木的遠見是可靠的，因為電力建設遠趕不上需求，建設是永無止境的跑在前方。

　　1920 年代是費率備受批判的時代，但松木卻能秉持「薄利多銷」原則，快速回應社會輿情，上任之初就要求臺電提出降價方案。〔註104〕這種快速的回應模式，連一向強力批判臺電的《新高新報》都給予高度肯定，松木也是任內調降費率頻率最高的社長（共計四次）。〔註105〕松木表示調降並非基於社會壓力，而是對電力事業本質的體悟，基於「薄利多銷」原則才主動調降費率。〔註106〕松木早在 1910 年代擔任東京市電氣局長時，就曾推動「百萬燈計劃」，市場行銷能力備受肯定。〔註107〕但愈是到日月潭計劃完工前夕，松木對臺電費率的立場愈強硬（因為臺電外債龐大的利息因日圓貶值而加重），總是堅持要等到日月潭計劃運轉後，才考慮降價。總之，不管是順應或拒絕，松木都是分析其中道理與臺電立場，達到溝通的目的。

　　強化內部組織包括制定臺電「社歌」與「行進曲」，並親自用朱筆校正，斟酌再三，務必要突顯臺電精神。〔註108〕人事政策上，不是一昧裁員，而是增加員工福利，轉化為對工作上更嚴格的要求，塑造臺電新文化。另外，松木也將臺電出勤時間重新規劃（請參考「表 37」），將一年分為四個時段，十二個月中有高達九個月期間，每天只出勤七小時，冬季天色較早變暗，夏季傍晚較為懊熱，皆只出勤七小時，這對於認為工作時間與效率成正比的主管而言，臺電經驗可提供另一種思考。

五、嫻熟的公關手腕

　　日治時期平面媒體特色是喜歡捕風捉影，松木上任後第一個課題就是要如何面對媒體，要對記者透露多少，才能對臺電發揮最大利益。松木時代除

〔註103〕　《松木幹一郎》，頁 239。
〔註104〕　《南新》10094-1930-s5.2.27-1，〈最も近き將來に實現〉。
〔註105〕　《日》10728-1930-s5.2.27-3，〈電力會社が苦心する〉；10731-1930-s5.3.2-4，〈全島電氣料金降低〉；10777-1930-s5.4.18-1，〈全島電燈料五月一日起〉。
〔註106〕　《日》10789-1930-s5.4.30-4，〈電力料金改正要點〉。
〔註107〕　《阪谷芳郎：東京市長日記》（東京：財團法人尚友俱樂部，2000 年 3 月出版），頁 638。
〔註108〕　《松木幹一郎》，頁 232。

了堅持拔擢安達房治郎出任理事與總督府關係稍微緊張之外，其餘皆謹守分際，不透露口風，實問實答，讓臺電的透明度提升，又不會成爲臺電營運的阻力。誠實的應對配合松木綿密的人際網絡，給予外界良好的專業形象，溝通、請求，一而再，再而三，很少不被松木說服的。

　　記者拋給松木的第一個問題是：「日月潭計劃何時復工？」松木表示才剛接任，「難以言明」，而且基礎調查才剛起步，「目前全然白紙也。」〔註 109〕他說：

> 余抵任以來，僅在半年，此間宛若視察病人之脈，俟判明病例，而
> 後下藥，俟九月中再做最後決定。〔註 110〕

至於最後的決定權，松木聲稱「非臺灣總督，不能決定。」〔註 111〕松木透過遞信部三宅，三宅到總務長官人見，人見到總督石塚（反向亦同），透過這條溝通管道，松木不斷將最新動態向總督報告，也不斷要求總督府的援助。〔註 112〕總督拜訪的單位，松木也都事先溝通，以便總督能做最有效率的會晤。〔註 113〕日月潭計劃外債的成功，表面上是石塚總督的功勞，但實際居間運作與疏通各方的則是松木，也因爲松木的努力，讓拓務省發表同意日月潭計劃復工聲明，長達九個月的努力，外債機制正式啓動。〔註 114〕

　　松木一上任就馬不停蹄巡視各地，自認「毫無寸閒迄今。」民間抱怨費率很貴，松木也沒有否認，反而承認這是事實，臺電有待改善之處甚多，解決之道需要臺電全體員工的配合。〔註 115〕對於視察日月潭計劃，松木謙虛地說不是「視察」，而是「見學」。〔註 116〕松木常對外聲稱，日月潭計劃不只是「臺灣的事業」，而是「全日本的事業」，因爲松木認爲只有將日月潭計劃與日本發展結合，臺灣才會得到更多關注。〔註 117〕

〔註 109〕 《日》10668-1929-s4.12.28-4，〈日月潭工事繼續否非至結論不能言明〉。
〔註 110〕 《日》10877-1930-s5.7.27-4，〈日月潭工事再興否〉。
〔註 111〕 《日》10929-1930-s5.9.17-4，〈在京中當解決之〉。
〔註 112〕 《日》10936-1930-s5.9.24-4，〈自總督到京忙極〉。
〔註 113〕 《日》10922-1930-s5.9.10-4，〈日月潭決行準備完〉；10924-1930-s5.9.12-4，〈工程待總督上京決定〉。
〔註 114〕 《日》10957-1930-s5.10.16-4，〈首相約以考慮〉；10963-1930-s5.10.22-2，〈外債にあるが〉。
〔註 115〕 《南新》10083-1930-s5.2.16-3，〈質と量に改善〉。
〔註 116〕 《日》10716-1930-s5.2.15-3，〈抱負經倫の一端〉。
〔註 117〕 《日》夕刊 10763-1930-s5.4.4-1，〈二箇年半でやれば出來る〉。

松木從不給媒體肯定的答覆，而且往往回答的很保守，以免期望愈大，失望愈重，反對臺電不利。他常說：「復工的機會尚不明朗！」甚至被一問再問時，會說出調查時間「也許要七、八年時間！」〔註118〕「日月潭計劃復工若無利益，亦不必強為。」〔註119〕重要的會議後，松木也只輕描淡寫的說：「只是對離開東京以後的情形，向長官做報告而已。」〔註120〕謹慎的回答，積極的態度，適時的「避重就輕」，清晰的邏輯推理，主動引導議題的能力，正是松木成功的關鍵。

1931年，支持松木的總督石塚為「霧社事件」負責下臺，外傳松木將步上遠藤達被撤換的後塵，而接任者是前總督府交通局長木下信，媒體還說「由木下出任臺電社長是件好事。」〔註121〕面對記者關切自己的異動，松木表示：「退職之事別無計及，若以此為意，則將來事業難成。」〔註122〕松木的俐落、簡明的個性，以及就事論事，不帶政黨取向的態度，是其連任的首因。

六、組織彈性調整

高木友枝時代採用裁員來降低成本，並達成組織扁平化目標，松木則反其道而行，在不景氣時聘更多人去研究臺電將來在臺灣產業計劃中的角色，並用更多的收益去支撐更多的人事支出，因此松木時代臺電組織不減反增，但人事成本佔總支出比率卻得以降低，這就是松木成功秘密。因為松木認為人力資源是公司的資產，不可輕易為了短期成本就裁員，與其裁員，不如講究更有效率的運作方法，松木成功之處在於所有計劃都是同步展開，沒有明顯的順序，而是全方位改革組織的外在與內涵。

松木增加許多組織，強化專案研究的效果。〔註123〕期勉臺電人要節約，要以「精神力」提高營運效率，共渡危局。〔註124〕聘請有經驗的日本專家，推行臺灣「農村電氣化」，希望與大工業同步成長。〔註125〕松木的努力反映在

〔註118〕　《南新》10066-1930-s5.1.30-1，〈日月潭問題は依然白紙の姿〉。
〔註119〕　《日》10751-1930-s5.3.23-4，〈日月潭工事再興與否〉。
〔註120〕　《日》11241-1931-s6.7.29-1，〈長官と膝を交へて日月潭工事を懇談〉。
〔註121〕　《日》11049-1931-s6.1.17-3，〈日月潭工事は〉。
〔註122〕　《日》11233-1931-s6.7.21-4，〈日月潭外債成立工事由重役會決定〉。
〔註123〕　《南新》10159-1930-s5.5.4-2，〈支配人を新設し〉。
〔註124〕　《松木幹一郎》（東京：松木幹一郎傳記編纂會，1941年9月出版），頁194～195。
〔註125〕　《日》11302-1931-s6.9.29-7，〈農村電化を目標各地營業所の努力を認〉。

每期業務擴張上，尤其 1930 年代每一期《營業報告書》都會列出上百個新增電燈的地區，而且很多都是小聚落的自然村（如街、庄、厝、營等）。〔註126〕

貳、技師群像

後藤新平唯才是用的領導風格，提供年輕技師榮膺大任的機會，這些年輕工程師不用在日本已邁入「成熟期」的專業社群中排輩論份，降低了進入專業核心的年限。〔註127〕臺電成立後，「後藤世代」的技師，紛紛轉進臺電任職，形成專業社群。

技師在臺電最高可升至理事，月薪是一般勞動階層的四至五倍，外勤則可當到營業所長，在總公司能做到課長、理事、參事，屬於臺電系統內的「技術菁英階層」。以下將技師分為四個時期：

第一期（1900～1910 年代）：技師專業不受政治力影響，專業受到充份授權與尊重，不必擔心經費來源，分工及權責，甚至被派到歐、美各國考察數年，回臺後另有任用。〔註128〕造就如此環境的，是總督府民政長官後藤新平與土木局長長尾半平，甚至臺灣的電力成功經驗，被引用在日本 1910 年的全國水力發電調查上（後藤擔任遞相時），這一點很少研究者注意。

第二期（1910～1920 年代）：尊重技師專業的傳統自後藤離開後已成慣例，但未幾又受政治力干預，在給予技師調查時間與樣本上，揮灑空間被壓縮，所做調查已有預設目的，是為政策「背書」而調查，科學求真精神流於形式，日月潭計劃就是具體例子。但此時期仍是技師活躍的年代，只是政治領域的活動空間縮小了，此期代表技師為大越大藏。

第三期（1920～1930 年代）：這是臺電技師的低潮期，日月潭計劃停頓，無工可做，還需忍受種種批評，每日忙於紙上文書及送往迎來時間變多了，大部份時間只是一些延續與例行性的工作，此時期代表者為國弘長重。

第四期（1930～1940 年代）：1930 年開始的日月潭調查與後來一系列的水資源調查，都是靠大量日本人力的支援，後期臺灣則要派技師跨海遠征到廣東、香港、福洲等地，支援軍方修復電力系統。大甲溪計劃雖然工程難度很高，但因缺乏物料，進度極少，如果技師在這個時代有所發揮，也是個被

〔註126〕 臺電，《營業報告書》（24），（1931）昭和 6 年，頁 5～6。
〔註127〕 《日》421-1899-m32.9.26-3，〈技師新任〉。
〔註128〕 《日》5427-1915-t4.7.30-3，〈治水と水力電氣〉。

扭曲的時代。

（壹）長尾半平

臺灣電力事業發軔於後藤新平時代，後藤網羅了優秀人材，特別是工程師，論者以爲人材匯聚是臺灣統治成功原因之一。1898 年，後藤向埼玉縣長（知事）借調當時擔任該縣土木課長的長尾半平到臺灣擔任土木局長一職。〔註 129〕長尾雖然是土木技師，但卻很有政治頭腦，熱衷仕途，其影響力一直延續到 1920 年代，甚至可以向總督府推薦官員，並代表日本資本（淺野水泥）向總督府推銷電力開發案（大甲溪計劃），但因總督府電力政策向來維持獨佔而未果。長尾爲臺灣奠定一個早熟的電力事業體，並在 1910 年代達到高峰，臺灣以低廉費率與巨大開發案，傲視東亞。

長尾能夠到臺灣，完全是出於後藤新平的賞識與爭取。〔註 130〕當年三十二歲的長尾接替病逝的祝辰巳成爲總督府作業所所長，旋即升爲土木局局長，任內推動 3,000 萬圓預算的「水利計劃」，在兒玉與後藤的全力支持下，幾位三十餘歲工程師就能在臺灣推動比日本更大的工程預算與執行。因爲一切都是草創，機會特別多，長尾說道：「我們也沒有築港經驗，但技師們勇於規劃，向國外訂購的二艘疏浚船的訂單也是我自己打的。」〔註 131〕

在長尾規劃下，臺灣幾座最初的水力發電廠陸續完成，長尾並預估各種工業都將因電力豐沛而興起。〔註 132〕根據長尾研究指出，臺灣農業部門只要利用電力就能提高土地利用率，單單糖業產能就有二至三倍的成長空間。〔註 133〕

雖然豐沛電力是產業發展的保證，但經費有限，必須依輕重緩急安排，1908 年度的 130 萬圓預算，長尾先用來投入南部竹仔門電廠的設立。〔註 134〕整個水利計劃共整建十四處埤圳，建立五座水力發電廠，整個經費配置請參考「表 38」及「表 39」。

長尾利用 376 萬圓，興建五座水力電廠（裝置容量 10,650hp），臺灣才領

〔註 129〕 鶴見祐輔，《後藤新平傳》臺灣統治篇（上）（東京：太平洋協會出版部，1943年 5 月發行），頁 64～65。

〔註 130〕 《臺灣遞信協會雜誌》第 191 號，（1938）昭和 13 年 2 月，戶水昇，〈熱と光と電氣より見たる臺灣〉，頁 7。

〔註 131〕 《日》6377-1918-t7.3.26-3，〈日月潭水電は近頃の發見〉。

〔註 132〕 《日》1849-1904-m37.7.1-3，〈產業之開發〉。

〔註 133〕 《漢日》2928-1908-m41.2.6-2，長尾半平，〈本島水利事業（上）〉。

〔註 134〕 《漢日》2928-1908-m41.2.6-2，長尾半平，〈本島水利事業（上）〉。

先日本建立一個「低成本」的產業電源，這也是臺灣電價一開始比日本便宜的原因。在行政系統充份授權下，技師只要負責規劃，易收成效。

　　長尾並不擔心資金無法回收，他很有信心指出：「此事業之財政效果，必逐年增加政府之收入，自第一年起至二十年止，累計當有 3,809 萬圓。」〔註135〕這個估算還不含電力建設的「附加價值」（如土地增值），也不含電力對經濟生產所發揮的結構性改變。長尾的認知中，電力事業不只是增加農業產能，而是利用電力這項新能源，結構性地改變臺灣的面貌。

　　長尾這個世代的工程師，經常引進世界最新的施工方法，尤其具備英文、德文以吸收先進國家經驗為己用，取材範圍則包含歐洲，甚至當時埃及及其它殖民國家治理殖民地之經驗吸收，其國際經驗雖不等同於國際觀，但卻是後進工程師無法比擬的宏觀視野，更何況土木局集全臺工程菁英於一處，教學相長更不在話下，長尾的思考面向，其實已經跳脫純工程的侷限，將能源開發融入國家政策之中。

表38　長尾半平推動的「水利計劃」經費運用項目

項　　目	預　算　經　費	佔總經費百分比
埤圳部份	2662 萬圓	88.7%
電力部份	376 萬圓	12.5%
調查費用	12 萬圓	0.4%
總計	3000 萬圓	100%

說明：數字是概算「三千萬圓」，實際上則超過一些。
資料來源：《漢日》2929–1908–m41.2.6–2，長尾半平，〈本島水利事業（下）〉。

表39　長尾半平推動的「水利計劃」中電廠建設經費

地　　區	預　算　經　費	佔總經費百分比
二層行溪	111.3 萬圓	29.6%
獅仔頭	92.1 萬圓	24.4%
清水溪	64.8 萬圓	17.2%
葫蘆墩	59.1 萬圓	15.7%
後里庄	49.6 萬圓	13.1%
總計	376 萬圓	100%

資料來源：《漢日》2929–1908–m41.2.6–2，長尾半平，〈本島水利事業（下）〉。

〔註135〕　《漢日》2928-1908-m41.2.6-2，長尾半平，〈本島水利事業（上）〉。

（貳）大越大藏

大越大藏（臺北電氣技師長、作業所電氣課長、臺電理事、臨建部長）自東京帝大電氣科畢業後即來臺任職，曾擔任日治時期臺灣第一家民營電力公司：臺北電氣的技師長，後於臺北電氣被總督府收購後，吸納為政府機關一員。直到1919年臺電設立的十四年間，大越是臺灣電力政策的主要執行者，負責建立整個電力市場的營運體系、系統維護、組織調整、經費編列等等。1910年代後期，大越向總督府提出日月潭計劃，臺電設立後，轉任臺電第一任理事，而且是最早確定的人選。大越個性沉穩，發言謹慎，受歐洲考察影響，臺灣早期電廠設備多傾向瑞士、德國產品。比較特別的是，大越是臺電唯一在任內病逝的理事。

長尾當年留下「大甲溪計劃」與「日月潭計劃」，後來大甲溪計劃沒有雀屏中選原因有三種說法：第一種說法是當地「蕃情不穩」，無法掌握實測數據；第二種說法是大甲溪流量不若濁水溪豐沛而放棄；第三種說法是當時施工法無法做出超高水壩而放棄。但就經費而言，大甲溪計劃確實比日月潭計劃要便宜，開發時程較短。

1917年，總督府派遣「大越大藏、山形要助、張令紀三位技師，於同月十日赴東勢角，溯大甲溪調察水力，十一日宿於白毛社，十二日經抽藤坑歸臺中。」〔註136〕數次調查，一般民眾認為「濁水溪流域，年年氾濫，設置電氣機械，甚為不利，最好者似在大甲溪。」〔註137〕日月潭計劃之所以誕生，大越大藏扮演關鍵的角色。

日治初期的技師高薪往往伴隨高風險，如土木局長的山形要助當年曾在探勘大甲溪時遭狗咬傷，有段時間活在罹患「狂犬病」的陰影中。大越因體重太胖，探勘濁水溪時汗流浹背，傳為趣談。張令紀技師多年參與臺灣衛生工程，「健康不甚，常親餌藥，已歸鄉靜養。」〔註138〕甚至貴為總督府民政長官的祝辰已，「中道得病過逝。」〔註139〕長尾回憶當年開發龜山電廠時，身旁常有八、九名警官全副武裝護衛才敢進入山區探勘，待前行警官確認安全無虞後，後方的工程師才展開實地測量工作。〔註140〕除此之外，尚有探勘不慎，

〔註136〕　《日》5969-1917-t6.2.11-6，〈調查大甲溪〉。

〔註137〕　《日》5973-1917-t6.2.15-5，〈水力電氣調查〉。

〔註138〕　《日》7215-1920-t9.8.17-5，〈張技師升敘〉。

〔註139〕　《後藤新平文書》（14）-R36，後藤新平，〈祝君墓誌銘〉。

〔註140〕　鶴見祐輔，《後藤新平傳》臺灣統治篇（上）（東京：太平洋協會出版部，1943

因傷致死者，以上幾位，都是東京帝大畢業即被總督府網羅的年輕技師，也都歷經草創的艱辛與付出高風險的代價，「坐擁高薪」並不如想像中容易。

大越向來以「口風緊」出名，面對記者訪問甚至可以用無趣來形容，不似國弘長重技師那般侃侃而談。面對資金問題，大越推說對經濟問題「一無所知」，也無可奉告後就匆匆離去。〔註141〕記者訪問這種臺電主管，肯定無法得到滿意的答案，但這就是大越的風格。

（參）國弘長重

國弘長重（總督府技師、臺電技師長、臺電理事）是臺電技術部門僅次於大越的第二號人物，大越在作業所時代後期已淡出技術部門轉往管理階層發展，故有關電力部門的實務工作，雖由大越掛名，但實際上是國弘負責，大約在1910年代初期，外勤的指揮工作已由國弘負責。〔註142〕甚至大越病故後，國弘遞補大越的理事缺，從經歷與共事關係來看，幾乎可說是「蕭規曹隨」。兩人差異除了大越先進作業所外，還有畢業學校的不同，大越是東京帝大電氣科，國弘是京都帝大電氣科，國弘特殊的學歷，在以東京帝大為主流的總督府技師群中，特別顯得與眾不同。

日月潭計劃最初由國弘選擇臺灣中部的日月潭開始規劃為發端，並獲大越支持推行，兩人帶領調查隊，遠赴門牌潭、日月潭周圍，調查水路、隧道預定地，甚至深入更裡面的東武嶺、武界、姐妹原等實地調查。〔註143〕

1919年初，國弘受命調查東部水力發電資源，認為「可得二十一萬馬力電量，水力發電與灌溉計劃，一舉兩得。」這次報告國弘也首次提出全島電力網的雛型說：「東部電力，引之於南部，可以補西部、南部電力之不足。」〔註144〕由於專業人力不足，國弘一邊調查東部資源，一邊還要負責日月潭計劃，整天都非常忙碌。

剛調查完花蓮縣回到臺北的國弘，馬上參加屏東隘寮溪發電計劃的會議，不到一星期，國弘與張令紀再被派到臺東縣調查，忍受當地惡劣環境，「絕壁斷崖，山流激揣，弗能進而還。」〔註145〕國弘技師可說是臺電內部遠赴花

年5月發行），頁342。

〔註141〕《南新》7563-1923-t12.3.20-2，〈電力の事業復活につき大越技師〉。

〔註142〕《日》4725-1913-t2.8.1-6，〈臺南點燈困難〉。

〔註143〕《臺灣遞信協會雜誌》第137號，（1932）昭和7年6月，一記者，〈日月潭工事に就てA氏を訪ふ〉，頁1～2。

〔註144〕《日》6663-1919-t8.1.6-3，〈土木局會議〉。

〔註145〕《日》6682-1919-t8.1.25-5，〈查勘本絲麗溪〉；6666-1919-t8.1.9-6，〈水力電

蓮、臺東實地調查，對臺灣水力發電資源瞭解最透澈的第一人。

圖30 臺電理事國弘長重

說明：國弘是臺電第一代領導階層中，繼大越、高木之後，最後一個離開臺
　　　電的理事。由於進入臺電時間很早，退休時才五十餘歲。臺電與市場
　　　的互動模式中，國弘貢獻甚多。更難得的是，國弘是技師並兼有市場
　　　的高敏感度，同時也是日月潭計劃的最初設計者。
資料來源：《日》11273–1931–s6.8.30–5。

　　國弘貢獻臺灣電力事業雖然很久，但擔任臺電理事時間卻只有三年，因
為是遞補大越病故的任期，1931 年國弘任滿前夕，總督府傾向讓國弘連任，
但國弘卻選擇退休，讓松木社長有更大的人事安排空間。

　　國弘在臺電地位從「臺電貢獻者」、「日月潭的母親」等稱謂即可看出，
根據臺電技術課長松尾秀雄（後來擔任臺電理事）表示，當年他到臺灣任職
時，國弘是作業所臺南營業所所長，當時有「北大越，南國弘」之稱，尤其
國弘負責的臺南地區，業務快速成長，連臺北也要學習國弘的行銷策略，直
到 1919 年國弘才被調回臺北籌備臺電設立事宜。〔註146〕

　　長期跟隨國弘學習的松尾表示，國弘並沒有一般工程師對專業的狹隘認
知，其觀點往往能結合經濟學處理事情，為人豪放開明，為臺電營業部奠定後

　　　氣之礎議〉：6679-1919-t8.1.22-5，〈調查水源地〉。
〔註146〕 《日》11273-1931-s6.8.30-5，〈日月潭發電の生みの親、國弘氏本島電氣界の
　　　　恩人〉。

來的規模。國弘也是第一位提倡日月潭計劃並實地勘查的工程師，日月潭計劃最初設計以一萬 kw 發電機十臺，以 110KV 高壓輸電，但國弘將其變更爲二萬 kw 發電機五臺，以 150KV 輸電。大越病故後，國弘肩擔營業與技術二種業務（平常這是二位理事的工作），松木社長上任後又身兼總經理（支配人）。〔註147〕1931 年國弘退休時才五十歲，不少人認爲還不到退休的年紀。〔註148〕

　　根據堃見末子指出，大越並不太欣賞「長袖善舞」的國弘，也許因爲這樣，國弘在南臺灣找到自己一片天空。不管如何，至少在檯面上，看不出二人有何衝突，且國弘在南部得以實踐對市場的想法，爲自己搏得美譽，未嘗不是件好事。

（肆）後藤曠二

　　後藤曠二（臺電參事、技術部長、業務部長、理事、總經理）是 1930 年代，臺灣電力界影響力最大的技師，後藤是松木接掌臺電後的核心幕僚群之一，以「參事」資格深受松木倚重，待日月潭計劃竣工後，1935 年拔擢爲理事。整個 1930 年代，後藤可以說是臺電分管業務最多的理事，後藤對臺灣最大貢獻是完成全臺第一、二次輸電網工程，爲臺灣引進日本在東北、朝鮮大規模開發的水力發電計劃，直到 1939 年松木病故於日本，後藤離開臺灣爲止。

圖 31　日月潭計劃第一次輸電網高壓電塔

說明：日月潭計劃第一次輸電網高壓電塔由後藤曠二負責監督，全長
　　　329 公里，平均每公里造價 17,000 圓。
資料來源：《日月潭水力發電工事寫眞帖》。

〔註147〕《日》11273-1931-s6.8.30-5，〈日月潭發電の生みの親、國弘氏本島電氣界の恩人〉。
〔註148〕《日》11275-1931-s6.9.1-5，〈作業所時代より二十二年間〉。

表 40　日月潭計劃第一次輸電網得標廠商

工　　區	起 迄 地 點	長　度	得 標 廠 商	得 標 日 期
第一區	竹山——嘉義	35km	本田電氣商會	1932 年 6 月 16 日
第二區	嘉義——山上	50km	臺北共益社	1932 年 8 月 10 日
第三區	山上——高雄	50km	臺北高進商會	1932 年 9 月 27 日

說明：此為 1932 年數據。

資料來源：《日》11689–1932–s7.10.23–8，〈日月潭工事建設鐵塔〉。

　　第一、二次輸電工程屬於日月潭計劃復工的「附屬工程」，這是當初臺電答應給臺灣廠商承包的部份，總經費高達 900 萬圓。為了確保工程品質，後藤將第一次輸電網分為三個工區發包（請參考「表 40」），由於都是臺灣廠商得標，兌現了臺電當初的承諾。

　　根據後藤指出，第一次輸電網的潛在問題有：（1）臺灣西部鐵塔數量很多，用地徵收不易，「狀況必然複雜」；（2）中部甘蔗田多，若與輸電線接觸十分危險，若依法定高度架設，必生碰觸，「故有建設高大鐵塔之必要」；（3）若經過製糖公司蔗田，妨礙耕作，「圓滿施設，必費多大苦心。」〔註149〕

　　後藤監造的這條第一次輸電線以 154KV 傳輸，南北線裝置容量共 7～8萬 kw，合計有 14～15 萬 kw，且預留將來擴充的空間，這條 154KV 高壓傳輸線與日本東京、大阪高壓系統相同，也比美國最高 220KV 相去不遠。〔註150〕第一次輸電線由 1,283 座巨型電塔撐起，每座電塔高 90 尺，電塔平均間距 250公尺，總經費 558 萬圓，全長 320km，平均每公里造價 17,437 圓。〔註151〕

　　後藤監造的難度在於，在總經費縮減下，還要盡量消化當年採購的庫存材料，又要兼顧新設備的引進，還要精算各地區未來工業發展與耗電量，將經費用在最能發揮效益的地方。估計後藤經手的經費，佔整個日月潭計劃復工經費四分之一以上。

　　日月潭計劃完工後，臺電在臺北、東京各舉辦一場「慶祝會」，參加者有歷任臺灣總督、長官及日本政商名流等數百名，二場宴會都是由後藤代表臺電報告日月潭計劃概要，松木對後藤的倚重，可見一斑。〔註152〕

〔註149〕　《日》11689-1932-s7.10.23-8，〈日月潭工事建設鐵塔〉。
〔註150〕　《日》12072-1933-s8.11.13-3，後藤曠二，〈日月潭發電所に伴ふ送電線と變電所（上）〉。
〔註151〕　《日》11809-1933-s8.2.21-3，〈臺北高雄の送電線成る〉。
〔註152〕　《日》12421-1934-s9.10.30-5，〈日月潭水電の工事施設概要〉。

1935 年，松木推薦後藤擔任臺電理事，獲總督府同意。〔註 153〕隔年，後藤代表日本到華盛頓參加「第三次世界動力會議」，並以「關於日月潭水力系統的開發」為題，向全世界介紹臺灣的日月潭計劃，藤全程以英文撰寫與發表，專業能力備受肯定。〔註 154〕

1930 年代後期，後藤到中國東北與朝鮮參觀過後，對臺灣電力發展感到憂心，後藤表示在還沒去朝鮮、「滿州國」前就聽說當地發電規模龐大，但實際到現場後更感受其「驚人規模」，尤其朝鮮的長津江電廠儲水面積是日月潭計劃的十倍；裝置容量 34 萬 kw，是日月潭計劃的 3.4 倍；鴨綠江流域七座電廠，總裝置容量 158 萬 kw，是日月潭計劃的十五倍。〔註 155〕

後藤還注意到世界製鋁工業權威的德國，希特勒喊出「四年四十萬噸」的口號。蘇俄利用貝加爾湖發電，總裝置容量 895 萬 kw，是日月潭計劃的八十到九十倍。貝加爾湖地區不僅是蘇聯工業在亞洲的重要據點，還包含整個產業聚落，上下游的垂直整合，不似臺灣只有重工業初、中游部門。〔註 156〕1939 年松木病逝後，後藤請辭離開臺灣。〔註 157〕

（伍）新井榮吉

新井榮吉（臺電建設部長）原為日本大井川水電技師（兼董事），到臺灣以前已經是日本水力電廠開發的權威，因為日月潭當地特殊的地質條件，與大井川地質環境類似（此在 1918 年地質調查中已被提及），故松木聘請新井擔任日月潭計劃復工的規劃工作。新井在兼顧「經費」與「效能」前提下，為該計劃節省了數百萬圓經費，減緩臺電外債因日圓貶值增加的利息壓力，松木發佈新井任命案後，新井表示將以「忠社愛島」原則努力完成任務。〔註 158〕

在基礎調查過後，新井對日月潭計劃小幅變更，效能不減，但經費更省，符合各方對臺電「節約」的要求，新井也透過日月潭計劃這件「作品」，獲頒

〔註 153〕臺電，《營業報告書》（33），（1935）昭和 10 年，頁 1。

〔註 154〕《臺灣電氣協會會報》第 10 號，昭和 11 年 12 月（1936 年 12 月），後藤曠二，〈日月潭水力系統の開發に就て〉，頁 6～15。

〔註 155〕《日》13782-1938-s13.8.2-3，〈滿、鮮の水電事業臺灣とはまるで〉。

〔註 156〕《臺灣技術協會誌》第 2 輯，第 4 號（臺北：臺灣技術協會，1938 年 8 月），後藤曠二，〈電氣利用の傾向〉，頁 50～55。

〔註 157〕《日》14156-1939-s14.8.13-2，〈後藤臺電理事は九月に期滿退任〉。

〔註 158〕臺灣總督府，《日月潭水力電氣事業豫算書》，無頁數；《日》11234-1931-s6.7.22-2，〈日月潭工事を背負つて新建設部長になつて新井榮吉氏〉。

東京帝大工學博士學位。新井雖然變更設計，卻不批評臺電原設計，反而稱讚原設計的可行，更改是因為「經費」與「安全」的考量，並不是原設計不好。〔註 159〕經新井變更設計後，節省 600 萬圓，扣除外債匯損後還結餘 160 萬圓，新井成功達成松木交付的任務。〔註 160〕

表 41　新井榮吉估算的日月潭每 1kw 建設成本

公　　司	A	輸 電 網 經 費	計
東京電燈	518	286	804
東邦電力	381	239	620
大同電力	480	321	801
日本電力	396	322	718
宇治川電氣	535	288	823
日月潭電廠			685

說明：「A」：發電廠每 1kw 建設經費。該表為 1934 年數據。單位：圓。

資料來源：新井榮吉，〈日月潭水力發電工事に就て〉，《臺灣時報》，1934 年 6 月號，頁 6。

表 42　新井主持下的「臨建部」成員名單

新　　職	姓　　名	前　職　務
臨時建設部部長	新井榮吉（技師長）	大井川水電
庶務課長	五百木宗則（主事）	高雄營業所所長
建設部送電線建設課長	增谷悠（技師）	
技術係長	矢野信（囑託）	
司馬按建設所所長	石井林次郎（技師）	
工務係長	山田益二（技師）	
工事係長	品川善次郎（技師）	
電氣係長	石井實（技師）	
事務係長	川副猶知（主事）	
高雄營業所長	高橋磷（技師）	

資料來源：《日》11241–1931–s6.7.29–4，〈建設部陣容整然〉。

〔註 159〕 新井榮吉，〈日月潭水力發電工事に就て〉，《臺灣時報》，1934 年 6 月號，頁 5。

〔註 160〕 新井榮吉，〈日月潭水力發電工事に就て〉，《臺灣時報》，1934 年 6 月號，頁 5。

　　新井估算日月潭計劃每 1kw 造價可製成「表 41」，日月潭計劃平均單價竟然名列日本第二，新井還說其它公司在高物價時代建設，自然平均成本較高，實際上，日月潭計劃經過二階段的接續，成本已是全日本第一高價。〔註161〕新井為自己辯護的用心可無可厚非，但日月潭計劃實際上是日本開發成本最高的電廠，新井計算的基礎與日本統計數字差異太大，參考性不高。

　　透過松木對新井的授權，網羅二十餘位大井川水電及日本優秀電力技師到臺灣服務，這是繼 1910 年代臺灣經驗輸出日本完成水力資源調查後，日本經驗再度回流臺灣（請參考「表 42」），外債交涉期間，新井更是松木諮詢率最高的幕僚。〔註162〕

　　日月潭計劃復工之初，因為廠商對當地的環境還在尋找出最佳適應模式，進度不如預期，憂心忡忡的新井曾表示：「日月潭不確定能否於 1934 年完成。」〔註163〕松木為了讓臨建部專職其事，將所有職務從「兼職」改為「專職」，因為松木認為唯有「名實相符」才能專心工作，責任歸屬才能釐清，所有包商的請款單，都要經臨建部驗收後，臺北總公司才會放款。

圖 32　臺電臨建部長新井榮吉

　　說明：松木向日本大井川水電借將來臺，新井是日本水力電廠的權威工程
　　　　　師，主要負責日月潭工程規劃與興建，圓滿達成任務後，並以日月潭
　　　　　新設計的「減壓水槽」獲東京帝大工學博士學位，1934 年返回日本。
　　資料來源：《日》11233–1931–s6.7.21–5。

〔註161〕　新井榮吉，〈日月潭水力發電工事に就て〉，《臺灣時報》，1934 年 6 月號，頁 6。
〔註162〕　《日》11040-1931-s6.1.8-3，〈日月潭の動き〉。
〔註163〕　《日》11913-1932-s7.6.2-3，〈臺灣電力新井部長〉。

新井爲日月潭計劃設計了新型的「減壓水槽」，並向東京帝大提出博士學位申請，經委員會審議後，認爲該論文對當時日本與朝鮮都無法解決的施工法上有重大突破，1933 年 8 月授予新井博士學位。〔註164〕一般泥漿槽要 40 萬圓，新井的設計卻只要 20 萬圓，新井的貢獻在於維持同樣的作用，費用卻只要以前的二分之一。〔註165〕而且這種設計可以保護水車免受瞬間強大水壓破壞，而以往這種減壓水槽設計，只在歐洲使用過，日本全國則以日月潭電廠爲濫觴。〔註166〕1934 年日月潭計劃完工後，新井重回大井川電力擔任總經理，負責水力發電建廠事宜。〔註167〕1941 年，新井又擔任「日本發送電會社建設部長」，始終活躍於日本電力部門。〔註168〕

參、理事群像

本文的理事僅以業務系統出身的理事爲探討範圍，不包含技師出身的理事，這些理事不乏總督府政治酬庸的退休官員、縣市長（州知事），這些人專業能力「有價」，但政治關係卻是「無價」。

（壹）永田隼之輔

永田隼之輔（臺電理事兼營業部長）擔任臺電理事時間從 1919～1927 年，任期僅次大越大藏，也是臺電首任分管財務部門的理事。

由於三井財團是臺電大股東，依例可推薦一名理事，於是三井派「三井物產會社檢查課長永田隼之輔」擔任臺電理事，永田就像臺電的財務長，負責財務調度與規劃，並成爲三井在臺電的代表人。〔註169〕永田曾在 1919 年臺電遍覓不著火力電廠廠址時，接洽三井財團，讓臺電在三井位於基隆儲煤場的山坡下興建電廠。〔註170〕

永田最大的貢獻是向大藏省交涉低利融資，一般市場 6.5% 的利率，永田

〔註164〕 《日》12215-1934-s9.4.7-5，〈大動力の本源（十）〉；12205-1934-s9.3.27-5，〈大動力の本源〉。

〔註165〕 《臺灣遞信協會雜誌》第 137 號，（1933）昭和 8 年 6 月，AB 生，〈日月潭工事見物遇感〉，頁 16。

〔註166〕 《臺灣遞信協會雜誌》第 122 號，（1932）昭和 7 年 3 月，小野喜治，〈日月潭水力發電計劃の話〉，頁 36。

〔註167〕 《日》12312-1934-s9.7.13-8，〈臺電臨時建設部〉。

〔註168〕 《松木幹一郎》（東京：松木幹一郎傳記編纂會，1941 年 9 月出版），頁 234。

〔註169〕 《日》6870-1919-t8.8.1-5，〈水電理事確定〉。

〔註170〕 《日》6991-1919-t8.11.30-3，〈基隆火力發電〉。

可以交涉到 5.5%。〔註 171〕日月潭計劃停工後，需要 300 萬圓整理資金，以應付包商索賠與員工資遣，還有設備保養存放問題；經常門的支出，永田也以公司債循環利用，以增加臺電財務的現金流量。依據臺電的償債能力，資金缺口少一個補一個，一點都不能馬虎，更不能有銜接上的空窗期。〔註 172〕

1926 年，臺電到期公司債需要 1,500 萬圓，但臺電無力償債，銀行團也不願給予融通，危急之秋，還是靠永田向三井財團求援，由「三井物產」收購臺電到期公司債。另外，1928 年美國專家巴登到臺灣也是永田居間牽線的成果，此一消息躍上新聞後，隔年就排進議會議程，並取得政府保證的外債發行許可，永田居間協調，功不可沒。〔註 173〕

永田曾對記者表示，日月潭計劃是無法停止的事業，「有需要的話，一億圓也要投資。」〔註 174〕日月潭計劃中挫後，永田往返奔走也因種種因素無法兌現，永田無奈地告訴記者：「日本政府願意為開發北海道投入九億圓資金，臺灣地處大洋孤島，卻罕見中央的青睞。」〔註 175〕

（貳）山中義信

山中義信（臺電理事、副社長）是臺電唯一有外國金融事務經驗的理事，山中早年任職臺灣銀行，1913 年銜命到倫敦創立英國分行，在英國待了六年，對外國金融事務有豐富歷練，1927 年升為華南銀行副總經理，同年獲遠藤達拔擢出任臺電理事。

1910 年以前，山中都在日本銀行任職，在臺灣服務二十餘年，擔任臺電理事四年。〔註 176〕山中認為「電力事業性質就像銀行組織一般，銀行要經營得法，要降低呆帳，電力公司要經營得法，各發電所要運作順暢。銀行提供低利率，電力公司貸款建發電廠，電力公司營運上軌道，銀行也獲利。」對於銀行與電力公司高度的依存性，山中感到「十分驚訝」。〔註 177〕

松木接掌臺電後，將山中再度拔擢為副社長，扮演「財務長」的角色，也是松木不在臺灣時，臺電內部的「看守內閣」。從日月潭計劃「再調查」資

〔註 171〕 《南新》7724-1923-t12.8.28-2，〈臺電今後の方針〉。
〔註 172〕 《南新》7985-1924-t13.5.15-3，〈整理資金は分割引受〉。
〔註 173〕 《松木幹一郎》（東京：松木幹一郎傳記編纂會，1941 年 9 月出版），頁 241。
〔註 174〕 《南新》8476-1925-t14.9.18-2，〈必要なれば一億圓でも投資〉。
〔註 175〕 《南新》8466-1925-t14.9.8-2，〈今更拔差ならぬ〉。
〔註 176〕 《日》11312-1931-s6.10.9-5，〈臺灣電力副社長を辭任した山中義信氏〉。
〔註 177〕 《南新》10833-1932-s7.3.13-2，〈臺灣の電力は統制が〉。

金的精算，資金調度，到外債折衝期間的穩健表現，及外債成立後的資金運用（山中以為，一時巨額資金匯入臺灣，未必是好事，應該放在銀行，按年支付），都提出自己的獨到見解。〔註178〕

　　臺電調查課長小倉源治郎以為，日月潭外債能夠成立，與山中多年在銀行界的歷練有關，由於山中對外國金融業務的嫻熟，讓臺電提出的數據能夠精準並有說服力，功不可沒。〔註179〕

圖 33　臺電副社長山中義信

　　說明：山中出身日本銀行，並曾於英國金融界任職，後轉入臺灣銀行，
　　　　　再由臺銀轉任臺電理事，升至副社長。山中於臺電外債交涉期
　　　　　間，貢獻良多，是臺電最稱職的「財務長」。
　　資料來源：《日》11312–1931–s6.10.9–5。

〔註178〕　《日》11214-1931-s6.7.2-3，〈工業化が實現する時には世界〉。
〔註179〕　《日》11312-1931-s6.10.9-5，〈日月潭の再興に山中氏の功勞多大〉。

（參）安達房治郎

安達房治郎（臺電理事、臺電副社長）是松木上任後第一位親手拔擢的理事，為了讓安達升任理事，松木不惜多釋放一名理事缺額，與總督府達成各提一名理事的共識。安達任職臺電七年，正好是臺電外債成立到日月潭計劃完成的關鍵時期，負責外債交涉與重點工業（如製鋁工業）的引進，並代表松木參與轉投資事業的審核。〔註180〕

臺電投資製鋁工業的估算，主要根據安達對製鋁工業的認知。安達認為日本製鋁工業產程已具有國際競爭力，高雄廠經過不斷調校，良率已漸漸提升，加上各國軍事產業殷盛，國際鋁錠價格節節升高，每噸都在 2,000 圓以上。臺電以每度 0.5 錢供應，將來若國際價格繼續上漲，臺電也將因此受惠（電價將調高到每度 1.2～1.3 錢）。〔註181〕

1930 年代臺灣製鋁工業的引進，多是由松木與日本資本家達成初步共識後，細節悉數交給安達續談，安達認為日本供電吃緊，是臺灣向日本招商的好時機，但若要符合生產成本的話，必須產能要達到基本的經濟規模，安達以為只要在臺灣建立製鋁工業後，工業用電雛形即可建立，多餘的產能還可回銷日本。〔註182〕

松木根據安達的估算，向各財團提出每度 0.5 錢的「空前低價」，這個價格比日本還要便宜，不僅東京業界感到驚訝，報紙頭版也說這是「驚異的便宜」，甚至被稱為「賤價供應」，引起總督府的注意，這樣的價格，會不會危及臺電生存，甚至引起一般用戶跟進要求降價。臺電的解釋是，製鋁工業是晝夜輪班，一天有二十小時的開機狀態，不似製糖部門每年僅五個月工作期，故臺電實際收入是每度 0.7～0.8 錢，仍能保有最低利潤不至虧損。〔註183〕站在臺電立場，若不能以價格吸引廠商，無法讓廠商有足夠利潤與動機設廠，就算是「賤價」，臺電也有不得不做的苦衷。

〔註180〕 臺電，《營業報告書》（32），（1935）昭和 10 年，頁 4。
〔註181〕 《日》13317-1937-s12.4.22-3，〈日本アルミの增資〉；13242-1937-s12.2.6-3，〈アルミの昂騰は臺電にも好響〉。
〔註182〕 《日》12042-1933-s8.10.14-5，〈日月潭電力で輕銀と硫安工業〉。
〔註183〕 《日》12052-1933-s8.10.24-7，〈臺電が電力を供給〉。

圖 34　宇賀四郎與安達房治郎

　　說明：兩人的理事之爭是臺電有始以來與總督府關係最緊張的時刻，宇賀與
　　　　　安達相爭不下。最後松木屈服，以增加一名理事職缺化解危機，並為
　　　　　以後互動找出最佳方式。圖上為宇賀四郎，下為安達房治郎。
　　資料來源：《日》11265–1931–s6.8.22–2。

　　安達分析 1930 年代後期臺灣與中國東北、朝鮮的區位落差。當時日本、
中國東北、朝鮮正以更大的規模經濟從事電源開發，相形之下，臺灣電力部
門正在走下坡，安達自己也在 1937 年辭去副社長，轉往更有發展潛力的朝鮮
電力部門任職。〔註184〕

〔註184〕　《日》13522-1937-s12.11.13-2，〈臺電安達副社長辭任〉。

（肆）宇賀四郎

宇賀四郎（臺北州知事、臺電理事）是總督府向臺電強力推薦的理事人選，出線的時間趕在臺電股東大會前夕，為了宇賀的人事案，松木與總督晤談二小時以上。〔註185〕

原來松木的規劃是，將國弘理事的職缺，由擔任「囑託」的安達房治郎扶正，計劃也取得總督府原則同意，但半路出現宇賀，根本無法安置，也造成臺電與總督府關係的緊張。由於松木囑意的安達房治郎遭到總督府總務長官木下信的反對，總督府支持人選為臺北州知事宇賀四郎，由於總督府是臺電大股東兼監督主管機關，松木只好將原由理事升為副社長山中的缺釋放，使安達與宇賀都能擔任理事，宇賀的任命過程「有如疾風迅雷，股東皆還在呆然狀態。」。〔註186〕

宇賀當選理事後，自承對電力事業「一竅不通」，對基本電學更是「全然白紙」，但宇賀認為不管做什麼工作，都要充滿信心，從工作中學習，到臺電也抱持這樣的態度。〔註187〕宇賀與安達同一天由府報任命，但因為先前兩位理事因「背景」不同，彼此有心結存在，任命當天只有宇賀一個人，安達以「日本出差」為由，避開尷尬的場面。

宇賀雖是空降部隊，但當他第一次親眼目睹工地盛況後卻十分震驚，因為工程龐大遠超乎想像。看到臺電人的高昂士氣，宇賀也不自覺受到感染。〔註188〕宇賀在臺電雖有社長指派的分掌業務（類似臺電發言人），但具體建樹則不多，宇賀對臺電最大的功能不在專業，而在扮演臺電與總督府溝通的橋樑。〔註189〕宇賀另一項具體貢獻是在 1932 年 10 月，武界坑道發生嚴重崩塌，即在第一時間就趕往現場指揮救災，將全部受困員工救出，無一傷亡，深獲外界肯定。〔註190〕

〔註185〕 《日》11265-1931-s6.8.22-2，〈松木電力社長總督を訪問〉。

〔註186〕 《日》11273-1931-s6.8.30-1，〈微妙な懸引を見せた〉；11273-1931-s6.8.30-1，〈臺北州知事には平山高雄の轉任が〉。

〔註187〕 《日》11287-1931-s6.9.13-5〈電力の重大使命は電氣を安く供給すること〉。

〔註188〕 《日》11327-1931-s6.10.24-5，〈工事現場を視て豫想外の大工事に驚く〉。

〔註189〕 《日》12270-1934-s9.6.1-5，〈待望の日月潭工事〉。

〔註190〕 《日》11682-1932-s7.10.16-4，〈武界隧道崩潰遭難〉；11683-1932-s7.10.17-8，〈武界隧道崩潰續報〉。

圖 35　宇賀理事接受陳情

說明：1930 年代，臺電理事宇賀接見要求調降費率的代表時，皆答以臺電一
　　　定會降價，只是要等待松木社長最後的決定。但這樣的回答，常無法
　　　讓民間團體滿意。
資料來源：《日》12270–1934–s9.6.1–5。

（伍）富山敏行

富山敏行（遞信省電務局長、臺電理事）也是政治力強迫臺電接受的理
事人選，富山原擔任日本「遞信省電務局長」，因為日本政府組織精簡，將電
務局與郵務局合併後，富山無法安排出路，只好安排往遠在南方的臺電安置。
〔註191〕

富山雖然是被安插的理事，但卻有政治人的敏銳度，當記者問道他將轉
往臺電任職時，表示「十分驚訝」，強調自己每天仍到遞信省上班，也沒與松
木社長有什麼約定，對臺電理事一事，「完全不清楚」。〔註192〕實際上，松木

〔註191〕　《日》11315-1931-s6.10.12-7，〈富山遞信電務局長臺灣電力入り〉。
〔註192〕　《日》11316-1931-s6.10.13-7，〈理事がも一名必要なら知らぬ事〉。

－187－

已經與富山展開接洽工作。

　　1931 年的臺電，人事更動頻繁，特別是外債通過後，政治力介入的力量也加大，先是宇野空降臺電，國弘理事退職，接著山中副社長退職，富山空降臺電。一名臺電股東就表示：平常股東通常對股利之外，應該沒有什麼意見，但臺電幹部頻換，充滿政黨氣氛，也應聽聽股東的心聲。〔註 193〕

　　就在富山將空降的消息甚囂塵上時，總督府總務長官木下信表示富山是總督府考慮人選，並建議臺電理事職缺不妨再增一名。〔註 194〕木下長官此語有間接肯定富山為適當人選的言外之意，就官場文化而言，總督府的表態十分明顯。

　　臺電除了松木之外，其它人都不知道人事案已經悄悄進行，理事南政吉還駁斥謠傳說：「富山氏之入社，不過風說。」〔註 195〕1932 年股東大會上，松木表示為應付日月潭復工增加業務，臺電將增設一名理事，並選出田中正夫與富山敏行兩位候補，最後總督府勾選了後者。〔註 196〕這項安排顯然是政治酬庸大於真實需要，因為就工程而言，當選者專長與業務內容不符，且日月潭復工有建設部長新井領軍的專業團隊，不需再添一名理事。再從當選者背景與決策過成來看，臺電社長要抵擋（或折衷）接受總督府政治任命的人事安排，這一直是臺電創立以來的命運，但另一方面，臺電接受總督府安排，對其與總督府的互動，未嘗沒有好處。

　　富山在臺電並無特別表現，除了分管各營業所之外（實際上各營業所可獨立運作），並無特殊記錄，1935 年，富山任滿請辭。〔註 197〕

（陸）能澤外茂吉

　　能澤外茂吉（總督府文書課長、臺電理事）也是總督府高官轉任臺電理事，任期從 1934～1941 年，是臺電「政治理事」中，任期最長的一位。能澤原為總督府文書課課長，曾於 1932 年代表總督府到東京為爭取「臺灣失業預算」而努力。〔註 198〕

　　總督府提名能澤，松木則提名後藤曠二做為交換，1934 年 8 月臺電股東

〔註 193〕　《日》11328-1931-s6.10.25-5，〈電力重役の頻頻たる異動は株主の不安〉。
〔註 194〕　《日》11318-1931-s6.10.15-4，〈電力理事不妨為四名〉。
〔註 195〕　《日》11361-1931-s6.11.27-8，〈自己勇退屬捏造南理事歸任談〉。
〔註 196〕　臺電，《營業報告書》（25），（1932）昭和 7 年，頁 1。
〔註 197〕　臺電，《營業報告書》（32），（1935）昭和 10 年，頁 4。
〔註 198〕　《日》11599-1932-s7.7.24-8，〈本島救濟總督決議〉。

大會召開前，報載有一名「敕任官」即將退休並轉任臺電理事。〔註199〕記者預測說：「理事任命權在總督府，結局應由總督府推薦的能澤外茂吉出任。」〔註200〕當期股東大會上，股東永井裕通發言表示，希望理事能由松木指定，而且「不要限於官吏出身」，但最後還是由能澤出線，反映臺電不得不接受人事安排的無奈。記者憶測能澤離開總督府到臺電的原因，是總督府高層派系傾軋的結果。〔註201〕

小　結

　　高木友枝與松木幹一郎，掌管臺電共二十年，橫跨1920年泡沫經濟到1930年的世界經濟不景氣，通貨緊縮，「金本位制」的磨合，再到 1930 年代後期的軍需通膨，不變的是，臺電被賦予臺灣工業化推手的角色，始終如一。

　　臺灣工業化的內涵隨著臺灣與日本面對局勢的改變，各自注入不同的原素，所謂的工業化政策缺乏一貫的連續性，但隨著政策改變，臺電不斷調整營業步伐，去配合國策發展的需要。

　　臺電營運的難處是在一個權力與責任不對稱的環境中，總督府有權力決定電力政策，臺電則負成敗之責，到後來，臺電反成為獨佔政策的堅決擁護者。基本上，總督府的電力政策是與市場機制背道而馳的，不但忽略日本發展的經驗，反過來指稱臺灣電力政策的優越性，這種 1930 年代刻意強調的優越性是用來支持日本逐漸強化的「電力統制論」，但卻忽視 1920 年代以來在同樣政策下造成臺灣產業無法升級的主因，甚至追溯到臺電出現前的1910年代中期，獨佔政策下的公益性已經無法維持，但在堅持規模經濟與電力化成正比的主流思想下，日月潭計劃順此而生。

　　日月潭計劃的中挫，造成臺灣產業結構由農轉工的進程中，必須先克服日月潭計劃的失敗，也因日月潭計劃延宕十年，錯過了臺灣產業在世界競爭中佔據最有利時間的流逝，於是所謂的電力政策，只是配合臺灣工業化不同階段目標的政策組裝過程，口號多於落實，理想與市場脫節，工業化仰賴的電力能源，並沒有得到充分的供應，民間資金難以跨越的不是進入市場的資金門檻，而是電力政策強劃下的鴻溝。

〔註199〕《日》12349-1934-s9.8.19-1，〈府內の敕任から臺電理事に入る〉。
〔註200〕《日》12356-1934-s9.8.26-9，〈電力の記念配當年二分と內定〉。
〔註201〕《日》12360-1934-s9.8.30-4，〈臺灣電力の總會〉。

在這種資源不能由臺電自由運用的情況下，雖然臺電得到總督府的幫助很多，無論資金、人材與經驗，但失去的是更多發展的可能。歷任臺電社長只能在這個框架中，力求彌合、妥協、改進臺電的營運方向，無怪以松木幹一郎的歷練，能將臺電振衰起弊，已經是難能可貴的成就。

1930 年代，備戰讓臺電營運走向更加扭曲，但時間點正好配合 1931 年以後的國家需求，日月潭第一、第二電廠與加速開的大甲溪計劃，都為軍需工業提供廉價電力而準備，臺灣經驗正好為日本加速進行的「電力國有論」提供實證基礎，卻又反過來強化臺灣電力政策的僵固性，臺電逐漸併購其它公司，成為市場唯一的廠商。

後藤新平對臺灣電力政策的思想，不因其離臺後有所改變，反而透過官僚體制逐漸得到強化，1910 年代的長尾半平，1929 年接任的松木幹一郎，都深受後藤的提攜與影響，成為延續臺灣電力政策的推行者。

日治時期的電力經驗顯示，總督府電力政策與民間期望落差愈來愈大，市場壓力大到令總督府不得不修正政策的呈現形式，但政策的呈現形式很容易改變，政策背後的思考模式牢不可破，只要政策背後的思考模式不變，各種電力政策呈現的形式，都只是舊思考模式的延續與轉殖。

長尾半平奠定臺灣電力部門發展的世界格局與雄厚實力，參與臺灣電力政策「原型」的誕生；大越大藏以臺灣經驗提出了「世界第七」的「日月潭計劃」，成為臺灣電力界的先行者；國弘長重將電力體系「本土化」，奠定市場導向基礎；後藤曠二完成西部臺灣第一次高壓輸電網，臺灣從此擺脫區域性枯水期的限電；新井榮吉推動日月潭電廠的完成，並以日月潭這件「作品」獲得東京帝大工學博士學位。以上五位技師，代表每隔十年的技師典範，每個時代的技師都充份利用那個時代的資源，也受那個時代的條件侷限，唯一不變的，是技師的專業、熱情、執著，帶動臺灣電力部門的不斷前進。

業務系統出身的理事、副社長，與技師有很大的差異，而且不分時代，幾乎每個時代的業務系統出身的理事，最大任務都是為臺電「找錢」，從 1920 年代連續數期的「公司債」到 1931 年臺電在美發行的外債，費率調整的估算等等。因此就功能而言，業務系統出身的理事，多扮演臺電「財務長」的角色，這是東大工科與法科畢業後，基本出路的差異。

永田隼之輔，利用三井的關係，為臺電尋找各種資金管道；南政吉以其十五年臺電歷練，讓臺電在穩定求發展；山中義信在銀行界的資歷，讓臺電

外債與各種數據更具說服力；安達房治郎引進製鋁工業在臺灣投產，完成臺電「國策會社」使命，達成臺電業務、國家政策、工業發展三者最大的交集；宇賀四郎雖是政治理事，但卻扮演臺電與總督府溝通橋樑的角色，且從宇賀的例子來看，「政治理事」對臺電並非全然無益，甚至可能利多於弊。

　　另一方面，1931～1934 年間，總督府介入理事提名開始增多，期間宇賀四郎、安達房治郎、富山敏行、能澤外茂吉等四位理事中，有三位都是總督府向臺電「強迫推薦」，相形之下，松木提名的只有安達房治郎一位。身爲「國策會社」的臺電，社長用人必須另設「囑託」、「參事」來平衡「跛腳式」的人事權，這也是經營不能自主的無奈。業務系統的理事雖然不像技師一樣能夠設計有型的電廠，但居間折衝的結果，才能讓臺電有源源不絕的資金供應，維持整個電力部門的運作。

　　1930 年代起，臺灣電力部門在日本帝國內的重要性，有逐漸被「邊緣化」的傾向，這從臺電必須積極招商，提供低於成本的電價，及臺灣發電區位條件不如朝鮮北部與中國東北可以證明，若非後期戰爭的迫切性，臺灣必須自給自足，部份資金進駐臺灣，否則這種傾向將會更明顯。但更重要的是，日本資本要進入臺灣，面臨的是高難度的政策門檻，因爲在總督府長期區域獨佔的電力政策下，以臺電爲首的各電力公司，已經與總督府利害關係一致，臺電接受總督府支配，並取得官方給予的種種方便與資源，縱然當初維持官營的規模經濟的優勢不在，但政策始終如一的「封閉性」未曾改變。